湖北省社科基金项目成果

受湖北大学中国语言文学学科建设经费资助

从“物”到“符号”

——卡西尔符号形式哲学的逻辑生成

石若凡 著

中国社会科学出版社

图书在版编目(CIP)数据

从“物”到“符号”:卡西尔符号形式哲学的逻辑生成/石若凡著.
—北京:中国社会科学出版社,2024.5
ISBN 978-7-5227-3446-0

Ⅰ.①从… Ⅱ.①石… Ⅲ.①卡西勒(Cassirer,Ernst 1874-1945)—哲学思想—研究 Ⅳ.①B516.59

中国国家版本馆 CIP 数据核字(2024)第 079492 号

出 版 人 赵剑英
责任编辑 刘志兵
责任校对 杨 林
责任印制 李寡寡

出 版 中国社会科学出版社
社 址 北京鼓楼西大街甲 158 号
邮 编 100720
网 址 http://www.csspw.cn
发 行 部 010-84083685
门 市 部 010-84029450
经 销 新华书店及其他书店

印 刷 北京明恒达印务有限公司
装 订 廊坊市广阳区广增装订厂
版 次 2024 年 5 月第 1 版
印 次 2024 年 5 月第 1 次印刷

开 本 710×1000 1/16
印 张 20.5
插 页 2
字 数 306 千字
定 价 108.00 元

凡购买中国社会科学出版社图书,如有质量问题请与本社营销中心联系调换
电话:010-84083683

目　录

导　论

一　被忽视的卡西尔及其哲学

恩斯特·卡西尔（Ernst Cassirer，1874—1945），20世纪上半叶著名的德国哲学家，是继赫尔曼·柯亨（Hermann Cohen）及保尔·那托普（Paul Natorp）之后新康德主义马堡学派的主将，是十卷本《康德著作集》（1912）的编者，《康德的生活与思想》（1918）一书成就了其作为杰出的康德阐释者的地位。然而，成也康德，败也康德。长期以来，对卡西尔在学术史上的定位几成定论——一如哈默迈斯特（Kai Hammermeister）毫不犹豫地冠于他名字之前的定语那样——"康德学者"（Kant scholar）。[①] 但是，这种评判理当建立在对卡西尔著作的全面和深入分析之上，并进一步比较卡西尔的哲学与康德哲学在何种程度上具有一致性？抑或，我们从中发现的更多的是差异？至少，从当前将其与新康德主义马堡学派等同起来的"主流"观念来看，卡西尔自身的锋芒几乎被先哲的光环完全遮蔽。

事实上，卡西尔以其博闻强识、思维敏捷著称于同事及友人之间；他学识渊博，涉猎及于逻辑学、物理学、数学、神话、宗教、语言、历史等众多学科领域；其一生著述丰富，出版的著作及文章多达120余种，其中，三卷本的《符号形式哲学》被公认为其原创性哲学思想

① Kai Hammermeister, *The German Aesthetic Tradition*, Cambridge: Cambridge University Press, 2002, p. 153.

的系统表述，他的哲学因此而被称为“符号形式哲学”。在其生前，卡西尔被列入美国“在世哲学家文库”计划中，虽然他不幸中途辞世，但《卡西尔的哲学》（*The Philosophy of Ernst Cassirer*）一书仍然于1949年如期出版。然而，就符号形式哲学对后世的影响而言，除在纳尔逊·古德曼（Nelson Goodman）和苏珊·朗格（Susanne K. Langer）身上有直接和明显的回应之外，鲜有关心者。① 直到1996年，尤尔根·哈贝马斯（Jürgen Habermas）仍不无遗憾地看到：“相较于他们那一代的其他哲学家，恩斯特·卡西尔和卡尔·雅斯贝斯的著作还没有在年轻的思想家们中间发现他们本应有的回响。”② 个中曲折，或可归咎于多舛的命途与时代的灾难。

卡西尔一生遭逢两次世界大战，处于大战夹隙之中的魏玛共和国时期（1919—1933年）成为他学术生涯的黄金年代。然而，卡西尔曾为之公开辩护的德国民主很快遭逢失败的命运。身为犹太人，更是一位目光敏锐的学者，卡西尔于排犹法案发布后、被正式勒令停止汉堡大学的一切职务前避往维也纳，其后几经颠沛辗转于英国、瑞典，最后亡故于美国哥伦比亚大学校园内。生活尚且动荡难安，更别提能有让其思想得以延伸和撒播的稳定学术环境了：“在德国，当众多学者们开始批判地研究他的多卷本《符号形式哲学》时，卡西尔不得不在那时离开德国。仅仅两年后他又离开牛津前往哥德堡，而再六年以后来到美国；此时，大战仍在继续。卡西尔从未有过一个合适的地方或优良的环境，以便将他的新哲学以一种连续的方式呈现给研究生或同事们。他本来可能在战后的美国享受到更优越的条件，却突然亡故而无缘于此。”③ 而且，两次世界大战直接促成了学术氛围的转变，政

① 上述两位学者的哲学与艺术观念和卡西尔之间具体关联如何，则是值得深究的问题。譬如就苏珊·朗格来说，美学界有“卡西尔—朗格符号论美学”一称，但笔者以为二者的艺术和美学观念有着根本性的差别，参见拙文《“卡西尔—朗格符号论美学”辨异——对卡西尔美学研究出发点的反思》，载《中文论坛》第2辑，长江出版社2015年版。

② Jürgen Habermas, *The Liberating Power of Symbols: Philosophical Essays*, trans. Peter Dews, Cambridge: The MIT Press, 2001, “Preface”.

③ Thora Ilin Bayer, *Cassirer's Metaphysics of Symbolic Forms: A Philosophical Commentary*, New Heaven: Yale University Press, 2001, p. 8.

治、经济等"实用的"问题以前所未有的突出姿态摆在哲学家面前，而符号形式哲学的"学院派"特征似乎与整个时代语境背道而驰。因此，虽然卡西尔在不同的领域得到不少的关注与讨论，但是，卡西尔的哲学作为一种原创性哲学的地位在英语学界并未得到研究者的认可与辩护，在德国学术界也是经常被遗忘。

然而，对于卡西尔的智慧，后人终究是无法视而不见的，有必要对卡西尔哲学予以重新审视和研究。值得一提的是，在德国，卡西尔生前发表的著作结集为 25 卷于 1998—2006 年间先后出版；其后，遗作亦结集为 13 卷陆续面世。或许这种重视仍不够充分，但卡西尔及其哲学已逐渐获得应有的尊重，出现了一批富有卓见的"卡西尔专家"，如费尔纳（Donald Phillip Verene）、克罗伊斯（John Micheal Krois）等。

费尔纳对卡西尔哲学的兴趣主要在于符号形式哲学的形而上学基础这一核心问题上。[①] 他极为精辟地指出，这一问题的关键在于符号形式哲学导致了"对现实，尤其是人类现实的何种理解"，即"世界理解"（Weltverstehen）的问题，并分析了卡西尔自身在康德的批判哲学与黑格尔的思辨哲学之间摇摆不定的困惑，揭示了符号形式哲学以过程论取代存在论、以生活与精神的辩证法取代实体概念的重大转变，通过对卡西尔指明的三种"基本现象"——生活、行动和劳动[②]——的辨析，认为劳动这一观念才是"原初的"（original），是符号形式哲学的最深层的形而上学根基。如我们所知，卡西尔公开反对一切形式的形而上学本体论，但他又深受德国古典哲学传统的影响从而使自己的哲学表现出强烈的系统性特征，即便是从批判的角度，符号形式哲学也不得不与形而上学遭遇。虽然费尔纳的观点很难作为盖棺之论，

① 详参 Donald Phillip Verene, *The Origins of the Philosophy of Symbolic Forms: Kant, Hegel and Cassirer*, Evanston: Northwestern University Press, 2011; "Cassirer's Metaphysics", in Jeffery Andrew Barash (eds.), *The Symbolic Construction of Reality: The Legacy of Ernst Cassirer*, Chicago: The University of Chicago Press, 2008, pp. 93 – 103。

② 费尔纳使用的是"work"一词，在汉语中它通常被翻译为"劳动"。但是，卡西尔在使用"work"时，是为了强调人作为一种智性生物在先验意义上的创造，这构成符号得以可能的最根本的基石。这是在理解符号形式哲学时必须予以细加区别的。

但重要的是，他提出了切入符号形式哲学最深层基底的恰当途径，即从符号形式哲学来看，我们应当如何理解“现实”，也就是如何理解“世界”。

与自己的老师费尔纳不同，克罗伊斯在1987年出版的《卡西尔：符号形式与历史》（*Cassirer: Symbolic Forms and History*）一书中，明确指出其目的在于提供对卡西尔哲学的一个完整的、系统的阐释与概观。这一目的并非基于某种宏大计划或学术野心，而是不仅不满于在其之前对卡西尔哲学研究的零碎化状况——以《卡西尔的哲学》为最典型的代表；更是为卡西尔哲学“正名”，重新确定卡西尔哲学自身的历史地位，即符号形式哲学如何被理解为一种原创性哲学的问题。因此，克罗伊斯首先总结了此前学术界对卡西尔哲学的阐释，将之归纳为两种模式：欧陆式的阐释（the Continental interpretation）与英美式的阐释（the Anglo-American interpretation）。前者将卡西尔哲学等同于知识的先验理论，等同于新康德主义——致命的是，克罗伊斯特别指出，这种论断并非建立在对卡西尔著作的批判性研究基础上，而是将之表述为一个事实；后者则认为，卡西尔哲学没有一个内在的目的或目的的统一，以使其构成一个有机的整体。因此，与其说卡西尔是一位思辨哲学家，不如说是一位卓著的、长于反思的学者——这种错误看法，则主要应归咎于把《人论》一书完全等同于《符号形式哲学》的重写本与缩略版。对前人研究的总结与评价构成克罗伊斯自己的卡西尔研究的一个重要线索和贡献，使他的著作表现出显著的针对性。譬如，针对欧陆模式的片面性，克罗伊斯着重论述了卡西尔的伦理观；针对英美模式，他则辨明了《人论》与《符号形式哲学》之间的联系与区别。客观地看，这种针对性具有突出与集中的优点，但同时使得他偏离了既定的目标。克罗伊斯不是描画出卡西尔哲学的全景图，而构建了一组组强烈的“特写镜头”；其色彩主要不是概述的，而是争辩的。但是，无可否认的是，克罗伊斯的研究以对卡西尔著作的批判性分析，以其分析的广度和深度标志着卡西尔研究的全新开端与典范作用，并在几乎所有问题上都提出了自己独立的和严谨的看法。

虽然费尔纳与克罗伊斯只是卡西尔研究的先行者，虽然他们的观点确有可商榷之处，但从总体上说，却体现了哲学研究的两种典型模式："问题导向型"与"概念分析型"。费尔纳为前者之代表，克罗伊斯则偏向后者但又有所兼顾。而国内学者石福祁则是完全取径于后者。其博士学位论文《卡西尔符号形式哲学中的"符号性孕义"概念》①，从符号形式哲学的众多重要概念中选取了"符号性孕义"（symbolic pregnance）这一看似孤僻、实则内涵丰富的关键概念，作为贯通和理解符号形式哲学的阿基米德点，从词源学、语义学以及格式塔心理学等多个角度来界定其可能的含义；并将这一概念置于与"符号""符号形式"等众多概念的关联中，置于卡西尔的意义理论中来讨论它之于表达、表现与纯粹指义这三重意识功能的有效性，并通过进一步追问符号性孕义如何可能，上溯到符号形式哲学的形而上学基底——"精神作为的自由"。② 石福祁对卡西尔的研究，以其对关键概念辨析的纵深度、见解的鲜明独到以及评价的中立严谨，标示了国内卡西尔研究的突破性进展。

但是，石福祁对国内卡西尔研究的突破性，只能在"典范"这一意义上来理解，而并不意味着国内卡西尔研究的充分性；他代表着一个充满希望的开端，而远远不是完成与终结。事实上，相较于西方，国内的卡西尔研究表现出明显的冷淡与滞后。虽然卡西尔的著作已有八九种被翻译成中文，如《人论》《人文科学的逻辑》《国家的神话》等，但其早期的阶段性代表作《知识问题》（*The Problem of Knowledge*，四卷）以及核心性的著作《符号形式哲学》（*The Philosophy of Symbolic Forms*，三卷）未见中译，富有原创性的转折性著作《实体与功能》（*Substance and Function*）③ 直到2016年才翻译出版，且较少引

① 作者现已修改并出版，见石福祁《"符号性孕义"与卡西尔的符号形式哲学》，人民出版社2016年版。

② 石福祁：《卡西尔符号形式哲学中的"符号性孕义"概念》，博士学位论文，北京大学，2009年。

③ 其德文原版为 *Substanzbegriff und Funktionsbegriff*，直译应当为《实体概念与功能概念》，英译本将其译为 *Substance and Function*，即《实体与功能》。国内多从英译本的简略形式，本书亦从之。

起哲学学界的关注。从已出版的研究文献来看，国内学者对卡西尔哲学的兴趣主要集中在以《人论》为中心的文化人类学思想之上，对卡西尔哲学的人类学之维作了广泛而集中的阐释，如刘大基的《人类文化及其生命形式》、李恩来的《人性的焦点与圆周——卡西尔符号与文化哲学研究》、刘友红的《卡西尔人学思想研究》等。应当说，这些著作一方面为我们从人类学这一特定维度理解与把握卡西尔的哲学思想提供了一个有效的进路，但另一方面，不可否认的是，虽然诸学者均普遍地承认符号形式哲学之于卡西尔思想整体的重要性，但对符号形式哲学的研究并未深入展开，于其著作中亦多只占一两章节。这不能不说是一种中心与方向的偏失，犹如管中窥豹，缺乏整体的理解与把握。同时，这也构成一种程序上的偏失，一如克罗伊斯所明确指出的那样："在《人论》中去寻找作为思辨哲学家的卡西尔，是与卡西尔自己的说明相背离的。许多卡西尔的读者倾向于视这一后期之作为《符号形式哲学》的概要甚或替代品，但这只会导致对他的思想的扭曲的和不全面的看法。"①

总的来说，石福祁开启了国内对卡西尔哲学的细部与深度研究的方向，但就卡西尔研究的现状而言，更迫切需要的是，对卡西尔的符号形式哲学作一概观性、系统性的描述和阐释——毕竟，对任何细部的深入研究必须奠定在对思想之整体性把握的基础上才成为可能。

二　卡西尔与西方学术思想史

在具体进入卡西尔的符号形式哲学之前，对卡西尔在西方学术思想史，尤其是20世纪西方学术思想史上的地位问题作一简要的分析是必要的，因为这直接关系到对卡西尔哲学的理解与把握这一根本问题本身，其中，也包含着国内研究者对卡西尔哲学的特殊理解

① Jonh Micheal Krois, *Cassirer: Symbolic Forms and History*, New Heaven: Yale University Press, 1987, pp. 11 – 12.

与阐释。[①]

20 世纪上半叶是人类历史中一个最动荡不安的时期，但是，这种动荡也广泛引发了西方学术界对世界、对生活和对人本身的重新思考与认识，激发出许多新的思想火花，如结构主义、现象学、存在主义、解释学等。然而，就我们的问题来说，困难之处在于，卡西尔并没有困守于书斋之内，试图构建一个"黑格尔式的"哲学体系，而是怀着对新思想的高度敏感，积极吸纳新概念与新观点，并将它们改造和锻铸进自己的哲学之中，这种"百科全书式"的特征使得卡西尔哲学在清楚地表明了自身与 20 世纪这些新的哲学思想之关联的同时，却很难将其归结为其中之一。譬如，卡西尔将其《符号形式哲学》第三卷命名为"认知现象学"，且就"将存在问题或是暂时地或是永久地'放到括弧里'"[②] 这一核心方法而言，直接表明和确定了自己的现象学立场——叶秀山先生在其《思·史·诗》一书中直接肯定了这一点；但是，卡西尔的哲学活动是完全独立于赫伯特·施皮格伯格所称的那场"现象学运动"之外的。同样地，他的关系逻辑（Logic of Relation）本身包含着"结构"的思想，因此，有学者认为，由于卡西尔使用和强调的是诸如"功能"和"关系"这类术语，"如果不是他对术语的令人遗憾的选择，他理所当然地应当被认作是哲学结构主义的奠基人"。[③] 此外，卡西尔对人的个体性存在的强调与海德格尔的"此在"概念又有着丝丝缕缕的关联，对意义的多样性的肯定则与解释学立场有着某种程度的一致性。

但是，在一定意义上来说，卡西尔是站在其时代的全部哲学"运

---

① 关于国内卡西尔研究的具体著作及论文的全面的和概要的介绍与评价，详参刘建辉《符号形式与艺术符号——卡西尔符号学思想解读》，博士学位论文，中国人民大学，2010 年。刘建辉博士的评价总体上较为公允，在此不一一作繁文复述。从 2010 年至今的十数年间，除了《人论》等卡西尔的"旧作"被重印几次外，专著除石福祁的博士学位论文修订出版（2016 年）以外，仅有两部：王志德《卡西尔文化哲学概观》，中国文史出版社 2014 年版；孙慧《卡西尔的文化形而上学研究》，吉林大学出版社 2016 年版。

② ［美］赫伯特·施皮格伯格：《现象学运动》，王炳文、张金言译，商务印书馆 2011 年版，"译者序"第 5 页。

③ Aud Sissel Hoel, "*Thinking 'Difference' Differently: Cassirer versus Derrida on Symbolic Mediation*", *Synthese*, Vol. 179, No. 1, 2011.

动”之外的，仿佛是其时代的一位“旁观者”而非“参与者”。[①] 因此，想要在20世纪西方学术思想史中为卡西尔找到一个确定的位置无疑是困难的。

哈贝马斯遗憾地看到，卡西尔未能在后世产生足够的影响和得到充分的研究，是不难理解的，甚至连哈贝马斯本人也是在克罗伊斯的影响下才撕掉卡西尔身上的“新康德主义”标签，而认识到卡西尔关于符号的思想中所蕴含着的“解放性力量”（liberating power）。当然，就卡西尔对后世哲学家的现实影响来说，纳尔逊·古德曼是较为明显的一位。在其《构造世界的多种方式》一书中，古德曼直接表明了自己的哲学与卡西尔的相通之处：“无数的世界借助于符号的使用从虚无中被构造出来——这可能是一个讽刺作家对恩斯特·卡西尔著作中的一些基本论题的简要概括。这些论题——世界的多样性，‘所予’的似是而非性，理智的创造能力，符号的多样性及其构造作用——也正是我要思考的部分内容。然而有时候我忘记了卡西尔是怎样善辩地阐明这些主题的，或许这在一定程度上是因为，他对神话的强调、对文化比较研究的关注以及对人类精神的讨论已被错误地同当前神秘的蒙昧主义、反理智的直觉主义或者反科学的人本主义倾向联系在一起了。实际上，这些态度是与卡西尔不相干的，就像与我自己的怀疑的、分析的和构造主义的倾向不相干一样。”[②] 在美学领域，苏珊·朗格也承认自己对艺术的思考受益于卡西尔良多。在这两者之外，卡西尔哲学鲜见有“回响”。除此之外，值得一提的就只有《人论》一书，它是卡西尔全部著作中唯一一部堪称“畅销书”的，不仅在其首次出版时就风靡美国，甚至当甘阳先生在20世纪80年代中期译介入中国时

---

① 从影响的角度来看，卡西尔唯一一次站在哲学舞台的中心是在1929年瑞典达沃斯与海德格尔就对康德哲学的理解问题发生的辩论，受到当时及后世哲学界的广泛关注。即便是这一次，卡西尔也并非学者们关注的真正“中心”，毋宁说，他更多的是作为海德格尔的“对手”身份出现的。

② ［美］纳尔逊·古德曼：《构造世界的多种方式》，姬志闯译，上海译文出版社2008年版，第1页。克罗伊斯认为古德曼对卡西尔哲学的理解是存有歧误的，但事实上，古德曼在这里已经表明了，卡西尔之于他更多的是启发的作用，他本人与卡西尔之间的关联更多地体现在共同的问题上，而不是共同的论点之上。

亦曾掀起一股热潮，直到今天仍在被反复印刷出版。然而，可以肯定的是，无论是畅销还是热潮，仅凭《人论》一书，卡西尔是无法奠定自己在学术思想史上的合法地位与位置的。综而言之，如果从所产生的现实影响的角度来评价与确定卡西尔在20世纪西方学术思想史中的地位，这显然是不恰当的——对任何哲学家的思想史价值之判断，必须建立在其思想本身之上。

因此，今天对卡西尔哲学的思想史价值之讨论，事实上都涉及一个将它重新“置入”20世纪西方学术思想史的问题，集中地显现出比较研究的特征与重新认识的色彩。无疑，这是一种必然的和可行的路径，也是国内外卡西尔研究所表现出的一种共同路径。

就这一路径的具体展开来说，我们首先面临的是如何看待卡西尔哲学与“语言学转向”、符号学的兴起和文化研究潮流之间的关系。应当说，语言学、符号学和文化研究并非三种截然分立的思想路径，而是彼此相互关联的。虽然就语言学与符号学的关系来说，学者们对何者为主、何者为从，抑或是归结为彼此独立的系统这一问题有着不同的认识，但得到普遍肯定的一点是：“现代语言学是现代符号学的主要来源和基础。”① 就我们的问题而言，实际上可以一分为二：卡西尔的符号理论从现代语言学中继承与吸收了什么，以及它与现代符号学之间的关系如何。而符号学与文化研究的关系则更加复杂些，这里仅引用两个相似的观点：赵毅衡先生认为，“符号学是人文社会学科的公分母，但是符号学的主要用武之地是文化研究”，进而提出了“符号学文化研究”的观念②；不谋而合的是，克罗伊斯发现了现代文化研究的两个主要理论生长点，即“将文化过程理解为权力关系问题和符号系统”③。就此而言，卡西尔的哲学不仅在符号理论，而且就其《人论》中集中地表达的“文化哲学”（philosophy of culture）观念上

① 陈勇：《从符号学与语言学的关系看语言符号学》，《中国俄语教学》2009年第3期。

② 赵毅衡：《符号学文化研究：现状与未来趋势》，《西南民族大学学报》（人文社会科学版）2009年第12期。

③ Gunnar Foss and Kasa Eivind, *Forms of Knowledge and Sensibility and the Human Sciences*, Kristiansand: Norwegian Academic Press, 2002, p. 20.

与文化研究关联起来。

首先，就20世纪语言学对卡西尔哲学的影响来说，可以肯定的是，卡西尔充分注意到这一思想的转向并积极吸纳其中富有创见的成果。更具体地说，是索绪尔（Ferdinand de Saussure）和威廉·冯·洪堡（Wilhem von Humboldt），这两位其时代最著名的语言学家对卡西尔哲学思想与体系的形成作出了突出的贡献，《符号形式哲学》第一卷即是集中地探讨“语言”问题。但是，就两者具体的语言观念来说，洪堡之于卡西尔的影响更甚于索绪尔。

索绪尔对卡西尔的影响，一方面，体现在他对语言与言语、历时与共时、组合与聚合，以及能指与所指的二元区分之上，因为它们事实上构成了一种对语言问题进行分析的有效方法论。卡西尔将“符号”区分为基质层与纯智层、记号与意义两个侧面，明显地受到索绪尔对能指与所指这一二元划分的影响。另一方面，就对语言的具体理解而言，索绪尔之于卡西尔的意义则更多地显现为在索绪尔的语言观念中揭示出来的更深刻的问题，从而激发卡西尔对这些问题的思考与解决。譬如，卡西尔并不赞同索绪尔把语言学研究置于“语言”这一层面上，而是提出“符号性孕义”概念作为自己的符号理论之一项基本原则，来重新调和索绪尔的四对二重结构。当然，最根本的区别在于：索绪尔完全将语言视为人类认知世界的一种媒介和工具，完全停留在对某种具体语言内部结构分析的层面上，而卡西尔更关注的是在认识论这一哲学层面上宏观地来理解语言的生成、结构、地位和作用。

在此，洪堡的语言观念对卡西尔影响至深，甚至在一定程度上直接关系到符号形式哲学的产生。姚小平对此有着深刻的认识，他指出：

> 新洪堡特派在哲学领域也有一员大将，那就是卡西勒。卡西勒对语言哲学颇有兴趣。他碰到语言问题，总忘不了像施坦塔尔提醒的那样，到洪堡特那里找一找答案。他认为，语言科学应当把探讨洪堡特提出的“内在语言形式”视为一项重要的任务。按他的解释，“内在语言形式”有这样几层含义：第一，它指的是一种语言的纯粹结构，与语言历史无关；第二，每一语言的内在

> 形式，都表达了一种独特的世界观；第三，要了解内在语言形式（或语言世界观），不能指望泛泛的哲学思考，而是必须深入至一种具体语言，对它作直接的、直观的认识，通过精微的感觉来把握整个语言的结节。①

其中，尤其是就第二种含义，亦即就洪堡将每一具体语言理解为某个特定的民族对世界的看法和存在于世的经验之记录，理解为一种独特的"世界观"来说，我们才能理解卡西尔何以将语言视为符号形式之一种，而这一点又是卡西尔在对语言的理解上与一切工具论的语言，包括索绪尔与洪堡在内，分道而行的根本所在。对于洪堡来说，学习和掌握某个民族的语言实际上意味着进入这个民族对世界和生活的独特认识与理解之中，但他没有意识到，当他提出这一深刻的理解时，就必然要求对语言的工具性进行反思与重新定位，就意味着每一具体语言实际上都构成为认识本身，而不只是认识的工具。必须肯定的是，卡西尔并没有否认语言在人类一切文化活动中作为一种普遍性工具的地位，这导致了一种普遍的误解，将卡西尔的语言观等同和局限于工具论的层面。客观地说，卡西尔并没有彻底地和清晰地阐发语言作为认识本身、作为一种符号形式这一自身特有的理解，因为他很快转向了语言的另一个具有普遍认识论特性的问题，即符号的多义性以及意义是如何可能和生成的。在此，卡西尔在语言的研究路径上与索绪尔和洪堡的差别也得到昭显，即后两者都是将语言作为现成的研究对象，而卡西尔则从发生学的角度切入语言学当中。

因此，卡西尔对语言的讨论主要集中于命名活动的认识论与形而上学价值、空间与时间观念对于语言构成的作用，以及表达、表现和纯粹赋义作为语言符号的意义构成模式与源泉等问题。简言之，卡西尔是从哲学认识论与形而上学的层面来讨论语言问题，从而在

---

① ［德］威廉·冯·洪堡：《论人类语言结构的差异及其对人类精神发展的影响》，姚小平译，商务印书馆1999年版，"译序"第55页。关于洪堡对卡西尔的影响，另可参见刘大基《人类文化及生命形式——卡西勒、苏珊·朗格研究》，中国社会科学出版社1990年版，第111—112页。

治学路径上与索绪尔和洪堡这些主流的语言学家完全区别开来，进而，在语言学这一学科领域中难以看到卡西尔的身影和影响，是不足为怪的。

如果从学术思想史的角度来看待语言学以及在其基础上发展起来的符号学，之所以称语言—符号学的兴起为一种“转向”，根本原因在于它代表着人类认知范式的转变，它将传统的哲学认识论问题转变成了语言学问题，因此，在某种意义上说，一切哲学问题都变成语言问题。① 其思想史价值与意义则集中表现为，如杨春时所明确指出的，以意义论取代实体论：

> 意义论取代实体论，促成了深层心理学，尤其是语言学、符号学的发展，它们成为探究意义的前沿学科。符号学（包括语言学）日益广泛地渗透于各门学科中去，它在人文科学中的地位相当于数学在自然科学中的地位，造成了各门科学的深刻变革。②

然而，应当如何理解这一“取代”，它是否如有的学者所认为的那样，导致了“语言不再是传统意义上的纯形式或纯工具，而成为唯一的结构化现实，关于世界的语言经验上升为绝对的东西”③ 的后果，是否如维特根斯坦所认为的那样，语言的界限就是世界的界限？

应当说，就不再将语言理解为对现实生活世界的镜式反映而是社会生活的构成部分之一而言，就以意义论取代实体论来说，卡西尔与维特根斯坦、与现代语言学与符号学的立场是完全一致的。但是，语言符号学的兴起与转向，显然并不是简单地归结为以一者取代另一者或是以新观念取代旧观念的问题，在这一转向中，更深层和更重要的问题是：意义论取代实体论是如何可能的？人类以语言为必要的媒介去认识生活与世界这一事实本身，是否构成这种取代的充足理由？这

① 杨向荣：《语言学转向的反思与检讨》，《学习与探索》2012 年第 10 期。

② 杨春时：《艺术符号与解释》，人民文学出版社 1989 年版，第 7—8 页。

③ 倪志娟：《词语破碎之处何物存在——西方现代哲学的语言学转向之后》，《北方论丛》2005 年第 4 期。

种“取代”应当在最彻底的意义上还是在相对的意义上来理解？杨春时的看法应当是比较中肯的，他看到在现代语言符号学当中，“语言符号不是被动的工具，而是制约着人类思维的意义系统”。[①] 换言之，尽管语言符号并没有褪尽其工具性的身份与地位，但毕竟从一种完全被动性的工具上升为具有主动性和积极性特质的工具。与这种折中主义的立场相一致的是，意义论对实体论的取代也只可能停留在一种相对的层面上。张法在看到语言符号学对符号世界的发现所带来的积极性一面的同时，也看到了内蕴于“符号世界”本身的难题，尤其是符号世界与客观世界之间的关系问题。[②] 同时，学者们亦已看到，语言符号学可能导向的逻辑后果，即虚无主义和对人类自身存在的真正遗忘。[③] 从根本上说，这种种难题应当直接归因于语言符号学的上述相对主义和折中主义立场。而卡西尔的哲学在受到语言学深刻影响的同时却并未使自身成为语言符号学的一个支流，根本原因在于，他要解决语言符号学消解了传统认识论之主体与客体二元对立之后设立在符号世界与客观世界之间新的二元论问题，在意义论的层面重建“客观世界”和人类自身生存的价值。

笔者以为，从“物”到“符号”、从存在论到意义论的转变可以作为理解卡西尔哲学的逻辑脉络；以“符号”来理解为卡西尔对世界的独特理解，在具体内涵上是根本区别于语言符号学意义上的“意义论取代实体论”的，因为对卡西尔来说，“符号”并不再具有任何工具论的特征，而被赋予了形而上学的意义——卡西尔使用“符号的宇

---

① 杨春时：《艺术符号与解释》，人民文学出版社 1989 年版，第 7 页。

② 参见张法《20 世纪的哲学难题：符号世界的发现及其后果》，《中国人民大学学报》2001 年第 4 期。笔者并不赞同张法先生在对符号世界的发现这一问题上将卡西尔哲学与分析哲学和结构主义相等同的观点，而认为在卡西尔哲学中，符号世界与客观世界是完全同一的。

③ 倪志娟集中而精到地描述了这些可能的逻辑后果：“一方面，在对现有语言结构的消解、颠覆的同时，终极价值或中心也正在被消解，这必然使人类文化呈现为虚无，在一片虚无之上是不可能凭空开启一个未来图景的，因为人类文化的发展不能不依赖连续性和继承性，而且正是因为传统的存在才构成了张力，使解构得以可能；另一方面，不管语言具有怎样的本体依据和文化表述功能，但语言无法代替人类生存本身，将语言作为一切的边界，也许恰好是对存在真正的遗忘。”见倪志娟《词语破碎之处何物存在——西方现代哲学的语言学转向之后》，《北方论丛》2005 年第 4 期。

宙”这一表达，不是肯定而是彻底否定了在“客观世界”之外“符号世界”的存在。更确切地说，我们的现实世界、客观世界不是由一个个“物”而是由一个个“符号”构成的，换言之，世界万物本身就是一个个的符号。①

从整体上来说，国内符号学研究界都认可卡西尔的符号理论是现代符号学运动的有机组成部分之一，但是，如何具体地理解和把握卡西尔与符号学的关系，则是一个颇为复杂的问题，其根本原因，还在于学者们对符号学这一学科本身的理解与界定上存在争论或差异。②如李幼蒸认为，当前最通行的一般符号学理论体系有四家，即皮尔士系统、索绪尔系统、格雷马斯系统和艾柯的一般符号学。③ 赵毅衡则认为符号学具有四种模式，即索绪尔的语言学模式、皮尔士的逻辑—修辞学模式、卡西尔的文化符号论和巴赫金的“语言中心马克思主义”。④ 二者对卡西尔的符号理论是否具有自成一派的资格持相反的意见。且李幼蒸的观点更为复杂，在否定了卡西尔的符号理论不具备一般符号学理论体系资格的同时，又认为他与皮尔士共同归属于“现代符号学哲学流派的主干”⑤。

本书无意深入这一争论本身，而列举一种具有代表性的观点来切入卡西尔在符号学学科的地位问题，即“能否把卡西尔的符号理论看

① 关于这一点，笔者目前仅在王铭玉、宋尧那里见到类似的表达：“对符号学作用的认识，当代符号学家有两个极端，一类是过于武断和自负，另一类则过于沮丧。前者把世界万物都看作符号，认为符号学的学说是最全面的领域。后者则认为符号学作为一门学科只存在讨论话题中。”但是，王铭玉一方面并未指出哪些学者将世界万物看作为符号，另一方面，这里的“把世界万物都看作符号”所要表达的内容也颇为模糊——从上下文来看，他似乎想要表达的是对符号学的两种通常的但相互对立的立场，即所谓的“符号帝国主义”和对符号学本身的合法性的怀疑之间的争论；但是，如果就这一表达的字面意义来说，笔者以为，是恰好切中卡西尔对“符号”的独特理解的。见王铭玉、宋尧《中国符号学研究 20 年》，《外国语》2003 年第 1 期。

② 参见郭鸿《对符号学的回顾和展望：论符号学的性质、范围和研究方法》，《外语与外语教学》2003 年第 5 期。在此文中，郭鸿先生还进一步指出了德国符号学家艾施巴赫所谓的“符号学危机”，即“这种危机现象不是表现于不同意见的争论，而是表现于各种理论彼此不竞争，只是各行其是，互不相侔：它们的概念已如此分歧，以至于几乎不能有共同的讨论了”。

③ 参见李幼蒸《理论符号学导论》，社会科学文献出版社 1999 年版，第 12 页。

④ 赵毅衡：《符号学的一个世纪：四种模式与三个阶段》，《江海学刊》2011 年第 5 期。

⑤ 李幼蒸：《理论符号学导论》，社会科学文献出版社 1999 年版，第 82 页。

成是一种特殊形态的语义学，就像克罗伊斯所称呼的‘卡西尔的符号形式符号学’，甚至认为卡西尔的符号理论受到美学符号学的很大影响”。[①] 国内亦有学者持与克罗伊斯相同的立场，认为“卡西尔的符号概念在宽泛的意义上与皮尔士及欧陆符号学的符号概念是可以通融的”。[②] 如果说很难判断李幼蒸对这一问题的直接立场，那么，赵毅衡显然是反对将卡西尔的符号理论与其他符号理论相混同的。刘悦笛亦持反对立场，而认为“以卡西尔哲学为真正源头的符号论及其历史脉络，却明显不同于20世纪‘符号科学’另外两条线索[③]，它们基本上是颉颃而行的”。[④]

综合众家所言，一种“主流”的观点是：首先，卡西尔的符号理论应当被视为现代符号学一个独立的支流；其次，卡西尔是在哲学的维度上来阐发其符号理论的。基于这种“共识”，笔者正是试图从哲学维度，从卡西尔的符号形式哲学体系来具体地理解与阐释卡西尔的符号理论，澄清和阐明卡西尔符号理论的非工具性的和形而上学的本质，展现出卡西尔对“符号”的理解区别于“20世纪‘符号科学’另外两条线索”的根本差异和独特性所在。

值得一提的是，在对卡西尔符号理论的宏观认识与把握之外，国外学者已开始将它与其他符号理论作细致的比较研究。赫尔（Aud Sissel Hoel）对卡西尔与德里达的符号理论之比较，无疑能够促进对卡西尔符号理论本身的深入理解。[⑤]

---

① 石福祁：《卡西尔符号形式哲学中的“符号性孕义”概念》，博士学位论文，北京大学，2009年，第31页。

② 参见刘建辉《符号形式与艺术符号——卡西尔符号学思想解读》，博士学位论文，中国人民大学，2010年，第33页。刘建辉还进一步认为：“皮尔士、索绪尔和卡西尔的符号学思想之间所存在的差异、对应关系是可以理解的，他们同时探讨符号——人与其生存于其中的世界之间的沟通、交流的具象化方式——的问题，他们之间的分歧当然存在，但也许没有初看起来那么大。”

③ 即索绪尔的结构主义符号学传统与皮尔士的逻辑主义符号学传统。

④ 刘悦笛：《20世纪符号论美学新探——以卡西尔与朗格为考察中心》，《汕头大学学报》（人文社会科学版）2007年第3期。

⑤ 参见 Aud Sissel Hoel, “Thinking ‘Difference’ Differently: Cassirer Versus Derrida on Symbolic Mediation”, *Synthese*, Vol. 179, No. 1, 2011。本段中的引文均出自该文，故不再另作标注。

通过比较，赫尔首先发现了一个根本立场或出发点的不同，即“与其拒斥客观性、同一性和真理这些由传统形而上学建立起来的前提性概念，卡西尔选择了通过一个激进的概念性重构重新定义这些概念。其结果是这样一个学说——用德里达式的术语来说——它既没有跳出形而上学的对立之外，也不试图将它们融入一个黑格尔式的综合之内。亦即，即便它诉诸根源，但这个学说并不能简单地被归结为在场的形而上学的另一个实例”。这一认识是深刻而重要的，它具有两方面的启示：其一，在理解卡西尔的思想时，不能简单地将他所使用的概念或术语等同于在传统形而上学或日常语言中的用法和含义。其中，尤其是“符号世界”与“客观世界”这一对概念，我们必须充分注意到，虽然卡西尔仍然使用“现实”（reality）这一概念，但它被赋予了迥异于前人和其同时代人的不同含义。其二，卡西尔哲学具有浓厚的形而上学色彩，但此形而上学又不同于传统形而上学，因此，在对卡西尔哲学的理解与阐释过程中，一种形而上学的观照和分析是必要的——费尔纳对符号形式哲学之形而上学基础的关注，无疑恰恰切中了进入卡西尔哲学的合理路径。

赫尔看到，德里达反对一切同一性或逻各斯中心主义，在他看来，一切“在场”都是不完满、非单一的，在它之外，始终存在补充的空间，他使用“踪迹”概念来昭显“在场”与“不在”之间的张力，用“延异”概念来反对符号的一切指示性企图，然而，如果彻底解构一切意义上的同一性，那么，无论是话语还是书写都将成为不可能的，甚至连解构本身也被彻底解构掉了。因此，卡西尔更胜德里达一筹之处在于，“他引进了一种新的同一性概念，它事实上要求着‘外在的’构造性原则的干预。通过将符号、概念和直观置入一个新的因而也是前所未有的星座中，他开启了通向一种积极的原创性的差异观念的路径”。虽然赫尔并没有深入解释这一“外在的构造性原则”的具体所指，但笔者以为，它意指的正是主体之功能性的符号意识和关系逻辑这一普遍性的认识论原则。简言之，符号并非对在场之实体同一性的确证，而标示着一种逻辑的或功能的同一性，在这种同一性中，包含着意义层面的差异性与多义性。正是在意义的层面（a level of meaning)[1]，主体与客体、同一与差异、自然与文化不再具有传统的二元对立性质，而是结合为一体的。因此，虽然卡西尔并未如德里达那样展示出一种偶像破坏的姿态，但是，就他“致使传统的对立无有是原封不动的”而言，卡西尔哲学的理论效应可能比德里达更为激进。赫尔对卡西尔的符号理论之理解与阐释无疑是相当精到的，但是，他在文章的标题中直接使用的是“符号中介”（symbolic mediation）这一概念，这意味着他仍然将卡西尔的符号理论理解为工具性与中介性的，从而仅仅停留在了卡西尔符号理论的表层。

此外，赫尔还将卡西尔的符号理论视为对文化研究的预告，虽然他并没有深入和展开这一观点，但无可置疑的是，这构成了卡西尔与20世纪学术思想史的另一联结点。

虽然卡西尔在《符号形式哲学》中经常使用“文化”或“文化活动”这些术语，但对“文化”概念最集中的表达还在于《人论》一书中，它的副标题即是“人类文化哲学导论”。由于《人论》一书在国内外学界产生的重大现实影响，一方面，对《人论》的研究往往集中于“文化哲学”的维度，而另一方面，对“文化哲学”的研究同样主要集中于《人论》一书。就文化哲学与符号形式哲学的关系而言，学界普遍认为二者之间是内在地一致的，同时，前者又比后者多了些“新”的东西。其中最明显的，一是卡西尔通过“人是符号的动物”这一定义清晰地表达了《人论》的人类学维度，正是在这一维度上，文化哲学与文化研究被置于同一层面上进行研究；二是集中地对历史与艺术问题进行阐述。[2] 特别是卡西尔使用了“圆周”这一比喻，而将神话、宗教、语言、历史、艺术和科学视为这个圆周的组成扇面，这似乎与研究具体文化现象的“门类符号学”之路径不谋而合。

---

① 国内学者将符号学所带来的对传统本体论的反动和转变称为“意义论”，但必须看到，在西方语言中，并没有一个像“ontology”似的专有词汇来表达汉语中的“意义论”，赫尔使用的“a level of meaning”是准确地表达了其含义的，或者使用“意义理论”（a theory of meaning）也较贴切。笔者跟从国内对术语的习惯性用法，仍使用“意义论”这一表达，但在内涵上有所偏移。

② 关于《人论》中“新”的东西，参见石福祁《〈人论〉与卡西尔人类学的进展》，《兰州大学学报》（社会科学版）2009年第2期。

因此，就文化哲学与文化研究的关系来说，有两点是得到普遍肯定的：首先，是在克罗伊斯那里得到精致的表述的——“今天，文化是一个符号学领域和人是‘符号的动物’，这种观点在实践中是未曾引起质疑的。无论是转向艾柯还是德里达、鲍德里亚还是吉尔兹，文化的符号本性在一切前线和诸多领域中，被文学理论家、艺术史家、社会学家和神经学家所接受”① ——这就肯定了将卡西尔哲学置入文化研究这一学术思潮的合法性。其次，就具体的关联来说，在国内文化研究领域，一种集中的和典型的表述是：“卡西尔从符号角度揭示人与文化的本质特征，从而形成了人—符号—文化三位一体的哲学思想，大大深化了我们对人、文化及符号本身的认识，为我们的人学研究与文化研究开拓了一个崭新的视角。”②

但是，如克罗伊斯进一步追问的，基于人类学与符号理论这两个相同点，我们是否可以将卡西尔的文化哲学理解为或等同于文化研究？对此，他认为，符号形式哲学并不能与任何哲学史的已有分类相适应，因此，一个恰当的结论是：

> 在哲学上，卡西尔孑然而立。（Philosophically，Cassirer stood alone.）③

笔者亦赞同和坚持克罗伊斯的这一观点，并试图具体而微地阐明符号形式哲学的构成和内涵来昭显其独特性。

三　从物到符号的逻辑发生线

具体来说，虽然本书关注的中心置于符号形式哲学的构成与内涵

---

① Gunnar Foss and Kasa Eivind, *Forms of Knowledge and Sensibility and the Human Sciences*, Kristiansand: Norwegian Academic Press, 2002, p. 23.

② 刘珂珂、张梅：《卡西尔符号理论视阈下的人类文化简析》，《东岳论丛》2012 年第 7 期。

③ Gunnar Foss and Kasa Eivind, *Forms of Knowledge and Sensibility and the Human Sciences*, Kristiansand: Norwegian Academic Press, 2002, p. 30.

之上，但并不是为了回答“符号形式哲学是什么?”的问题，因为，从符号形式哲学的立场来看，这一提问法本身是错误的，是以传统形而上学的“是”之观念为基础的。事实上，并没一个独立自存的“符号形式哲学”，而只有在哲学史中占据了某一位置并由此被赋予意义与价值的符号形式哲学。同时，更应注意的是，符号形式哲学的诞生并不是一蹴而就的，亦不可能备于一役之功。因此，一种恰当的提问法应当是：“符号形式哲学如何可能?”这也是卡西尔在其三卷本的《符号形式哲学》中为自己确立的任务，是其自康德处继承而来的批判精神一以贯之的必然要求。对于卡西尔研究来说，这一问题构成了一切阐释之可能的基石。

就目的与任务而言，笔者并不以费尔纳、克罗伊斯或石福祁为范例，而是以卡西尔的《康德的生活与思想》（*Kant's Life and Thought*）为典范。在该著作中，卡西尔的根本目的有二：其一，发现与阐明康德的生活与思想的一致性，或者说，康德的一生就是思想的一生，思想即其生活的全部；其二，更重要的是，就康德哲学的全部问题而言，“在这些问题中，一种事实的独立逻辑出现了；在它们中，住留着一种理论内容——它与一切当时的及主体性的个人纽带相分离，从而拥有一种单独扎根于其自身的客观存在”。[①] 以此为基础，卡西尔为我们描画了一幅康德思想的概貌图。虽然卡西尔所处的时代与他的一生远比几乎从未走出哥尼斯堡的康德丰富与复杂得多，但与康德相同的是，卡西尔的思想同样具有一种内在的、独立的逻辑脉络。

虽然费尔纳通过将卡西尔的思想划分为马堡新康德主义与知识问题、符号形式哲学、哲学精神现象学以及人类文化哲学四个时期的方法，从另一种角度向我们展示了卡西尔思想的发展进程[②]，但这种划分明显地割断了卡西尔哲学内在的连贯性与统一性。譬如，卡西尔引入“文化”这一概念，并非建构一种独立于符号形式哲学的文化人类

① Ernst Cassirer, *Kant's Life and Thought*, trans. James Haden, New Haven: Yale University Press, 1981, p. 6.

② Thora Ilin Bayer, *Cassirer's Metaphysics of Symbolic Forms: A Philosophical Commentary*, New Heaven: Yale University Press, 2001, pp. 9 – 37.

学，而是符号形式哲学的逻辑延伸，就此而言，笔者并不赞同费尔纳的或任何其他形式的分期法——当然也并不否定任何阐释的合理性，而将目光集中于卡西尔思想的逻辑脉络是什么这一更根本性的问题上。

笔者以为，卡西尔哲学最清晰和最连贯的逻辑脉络，体现在他对传统形而上学及日常生活意义上的“物”概念的解构，以及在解构的基础上对“符号”概念的建构这一进程之中。从“物”到“符号”的转变，不仅构成了卡西尔符号形式哲学如何可能的回答，同时也引发了对知觉、经验、现实、真理等观念之含义的重新界定，隐含着其哲学思想本身未来发展的可能与方向。沿着这一逻辑脉络，为卡西尔描画一幅思想的概图，似乎是自然而然的过程。

从“物”到“符号”这一脉络在卡西尔的著作，尤其是《实体与功能》中表现得如此之明显，以至于很难将其视为一种创见。但当这种明显性导致普遍的视而不见时，似乎仅仅指明这一点，也算得上是一种创见了。具体来说，这种普遍的视而不见，其根源在于“物”这一概念往往被认为是不证自明的，在于研究者们未能清楚地把握卡西尔对“物”的批判与解构的双重维度。沿着这一逻辑脉络，我们可以将卡西尔的思想进程概括性地描述如下。

根据《布莱克威尔西方哲学辞典》，“物”具有广义与狭义之分：

> 在一般意义上，一物是能被指称或命名的任何项。它可以是形而上学世界的任何构成成分，包括实体与属性、本质属性与偶有属性、特殊性与普通性、具体的和抽象的对象。一个物质性的实体是物，同样，一个数，一种关系以及一种假象也是物。在此意义上，“物”与“存在”或“实在”是同义词。……
>
> 在较狭窄和更技术性的意义上，物具有其自身的同一性，拥有质性与关系。一物的概念相近于一个实体或一个对象的概念。在句子中，物通过主词而不是谓词被标示出来，谓词只是反过来把归属于物的属性给指出来。在不同的理论文本中，物可以是弗雷格所谓的某一名称的对象，也可以是奎因所谓的约束变项的值，还可以是斯特劳森所谓的个体。这后一意义上的物的本质，构成

了现代形而上学的焦点。[①]

这里所谓的一般意义与狭义之分，实际上是传统形而上学与现代形而上学之间的差别。在自然科学与当代哲学共同的反本质主义立场下，传统形而上学本体论意义上的“存在”（being）或“实体”（substance）观念几乎被彻底解构了。但是，现代形而上学意义上的“物”，或者用安东尼·昆顿（Anthony Meredith Quinton）的话来说，作为“一个可观察的、时空性的实体，一个具体的、知觉的对象”[②] 意义上的“物”，却以多种形式保留下来，更是被视为一个毋庸证明的事实问题（quid facti）。知觉意义上的物，构成了卡西尔所谓“通常的世界观念”或“天真的世界观念”（the ordinary view of the world, the naïve view of the world）的核心。如果说卡西尔在《实体与功能》一书中对“实体”（substance）观念的批判与解构只是构成反本质主义潮流中一个并不突出的支流的话，那么，他对知觉意义上的“物”之批判与解构则远远超出了这一思潮本身的界限，成为当代哲学中富有胆识的和革命性的创见。对于卡西尔来说，无论是本体意义上的物还是知觉意义上的物，它们都是形而上学的实体化思维（hypostatization）的表现形式和必然结果，可归之于“物的逻辑”（Logic of Thing）。

在认识论的层面上，物是人类认知活动的起点与目标，我们通过不断地发现、抽绎和归纳出物所固有的属性或规律，不断地深化着对它的认识。在古希腊，当亚里士多德明确地把知识奠立于感官知觉之上时，他对（经验和技术双重意义上的）知识本身的合法性从未质疑过，正如他将求知视为人类的本性一样自然而然。但是，当科学在历经了千余年作为神学婢女的黑暗时代后，当科学与全部人类的生活如此紧密地关联在一起时，知识本身的合法性问题不仅在其逻辑可能性层面，而且在经验现实性的层面受到充分的关注和深入的讨论。本体

① Nicholas Bunnin and Jiyuan Yu (eds.), *The Blackwell Dictionary of Western Philosophy*, Oxford: Blackwell Publishing, 2004, p. 693.

② 转引自 Nicholas Bunnin and Jiyuan Yu (eds.), *The Blackwell Dictionary of Western Philosophy*, Oxford: Blackwell Publishing, 2004, p. 693。

意义上的物由于其不可感知的特性很早就被自然科学从自己的视野和领地中剔除出去，知觉意义上的物，或者说经验，构成了自然科学的“可靠”基地，归纳法与抽象理论构成科学的“可靠”方法论。

但是，正是作为彻底的经验主义者的休谟，揭示了经验主义认识论本身包含着的不可弥合的裂缝，第一次明确地把人类经验的片面性与有限性摆到了桌面之上，对人类知识的合法性提出了合理而有力的质疑，虽然他本人未曾否定过科学本身所取得的成就与辉煌。在他之后，康德站在理性主义与经验主义的中道，试图融合理性主义的演绎法与经验主义的归纳法各自的优越性，为知识的普遍必然性与可扩展性找到一个新的结合点，提出了用“对象依照知识”来取代“知识依照对象”的传统认识论模型。这一哲学思想史上的哥白尼式革命虽然开创了先验主义这一崭新的思想路向，然而，就其认识论上的立场来说，康德本质上仍然是一位经验主义者，他无法舍弃经验这一知识的必要来源，从而注定了他不可能真正解决经验的有限性问题，因而亦无法真正“证实”知识自身的合法性。如果理性主义、经验主义和先验主义这三条道路最终都宣告失败，这似乎意味着怀疑论的最终胜利，意味着人类知识只能维持着一种不确定的状态和形象，那么，无论它取得了多少成就，甚至这种成就越是卓著，它所带来的愈加频繁的新旧知识更替反而越是否定了自身的合法性要求。

卡西尔对于知识问题的关注，不仅是因为他在青年时代是作为一名新康德主义者进入哲学殿堂的，更重要的是，在他所处的时代，在新旧世纪交替之际，整个欧洲文化呈现出一种病态与颓废的氛围，嘈杂与混乱构成了当时整体的精神气候，各种神秘主义思潮甚嚣尘上，自然科学与工业文明似乎同时生产出反对自己的力量：

> 在我们今天看来，19 至 20 世纪之交的文化生活带有一些奇特的矛盾：面向未来的新向往和对古老传统的留恋，追求人类表达形式的统一化和文化特性的要求（有时这种要求还很强烈），今日已掀起轩然大波的对现代性的褒扬和对人类已深陷其中的技术文明带来的负面效应的忧虑。参照系的丧失和由此带来的情感

> 混乱，无疑在很大程度上解释了当时很多艺术作品中没落的、有时甚至是末日的情调。①

因此，我们不难理解新康德主义者缘何迫切地提出“回到康德那里去”的口号，缘何对知识问题给予如此的重视与强调。

甚至，卡西尔更加敏锐地发现，康德不仅没有彻底解决自然科学知识如何可能的问题，他同样也没有处理好知识与道德和艺术的关系：将三者割裂开来、分封在不同的领地的做法，无疑昭示了人的生活世界在自身内部的分裂。自然科学与人文科学应当如何协调一致地对人的生活施加影响才能弥合这种分裂？显然，片面地拔高艺术的地位和价值是于事无补的，如果不能解决人文科学自身的合法性问题，那么，自然科学与人文科学之间的壁垒只会更加森严，而人文科学本身，最终不是蜕变为一种新的神学，就是变成某种哲学的婢女——前者见之于“为艺术而艺术”的浪漫主义文学运动中，后者则清楚地在黑格尔那里得到表现，艺术仅仅是作为绝对精神的否定之否定过程中一个低级阶段。

更加深刻和独到的是，与包括其老师柯亨（Hermann Cohen，1842—1918）在内的其他新康德主义者不同，卡西尔并不是简单地高扬科学的旗帜去批判各种形式的唯灵论、将它们归结为人类精神的倒退，而是追问这些神秘主义思想如何能在启蒙运动的一个世纪之后得以“重生”，追问在经济政治诸因素以及所谓“先知”们的诱导等外部原因之外，在人的精神之中是否隐藏着某种（些）更深刻的内部因素，导致了这一重生？

不难看出，虽然康德与新康德主义的先驱者们构成卡西尔哲学无可置疑的理论渊源，但是，这些哲学史遗留的旧难题与时代语境提出的新问题，不仅是他们所无法妥善回答与解决的，甚至有些是他们未能完全意识到的。这就决定了，一方面卡西尔对康德思想的吸收与

---

① 参见［法］雅克·杜加斯特《19世纪和20世纪之交的欧洲文化生活》，黄艳红译，中国人民大学出版社2007年版，第258页。另参见该书第5章“文化病态”。

继承，尤其是先验主义哲学路向本身的深刻启发性。诚如亨德尔（Charles W. Hendel）所言：“对康德的回响始终贯穿于卡西尔著作的字里行间。无论他何时启程前往任一目的地，他总是返回到康德的哲学，以之作为前进的基地。”[①] 因此，讨论卡西尔的问题不得不经常地返回到康德那里，不仅是因为这种直接的继承关系，更是因为，虽然康德并未彻底地解决问题，但已经将问题本身给揭示和展现出来。另一方面，这又注定了卡西尔要解决所面对的诸多问题，不得不寻找一条属于自己的道路。作为新康德主义者的青年卡西尔，在其《知识问题》前三卷中，尚未找到解决问题的出路。但是，沿袭自康德与新康德主义对自然科学的格外重视这一传统，在卡西尔与自然科学之间造就了一种紧密的联系，不仅客观上为他未来的哲学提供了丰富的知识储备，同时也使得他比康德更深入地到自然科学内部去寻找可能的答案。

对于卡西尔来说，哲学作为“关于知识的知识”，并不意味着它是高于科学真理性的与最高的知识——所谓哲学知识的对象是“智慧”本身的说法，不过是哲学家们为自己编造的虚幻荣光而已；哲学的真正任务是找出人类知识生产的模式与方法，在认识论的层面将它们清晰地揭示和表达出来，使人类知识由非自觉的曲折发展进程转变为一种高度自觉性的智性活动。正是放弃了传统哲学为自己设定的错误位置和虚假荣光，而从一种新的视角去审视和认识科学，卡西尔才能从罗素（Bertrand Russell）、亥姆霍兹（Herman von Helmholtz）等人的数学理论中发现关系逻辑，认识到它作为解决知识问题的新路径之可能性。以此为线索，卡西尔对几何学、物理学和化学等精确科学进行了广泛而深入的“考古学”研究，确证了关系逻辑在各学科中自觉的与不自觉的运用，因此，在1910年《实体与功能》一书中集中地论述与阐明了关系逻辑作为一种认识论原则的思想。

关系逻辑对于传统认识论的颠覆性在于，它将知识的中心由被认

① 转引自 Ernst Cassirer, *The Philosophy of Symbolic Forms. Vol. 1: Language*, trans. Ralph Manheim, New Haven: Yale University Press, 1955, p. 1。

作是认识对象的物转移到了物所居处的关系上。在卡西尔那里，这一思想在《康德的生活与思想》中早已发端："如果单个的对象仅因它的独特性而被承认，那么，'自然'这个重要概念并没有得到满足，因为自然的体系要求成为一个规律的系统，因此，它并不关心这些孤立的对象，而是关注于表象的彻底的相互联结以及它们通过相互依存的形式而被彼此联结起来的途径。这一观念将我们导向一系列新的规则，即试图基于创建关系而不是创建单个对象的目的来作为基本的前提。"① 而《实体与功能》则是在自然科学的领域对关系逻辑的合法性的一个实证性的具体论证。在关系逻辑的视角下，原本被认作为物本身所固有的属性，不再具有"固有的"特性，而实际上只是对其所居处的关系之表现。换言之，物在其本质上只是作为关系之载体的身份而存在着。当它被置处于不同的关系和参照系之下时，便被赋予了多重的"属性"，具有了无限的可能性。但这种无限性，不再是传统认识论下那个人类永远不可能真正彻底地认识的本体论的"永恒的X"。在它身上凝聚着的多重"属性"之间，即便在语义学上看似如何地矛盾，但是，这种矛盾不再是不可调和的，它仅仅是不同关系在同一载体上的表现而已。就此，科学史上知识本身的频繁新旧更替不应再归因于真理与谬误之间的迭代，而只是意味着对新的关系与可能性之发现，或是对原有关系的进一步完善化和清晰化。

但是，对知识的一种不矛盾解释并不能构成关系逻辑之合法性的充足理由。关系逻辑在对物之认识论中心地位进行消解的同时，必然要求重新定位"物"在人类知识中的地位和权利，甚至这并不仅仅限于认识论领域之内，因为，任何一种认识论必然与某种形而上学，或者更具体地说，与某种对于我们所居处的世界的认识与理解相关联。譬如柏拉图的知识学必然是建立在我们的生活世界是理式世界的投影这一前提下的。物作为关系载体的思想要成为可能，首先就必然要求排除物作为笛卡尔式实体的观念，在此，康德早已通过对现象与自在

① Ernst Cassirer, *Kant's Life and Thought*, trans. James Haden, New Haven: Yale University Press, 1981, p. 182.

之物的区分，通过把我们的生活世界理解为现象世界，展现了这一可能性。

然而，在知识合法性问题上，康德的挫败事实上表明，试图通过单纯地转变对世界的看法是不可能真正解决问题的。因此，问题的症结就集中到康德认识论的经验主义立场上。如果更加细致地分析，虽然康德从经验的物身上剔除了笛卡尔赋予实体的绝对性与唯一性特质，但却保留了其独立性与自足性的特征。换言之，虽然康德摒弃了笛卡尔式的心灵与物质之间的绝对二元论，但又在作为现象的物与认识主体之间重新设定了一种看上去似乎更温和的二元论。因此，这就注定了，不仅康德试图在自己设定的二元论前提下调和这一二元论的任何努力必然是徒劳无功的，更重要的是，要使物成为关系的载体，就必须放弃对它的独立性与自足性的设定。因此，事实上，康德悬搁了本体意义上的物，但又在经验的基础上重建起一种新的本体论。正如康德自己已经意识到的，对任何本体论意义上的物的“认识”只可能是理性的幻象，我们不可能对超验的对象有任何真正的知识。换言之，如果要真正彻底悬搁本体论的预设，将经验世界彻底还原为就“现象”一词的字面意义来说的现象世界，就必须放弃对世界的任何存在论设定。同时，放弃对世界的存在论设定与思考并不意味着否定生活世界的实在性，而是基于对人类自身有限性的充分认识。现象世界的客观性不应当奠立在自在世界之上，否则就失去了“现象”原本的意义，而在本质上仍然是自在世界某种程度上的“变形”。卡西尔看到，由于 19 世纪自然科学发展的局限性，使康德不可能看到现象世界之客观性的奠基石除了存在论之外还有任何其他可能性。

从关系逻辑的角度来看，物本身的实存实际上是无足轻重的，重要的是它与其他同样作为载体的物所居处的特定关系和参照系，以及它们在这一参照系中各自占据的逻辑性的而非实在性的位置。换言之，我们的世界不是由一个个孤立的物组成的，而是一个整体，每一个个体或成员在这一整体中占据着一个确定的位置，并由此获得自身的确定性与客观性。在此，需要解决和处理的问题是，每一个个体是如何获得自身的位置的？正是在这里，卡西尔将关系逻辑与先验主义哲学路向紧密地结合在一起。

康德在其先验体系中，改造了在牛顿的古典物理学中被认为是实在性的空间和时间观念，将它们转换为归属于认知主体的能力或天赋；在此意义上，我们所经验、所居住的这个空间与时间之中的世界，以及这个世界之中的“物”，原本并不具有任何空间与时间的规定性，而是由我们赋予它的。康德在其先验体系中将空间与时间规定为接受性与被动性的，更多的是考虑到协调与经验这一知识的另一个来源之间的关系，却没有意识到，即便是消极性的空间与时间也必然带来对“经验”这一概念重新界定的要求，因为，如果连物的空间与时间“属性”都是被赋予的，那么我们有什么理由坚持其他“属性”，如颜色、坚硬等却又是归因于它们自身的？简言之，我们的经验世界，并不是现成地呈现给我们的，并不是“给予”我们的，而是由我们“构造”的——这里所谓的“构造”当然并不是在存在论层面上的神学创世论，而是通过赋予经验以各种规定，使其成为富有意义的。

不难看出，除必须对经验予以重新界定外，我们对于“知识”的传统规定性亦已随之被颠覆和消解：如果缺乏一个现成的经验对象，那么，作为知识表现形式的概念自然不可能是对经验归纳与抽象的产品；概念在逻辑次序上应当是先于经验的，在此意义上来说，康德提出“对象依照知识”的设想才真正得到实现。但是，新的问题在于，这些关系以及作为关系之表现形式的概念，是如何可能的？显然，当经验被排除在外时，唯一的可能性只余下作为认识主体的人。

在主体性问题上，同样是康德哲学为卡西尔开辟了可能的道路。虽然卡西尔对康德将人类智性划分为感性与知性两个层面并不赞同，但康德为弥合这二者之间的断裂而提出的“先验想象力”和“图式”概念本身蕴含着丰富的启发性：前者隐含地表达了人类智性的本质并不在于纯粹直观形式与纯粹范畴之上，而是一种创造性的、能动性的能量（energy）；而后者集直观性与综合性于一体的特质为智性的“构造”活动提供了一种可能的方法，使它不是停留于和沦落为一种个人的主观臆想，而成为“现实地”可能的。在此基础上，卡西尔将康德接受性与被动性的空间与时间改造为构造性与主动性的，构造世界的活动正是从赋予世界以空间与时间的具体规定开始的。但是，这种构造世界的活动似乎同样必须以预设一个非空间性与非时间性的“自在世界”为前提？

为了避免走上康德的老路，卡西尔返回到古希腊的前苏格拉底时期，返回到形而上学实体化思维产生之前，重新恢复了变化而不是存在之于世界的本质性和中心性地位。如果从变化的维度来观看世界，这个世界，借用阿那克西曼德的“阿派朗”（apeiron）概念来说，它是一种纯粹的“无定形”。由此“无定形”出发，不仅进一步肯定了存在论之于人类认识活动的无意义，而且使构造世界的活动真正摆脱了存在论的桎梏，获得了完全归属于自身的独立性与合法性。通过空间与时间的构造活动，我们赋予原本的“无定形”以相对的但确定的空间性的位置，使永恒的流动暂停在某一个瞬间，在无须将世界实体化的前提下，使世界成为一个具有“确定性”的世界。另外，智性要成为富有构造力的，它本身必然不可能是“空的”，而应当具有归属于自身的东西，使这一构造活动的开始成为可能。在康德先验体系的基础上，在空间与时间之外，卡西尔又增添了数（number）作为人类智性所具备的三种根基性的先天关系之一。

人类的一切文化活动，世界的构造，都是起始于空间、时间和数这三种形式的构造。换言之，我们生活世界中的一切个体对象的“属性”，都是因为被置于这三种最一般性的关系（或者可以借用康德的术语而称之为先天性的关系）之下，每一个个体才能将自身与其他个体区别开来，从而真正成为一个独立的与客观的“物”。我们今天以精确的经度和纬度划定的地理方位，以年、月、日、时、分、秒划定的物理时间，只不过是对空间、时间与数之关系的完善化与系统化，它们显然不是可归因于对象的固有属性，而是一个人造的体系。正如中华传统的以二十四节气为基础设计的夏历和西方的公元纪年法之间只存在何者更精密和更严谨，而不是真理与谬误的区别。人类正是被自己创造的东西所遮蔽，颠倒了“现实”的本来内涵。如同我们可以对空间、时间与数的关系进行完善化与体系化一样，我们同样可以以三种基本关系为基础，构造出新的关系或概念，从而赋予“物”以更多样化和丰富性的“属性”。在此，人类认识活动的整个程序与目的都必须扭转过来，我们所从事的不再是对外部世界的认识活动，而是一个由简单至复杂、由苍白到多彩、由单调到丰富的构造世界的永恒进程。世界的“现实性”与“客观性”能且仅能建立在每一个世界之中的“物”所承载的、区别于他物的、确定的意义之上。

基于传统的物——无论是本体意义上的还是知觉意义上的——概念已被烙印上浓厚的存在论色彩，因此，卡西尔最终选择用符号概念来取代物概念，将人的世界定义为符号的世界。至此，在认识论层面由物到符号的转变，以及在形而上学层面由存在论向意义论的转变，这一逻辑脉络得到清楚的昭显。沿着这一线索，我们可以清晰地勾勒出卡西尔哲学的思想概图。

当然，术语的最后确定并不意味着卡西尔的哲学体系已经完成，但是，只要紧紧把握住这一思想主线，相关问题对卡西尔来说已不再成为难题与障碍。如果人的世界能且仅能在意义论的层面去理解和把握，那么，一旦抛开存在论的桎梏，一方面，传统存在论语境下在可知觉的对象与观念性的对象、实存的对象与虚构的对象、康德的可认识的对象与仅可思维的对象之间的鸿沟便立刻得到彻底的弥合。符号，无论是自然符号还是人工符号，其根本性和决定性的因素在于它们所承载的意义（meaning），因其意义而对我们的生活世界是富有意义的（significant）。另一方面，人文科学与自然科学之间的“天然”壁垒自然亦不复存在；两者之间的差异，不再体现在主观与客观、谬误与真理、任意性与必然性之间的不平等地位上，相反，它们只存在在构造关系、意义赋予方式以及参照系方面的不同，而从丰富和充实符号世界的角度来看，它们贡献着同等的作用。具体到各学科之间的差异，它取决于各自从一开始所选取的原生性关系（original relation）——譬如几何学以空间关系、数学以数量关系为自身的研究对象——作为整个学科的出发点，这种原生性关系构成该学科在其后历史发展中不断地予以具体化、细致化和完善化的根基，一个学科的复杂性与系统性程度取决于它所构造出来的整个概念体系的丰富性与深广度。从各学科在各自赖以发展的原生性关系上的差异以及它们共同作为构造与赋予意义的不同方式来说，卡西尔进一步将它们称为符号形式(symbolic form)。在三卷本的《符号形式哲学》面世后，研究者经常以此直接称呼卡西尔的哲学。然而，必须注意到，这并不是单纯术语的改变，其内在的逻辑表现为：只要某种关系具有区别于其他已有的关系而成为原生性的、能够赋予生活世界以一种新的理解和领会的，就具有被称为符号形式的资格与权利。因此，神话、宗教、语言、艺术、历史与各门自然科学一样，同等地被纳入整个符号形式哲学体系之中。

此外，符号形式哲学在认识论与世界理解上的变革，人类知识由新旧更替模式转向意义的无限累积模式，必然带来另一重深刻的意味：原本被认为已成为历史之遗迹的神话思维（也在一定程度上包括宗教），本身作为符号形式的合法性是不可否认的，没有且不可能被科学"战胜"而从人类知识与生活世界中彻底清除；相反，神话本身作为一种独特的世界理解方式，已构成人的世界之一部分，无论科学的发达与成熟程度如何，我们只能说，这使得神话思维不再在生活世界中占据优势与支配地位，但任何根除或消灭它们的断言最终只可能是一种自我欺骗。神话思维的负面影响并不在于它用神秘的超自然力量来理解和解释世界，相反，这种方式构成了文学与艺术、构成了人类自身想象力的一个重要来源。但是，神话思维的另一个重要特征是个体的自我意识与世界、与神、与图腾等的完全同一。换言之，个体的自我意识在神话思维中是完全缺失的；与此相适应的是道德伦理观念的未生发状态，这构成神话思维的致命弊病。因此，柯亨等人对唯灵论的抨击并未抓住要害，相反，在随后德国的浩劫中，纳粹正是通过树立"国家"这一概念，并辅之以大量的现代传播媒介，将这一概念植入德国民众的思想之中，最终达成了用国家观念对个人生活与行动的全面的和彻底的支配。虽然《国家的神话》作为对历史的反思有亡羊补牢之嫌，但卡西尔所要表达的，并不是对历史的一种理论分析，而是要警醒世人，神话思维不是仅存在于曾经的德意志民族和德国民众之中，而是归属于一切国家和全部民族的人类思维方法，它随时可能更换一种面貌重新出现在人类世界全部可能的时间和空间内。

由此观之，似乎除了在《国家的神话》中涉足政治伦理之外，如一些批评者所指责的那样，符号形式哲学作为一个完整的体系，却缺乏对道德与伦理的思考。应当说，这一指责与批评只能归因于对符号形式哲学的核心精神的未领会与传统的伦理学观念的束缚。

在20世纪科学主义与人文主义两大思潮互相冲击与对抗的语境下，卡西尔的立场很容易被误解成为人文主义辩护与呐喊，但事实上，卡西尔用复数性的“符号形式”（symbolic forms）所要表达的是，任何单一的对世界的理解必然是片面的，如果说符号形式哲学解构了绝对的真理观，那么，在卡西尔那里，还存在另一种形式的绝对真理观，即片面性（one-sidedness）就是谬误；反之，他借用黑格尔的观点来说，“整体即真理”（The Whole is the Truth）。更确切地说，虽然我们不可能有对整体的认识，但是我们却可以判断认识是不是片面的，可以断定它是不是谬误。

卡西尔在《人文科学的逻辑》中所要表达的核心思想，并不是为了拔高人文科学或降低自然科学的地位，而是要求人们注意到它们对于我们生活世界之完整构成的不可或缺性，以及它们在赋予世界以意义的方式上的不同。同时，这样一种真理观念本身包含着他的伦理道德观。符号的世界是一个开放的、孕育着无限可能性的世界，作为个体的人，应当以一种同样开放与自由的姿态去面对这个世界；如此，当我们面对某一具体的事或物时，问题就不会转变为单纯的行为与立场的选择，而是直接面对着它的多义性与复杂性。即使最终只能在其中之一作出选择，但这一选择的确定过程，就是这多重意义在人的内部互相斗争的结果，是深思熟虑与谨慎判断的结果。因此，即使这一选择本身被普遍地确认为是非道德的，但这种非道德只可能局限于个体的人在个别的事件中个别的选择以及因此而造成的个别的和有限的后果，而不可能转变成席卷一个群体、民族乃至整个世界的伦理灾难。

康德严厉的道德律令只能代表一种朴素的理想主义道德观，就现实的生活世界来说，所谓的“全善”或“全恶”都是根本不可能的，重要的是，善行或恶行是建立在清醒的自我意识的前提之下，抑或是一种迷狂的、单纯的服从。对于卡西尔来说，不存在任何客观的道德准则或守则，因为人本身就是一种文化的生成物，个体的自我意识本身必然意味着一种道德意识。对这种道德意识来说，重要的不再是康德时代的“大胆运用你的理性”，而是“如何运用自身的理性”这一方法论问题。在其后期之作《人论》中，卡西尔提出了“文化”这一整体性的概念，直接而鲜明地指出人是“符号的动物”，世界是“符号的宇宙”，如果仅仅将这些命题与观点局限于认识论领域无疑是画地为牢和自我拘限。事实上，卡西尔更想突出地予以强调的是，人应认识到自身作为文化生成物的本质及其不可避免的片面性，面对一个多义性与差异性的符号世界之整体，不应当回避这种多义性与整体性，而是应该深入这种多义性与整体性之中，才能不断地弥合自身的片面性。由此不难看出，符号形式哲学具有双重的方法论意义，一是作为世界之认识的方法论原则，一是作为人之行为的方法论原则。

至此，我们才能说，对符号形式哲学之概图的描画才是完整的，在这一概图中，任何一个组成部分都是不可或缺的，正如卡西尔自己曾将“文化”比喻为一个圆周，而数学、几何学、物理学、化学、语言、神话、宗教、历史及其他尚未发现的可能的符号形式共同构成这个圆周之整体那样。符号形式哲学之作为一个整体，把在康德那里被区分为认识论、道德哲学与美学三个界限分明的领域毫无裂隙地融合在一起。无疑，符号形式哲学由存在论向意义论的转变，就哲学领域来说，既是建构性的同时也是解构性的。卡西尔由《知识问题》开始，到《实体与功能》提出关系逻辑，再到《符号形式哲学》正式确立与详细阐明其符号与符号形式观念，最后到《人论》以“文化”概念来进一步深化对人与世界的符号性本质的认识，在其整个哲学思想的生涯，由物到符号的转变构成了一条明晰的和贯穿始终的思想主线和逻辑脉络。

笔者正是依托于这一主干来描画出卡西尔哲学的枝枝丫丫，虽难免有所失，但作为卡西尔哲学研究工程中的“地基处理及场地平整”工作，期待为任何未来对卡西尔哲学思想大厦的具体建筑活动作出微薄的贡献。

第一章　发生论：关系逻辑的建构

据卡西尔的学生，也是其传记作者高洛斯基（Dimitry Gawronsky）回忆说："卡西尔曾告诉我，在1917年，正当他踏上一辆回家的电车时，'符号形式'这个词语在他心头一闪而过；几分钟后，当他回到家时，一个新的多卷本著作的整个计划已经成竹在胸，它在其后的十年间付诸实施，以这样一种形式。"① 虽然"符号形式"作为卡西尔新造的术语对我们来说较为陌生，但它本身已经表明与"符号"（symbol）之间的某种关联，甚至已经隐含地表明，要理解"符号形式"的意义，须以理解"符号"在卡西尔哲学中的意义为前提。

"符号"概念之于卡西尔哲学的重要性已成为研究者们的共识，石福祁在探寻这一概念在自然科学与人文科学中的源头后指出："这个来自自然科学和人文主义、被卡西尔赋予前所未有的丰富含义的'符号'概念，既是卡西尔哲学大厦的基石，也是进入其哲学殿堂进而熟悉其建筑术的敲门砖。"② 虽然这一评价并未夸大符号概念的重要性，但囿于其所阐释的问题本身——符号本身的构造原则——的限制，它忽略了构成符号概念之基石的问题。

虽然高洛斯基的话语本身给我们这样一种印象——卡西尔的符号形式概念本身似乎是一种偶然的和任意的思维产品，但是，对于

① Paul Arthur Schilpp（ed.），*The Philosophy of Ernst Cassirer*，Evanston：The Library of Living Philosophers，INC.，1949，p. 2. 所谓"这样一种形式"指的是后来的三卷本的《符号形式哲学》。

② 石福祁：《卡西尔符号形式哲学中的"符号性孕义"概念》，博士学位论文，北京大学，2009年，第49页。

一位继承了康德批判哲学传统的哲学家来说，这种任意性是不可能被容忍和接受的。显然，对卡西尔的符号概念，不能从逸闻的角度去看待，而应当合理地推断：符号及符号形式概念的提出，有其自身的逻辑必然性，有其更深层次的理论基石来支撑它。因此，仅仅阐明符号概念的肯定性与建构性的一面，而忽略其否定性与批判性的一面，是不可能描画出卡西尔哲学的“全景图”的，而只会是一个“特写”。

因此，从本研究的目的来说，首要的并不在于匆忙进入对卡西尔的符号理论之内涵的领会，而应当将卡西尔放置到哲学史之中，找到他的符号概念在其中的位置。这不仅关系到正确理解和把握它的内涵，同时也关系到它区别于今天正蔚为壮观的符号学之独特性。本书以为，卡西尔的“符号”概念构成了对“物”概念的批判与解构，它的理论根基则在于关系逻辑的奠立。

第一节　关系逻辑的发现

卡西尔与康德，其哲学大厦的建筑，都取径于他们各自的时代自然科学所取得的丰硕成果；更重要的是，他们同样富有一种令人惊异的洞察力，能够穿透各门具体科学的特殊性而贯注于其中本质性与生产性的问题之上，并在此基础上使一种新的哲学体系成为可能。无疑，康德之于卡西尔具有一种典范性的力量，但是，卡西尔之于康德则显现出时代的优越性。二者在哲学路径和方向上的差异具有一种逻辑的必然性。卡西尔毫不犹疑地表达了对康德的景仰与赞叹，但同样直截了当地指出了康德的时代局限性：

> 今天，我们越来越清楚地、越来越信服地认识到，康德以之支持自己的阿基米德点，并由之开始生发出——就像用杠杆撬动那样——整个知识体系，不再提供一个无条件的坚实的基础。几何学的事实已经丧失了其无可置疑的确定性；与唯一的欧几里德几何相反，我们发现自己面对着多样的、却同样正当的几何学系

> 统，它们都主张着同样的智性的必然性，并如相对论一例似乎表明的那样，它们能在应用及对物理学的卓有成效方面与古典几何学系统相抗衡。①

20 世纪自然科学繁盛的理论成果赋予卡西尔以更广阔的眼界，在康德以为道路被堵塞的地方，他能看到新的启示与可能。当然，这得益于康德这位先驱者几乎把全部的问题及其症结清楚地展现在卡西尔面前，使其对症下药成为可能。因此，先行厘清康德的思想路径，对于理解卡西尔，不仅是有益的，甚至是必要的。当然，这种厘清侧重的是问题的提出、困境与解决的途径，而不可能及于康德思想的方方面面。

一　康德的哲学革命及其与自然科学的距离

数学，因其绝对的确定性这一特征，不仅在自然科学而且在哲学中占有特别重要的位置，它构成了康德与卡西尔哲学思考的共同出发点。由于数学完全独立于经验性的时间与空间之外，具有理想的完善性与绝对的真理性，因此，康德直接跳过了对“先天综合判断是否可能”这一问题的论证，而信心十足地肯定了先天综合知识的现实性：“数学和物理学是理性应当先天地规定其对象的两门理论的理性知识，前者完全是纯粹地规定，后者至少部分是纯粹地、但此外还要按照不同于理性来源的另一种知识来源的尺度来规定。”② 只有在确证了这一前提后，康德才能进一步设想“先天综合判断如何可能”的问题，才能大胆地提出其革命性的哲学设想：

> 向来人们都认为，我们的一切知识都必须依照对象；但是在

① Ernst Cassirer, *Substance and Function, and Einstein's Theory of Relativity*, trans. William Curtis Swabey and Marie Collins Swabey, New York: Dover Publications INC., 1953, p. 353.

② ［德］康德：《纯粹理性批判》，邓晓芒译，人民出版社 2004 年版，“序”第 11—12 页。

> 这个假定下，想要通过概念先天地构成有关这些对象的东西以扩展我们的知识的一切尝试，都失败了。因此我们不妨试试，当我们假定对象必须依照我们的知识时，我们在形而上学的任务中是否会有更好的把握。①

由“知识依照对象”向“对象依照知识”的转变，不仅标志着认识论领域内一种完全颠覆性的思想革命，同时也必然引发形而上学领域的“地震”。通过引入感性的先天直观形式和知性的纯粹范畴，康德完成了与这一思想革命相适应的技术性构架；而通过将现象（phenomenon）与自在之物（thing in itself）区分开来，并将人的认识活动严格地限定在现象世界，这一思想革命获得了自身的合法性根据。对于康德来说，这一革命具有双重的意义：一方面，面对休谟对因果律的质疑，在形而上学领域为科学的真理性提供一个可靠的逻辑基础；另一方面，用科学反过来作为检验一切形而上学理论是不是“科学的”的标杆。②

正如在今人看来哥白尼的“日心说”本身虽已无足轻重但其内蕴的精神价值却是永恒的那样，从思想史的维度来看，康德的哲学革命，最重要的意义不在于其技术性架构的层面——“先天概念所包含的全部内容、这些概念按照不同源泉（感性、理智、理性）的类别、连同一张完整的概念表”③，而在于它开启了一种新的世界观念和新的思维

---

① ［德］康德：《纯粹理性批判》，邓晓芒译，人民出版社2004年版，“序”第15页。

② 这一点在《任何一种能够作为科学出现的未来形而上学导论》中得到了集中体现。康德似乎认为，基于形而上学这门学科一直以来缺乏任何可以凭借的衡量其是否具有科学性的标准，而自然科学本身却在科学之外茁壮成长，由此似乎可以推断，如果某种形而上学在与科学之间能够建立起一种一致性关系，换言之，如果它能够逻辑圆满地解释科学知识如何可能的问题，那么，这种形而上学就可以被确定为科学的。其中，最重要的是为因果律找到一个可靠的理论根源：“问题不在于因果概念是否正确、有用，以及对整个自然知识说来是否必不可少（因为在这方面休谟从来没有怀疑过），而是在于这个概念是否能先天地被理性所思维，是否具有一种独立于一切经验的内在真理，从而是否具有一种更为广泛的、不为经验的对象所局限的使用价值：这才是休谟所期待要解决的问题。”见［德］康德《任何一种能够作为科学出现的未来形而上学导论》，庞景仁译，商务印书馆1978年版，第8页。

③ ［德］康德：《任何一种能够作为科学出现的未来形而上学导论》，庞景仁译，商务印书馆1978年版，第160页。

路向——就二者的逻辑关系来看，前者建立于后者之上。在卡西尔看来，其意义与价值完全在于这一思维路向本身：

> 不再涉及在现有的形而上学体系中再增添另一个体系，不再是为长久以来业已存在的问题提供一个新的答案。这种变化和转型远为深刻：它涉及的不是关于形而上学的各种答案，而是它的概念和根本问题。形而上学的路向已有所变化，因为它的目标已经被取而代之——它要认识并针对的对象已经发生了变化。这种变化意味着不同的、更彻底的东西，而不只是说，对象仿佛仅仅在原本稳固的思维空间里改变一下它的位置；毋宁说，这种变化涉及思维空间本身的形态和结构；它包含一种新的洞见，这种洞见不仅仅是关于被认识的东西和可以认识的东西，而是关于**认识本身的性质和任务**，关于**认识本身的基本功能**。[①]

另一位学者克拉宾（Hugh Clapin）的诠释同样集中指明了当代康德研究中这样一种普遍的旨趣和方向："康德的技术性术语，即理性的纯粹概念与直观的纯粹形式，指称的是我们今天所谓的心灵的功能性建筑术。"[②] 这并不是要全盘否定康德哲学体系的技术性架构本身的价值，而是要求从更本源处来把握它。然而，康德为自己树立的"事业"本身构成一种遮蔽性的力量，使得这场思维革命未能一开始就沿着它应然的逻辑方向和目标前进。

康德之后，哲学史上蔚为大观的现象学思潮——包括卡西尔的"认知现象学"在内，都可以在这种思维路向里找到自身的理论渊源，却几乎完全舍弃了康德的技术性架构。对技术性架构与思维路向本身的区分，并不是对康德哲学整体性的割裂，而是还原问题本身的应然。同时，这也构成理解卡西尔哲学对康德的继承性与原创性（originali-

---

① ［德］卡西尔：《康德与形而上学问题——评海德格尔对康德的解释》，张继选译，《世界哲学》2007年第3期。

② Hugh Clapin, "Kantian Metaphysics and Cognitive Science", in Diederik Aerts (ed.), *World Views and the Problem of Synthesis*, Dordrecht: Kluwer Academic Publishers, 1999, p. 169.

ty）的一个重要出发点——虽然卡西尔秉承着与康德相同的思维路向，但他对康德的范畴体系所声称的完整性和唯一合理性的坚决反对[①]，使二者一开始就分道而行；虽然“卡西尔也致力于研究感觉材料和逻辑（理性）形式之间的具体关系，按康德的用语，也就是在‘先验哲学’的道路上走下去”[②]，但“感觉材料”这一概念对二者来说具有完全异质的内涵。另外，不可否认的是，一种思维路向的最终确立并不是一蹴而就的，康德为“心灵的功能性建筑术”设计的技术性架构虽然从根本上显现为一种熟练的逆向推论和天才的大胆假设相混合的“人工”产品，但它在事实上揭露与展现了这一新的思维路向可能涉及的全部认识论问题和形而上学问题。

就目的而言，《纯粹理性批判》主要是为了应对怀疑论对人类知识真理性的攻击，在哲学领域内重建科学的理论基石。对于康德来说，对知识的最直接的攻击来自休谟，他从人类经验的有限性这一角度对作为自然科学之基石的因果关系概念提出质疑，并最终将它归结为一种习惯性的联想。由于休谟的结论是以经验的观察为根据，因而对经验科学的攻击也显得最为有力。另外，在哲学史上，怀疑论有其更久远的渊源，或者说更深层的表现——其代表人物是笛卡尔。在笛卡尔那里：

> 他有一种假定——诚然对他说来并不像是一种假定——终之是使他意图要解决的问题绝对不能得到圆满的解决的。那个假定就是，思维和存在，心灵和物质，是相互排斥的，这个假定无疑是和我们平常的观念一致的，然而和认为包括着那两者而又能说明两者的原理的合理解释是不相容的。[③]

---

① 参见 Ernst Cassirer, *Kant's Life and Thought*, trans. James Haden, New Haven: Yale University Press, 1981, p. XVI。

② 叶秀山：《思·史·诗——现象学和存在哲学研究》，人民出版社 2010 年版，第 6 页。

③ ［加］约翰·华特生：《康德哲学讲解》，韦卓民译，华中师范大学出版社 2000 年版，第 3 页。

如果思维和存在是不同的实体，那么，就实体在逻辑上绝对的独立性来说，便首先切断了思维通向存在的道路，否定了人认识自然的可能性。

在某种程度上，笛卡尔之后的哲学，实际上是围绕着“如何消除笛卡尔的二元论带来的精神与肉体、人与自然之间的对立，解释肉体与精神、人与自然之间的关系究竟是怎样发生的”[①] 这一问题展开的。洛克与莱布尼茨代表了对这一问题两种典型的回答：洛克通过把哲学的中心导向知识的获取过程从而实际上回避了知识的逻辑可能性这一更加基础性的问题；而莱布尼茨的单子论与先定和谐论实则最终不可避免地肯定并指向一个超验的“上帝”。对于很早就从理性主义的独断论迷梦中觉醒的康德来说，对于18世纪科学所取得的辉煌成果有着切身的体会与信心的康德来说，在哲学层面为知识提供一个可靠的理论基石成为一个迫切的任务。

笛卡尔与休谟代表着怀疑论的两种不同的向度，即对知识的逻辑可能性与知识的现实可能性的怀疑。因此，康德在解答“先天综合判断如何可能”这一问题时，他必须同时在这两种向度上取得成功才能真正消解怀疑论。当康德在数学中发现并进而确立了“对象依照知识”这一原则时，对他来说，重要的是，如何围绕这一天才的灵感，寻找和设计出相应的思维“程序”和“工具”。针对怀疑论的双重攻击，康德的设计相应地表现为双重的结构：第一重是对现象与物自体的区分，第二重则分别由感性的纯粹直观形式（时间和空间）和知性的纯粹范畴（质、量、关系、模态共四组十二个/对先天概念）组成。

在某种意义上说，康德的设计是成功的，它显现出高超的技巧性和精妙的结构性，以及与人的感觉经验之适应性和兼容性。康德并没有从根本上动摇笛卡尔的假定，因为无论是对人还是自然的实体性——就实体的独立自存这一特性而言——的否定，都会相应地演绎出人或自然本质上是一种“幻象”的逻辑结论。他是从人的感性能力

① 朱立元：《西方美学范畴史》第1卷，山西教育出版社2006年版，第87页。

出发的，这种能力首先被设计成一种动物式的接受刺激的能力[①]，其次是一种纯粹的形式能力，是纯粹形式本身。当自在的自然刺激人的感性能力时，它就进入时间与空间的形式之中，呈现出一种新的样貌，这就是现象的自然。无论某个现象的物与对应的自在之物之间存在多大的差异，我们都可以确定，这一表象本身具有一种客观必然性，因为空间和时间作为纯粹形式是一个不变量，现象自然的具体表象是由对应的自在自然决定的，而不受任何个人的、主观的因素影响。同时，空间和时间这一不变量又决定了我们永远不能超出空间和时间之外，因此，现象世界，虽然仅仅作为自在世界在时间和空间之中的表象而不是自在世界本身，却是最真实的。[②] 正是通过这样一个"重塑"过程，独立于空间与时间之外的世界就转变成空间性与时间性的世界，自在的自然变成了"人的自然"。[③] 借此，康德瓦解了笛卡尔设置于人与自然之间的绝对屏障，确认了人对自然的认识在逻辑上的可能性。至于休谟的问题，则实际上以一种更简易的推论方式得到解决：（a）我们有普遍必然的知识，如数学、几何学和物理学等；（b）我们认识的全部材料及工具有：经验的/现象的自然、时间与空间的直观形式和知性的纯粹范畴；（c）休谟已经证明了经验是有限的，不能构成因果关系的合法性的基地；（d）感性的直观形式是被动性、接受性的；（e）知性范畴基于思维的自发性的，是可能判断的谓词；（f）因果关系概念是在判断中用来规范现象的；（g）结论是，因果关系概念是知

---

① 无可否认的是，在《纯粹理性批判》中，康德确实论述到空间直观的"积极性格"问题（参见［加］约翰·华特生《康德哲学讲解》，韦卓民译，华中师范大学出版社2000年版，第74页），但是，康德更加强调的是它们被动性地接受物自体的刺激的特征。因此，我们只能说康德的思想中隐含着空间与时间作为构造性与生产性的能力的线索与启示，而不能把这一思想直接归功于康德本人。

② 必须注意的是，在康德研究中，"现象世界"与"自在世界"是经常被使用的一对术语，但这种表述并不意味着康德与柏拉图一样，认为存在两个世界，相反，这"两个世界"是二而一的关系。

③ 有学者从物自体的不可知性这一角度出发，认为康德最终不可避免地走向不可知论。参见田薇《康德哲学陷入不可知论的方法论根源及其启示》，《清华大学学报》（哲学社会科学版）1994年第2期。虽然这样一种推论具有形式逻辑上的有效性，但笔者以为，它本身是基于对实体概念的绝对、唯一及真实这些规定的肯定并以之作为推论的大前提的；以此为前提，必然无法理解作为现象的自然的现实性。

性的一个范畴。

至此，康德就能够把认知的一般程序概括为：“借助于感性，对象被给予我们，且只有感性才给我们提供出直观；但这些直观通过知性而被思维，而从知性产生出概念。”[①] 但是，通过比较不难发现，这种简单化并没有彻底解决笛卡尔的二元论和休谟的经验论所针对的认识论困境。

首先，在对因果关系的解释中，康德实际上偷换了问题的实质，将休谟对“因果关系是否可能?”的怀疑置换为“因果关系如何可能?”，因而只需为它找到一个可能的基地——“这仅仅是概念的根源问题，而不是它的必不可少的使用问题。根源问题一旦确定，概念的使用条件问题以及适用的范围问题就会迎刃而解”。[②] 其次，他偷换了笛卡尔的“实体”概念的内涵，去除了它唯一和单纯、不变和永恒的特质，而赋予它以一种全新的含义——自在之物仅仅是“‘某物’，某种一般意义上的实体，它必定绝对而必然地存在着”。[③] 卡西尔指出，由于我们赋予它以绝对、唯一及真实这些规定，理性主义的实体概念由富于科学色彩最终趋向神学的上帝观念是一种必然的逻辑推论与现实后果[④]，因此，康德的自在之物是不可作进一步分析的。最后，康德虽然通过“悬搁”（bracketing）将自在之物的具体规定性问题排除在外，但这种悬搁并未上升到“现象学的悬搁”层面，不是“对被给予之物的存在与非存在不做任何执态”[⑤]，而是充分肯定了自在之物作为现象世界的基底（substratum）的必要性，以及进一步提出在自在之物与现象之物之间的一一对应性。不难看出，康德实际上返回到了他

① ［德］康德：《纯粹理性批判》，邓晓芒译，人民出版社 2004 年版，第 25 页。

② ［德］康德：《任何一种能够作为科学出现的未来形而上学导论》，庞景仁译，商务印书馆 1978 年版，第 8 页。

③ Ernst Cassirer, *Kant's Life and Thought*, trans. James Haden, New Haven: Yale University Press, 1981, p. 64.

④ 这一点在哲学史上被反复阐释过。英国哲学家布莱德雷就提供过一种集中而通俗的表述：“实在是一个，它必须是单一的，因为如果把多看做是真的，多就是自相矛盾的。多意味着关系，并且，由于关系，它就是无可奈何地总要肯定一个高级的统一体。”转引自［英］罗素《我的哲学的发展》，温锡增译，商务印书馆 1982 年版，第 49 页。

⑤ 倪梁康：《胡塞尔现象学概念通释》，生活·读书·新知三联书店 2007 年版，第 129 页。

明确反对的柏拉图式立场上，区别在于他通过把柏拉图的理式世界和现实世界合二为一，使这个基底免除了成为“空中楼阁”的危险。

然而，更重要也更根源性的问题则出现在康德奠定其整个哲学的出发点之上。当康德在数学、几何学中找到其“先天综合判断”的原型时，他并没有追问和求证：数学及其他各门精确科学（exact sciences）的普遍必然性是否确实源于“知识符合对象”这一原则，抑或还存在其他某种原则的可能性？跳过这一问题，无论知性的范畴体系被设计得如何精巧而细致，都难以避免无本之木的困境。卡西尔的批评正是直接指向这一根源处：

> 在数学和自然哲学的发展中，康德并不具有与笛卡尔和莱布尼茨相同的、直接生产性的作用。他并未直接与这些科学作搏斗，而是作为一个哲学研究者、批评家和分析者来面对这些科学。他的先验方法不得不假定“科学的事实”作为被给予的，并仅仅寻求理解这一事实的可能性及它的逻辑条件与原则。[①]

卡西尔的批评，并不是为了评价康德的成败，而是要将问题本身还原，返回到康德所由以出发处。和康德一样，卡西尔充分肯定了数学“特别的‘演绎性的’确定性”[②] 这一科学的事实。然而，他也充分意识到，这一共同的认识与确信本身往往构成一种遮蔽，人们往往将之视为一个坚实可靠的基地，而忽略与忘却了追问“数学是如何可能的?”这一更加根源性的问题。因此，他的批评还要求哲学进入科学之内，而不是作为科学的旁观者，唯有如此，才能找到人类知识之客观性的真正根基。

在这里，卡西尔所指的并不是康德完全忽略了“数学是如何可能的?”的问题。很清楚的是，康德在《纯粹理性批判》第二版中增添

---

① Ernst Cassirer, *The Problem of Knowledge: Philosophy, Science and History since Hegel*, trans. William H. Woglom and Charles W. Hendel, London: Oxford University Press, 1950, p. 14.

② Ernst Cassirer, *Substance and Function, and Einstein's Theory of Relativity*, trans. William Curtis Swabey and Marie Collins Swabey, New York: Dover Publications INC., 1953, p. 13.

了“有理性的一切理论科学中都包含有先天综合判断作为原则”一节，较具体地讨论了“真正的数学命题”和“纯粹几何学”是如何可能的问题。在康德之前，笛卡尔和莱布尼茨提出了一种逻辑主义的数学观，认为一切数学命题都是分析性的，这构成数学之真理性唯一的和坚实的保证。但同时，这种逻辑主义立场实际上把数学等同于逻辑本身，等同于纯粹的思维工具。这意味着，虽然数学在其他一切科学和生活领域中具有广泛的可应用性，但它本身并不具备作为一门科学的合法性。针对这一立场[①]，康德提出（a）真正的数学命题是先天综合判断。任何命题要成为综合的，就必须与感性直观直接相关联，而（b）我们有且仅有经验的与先天的两种直观。（c）经验直观的判断不具有普遍必然性，因此，（d）“数学必须根据纯粹直观，在纯直观里它才能具体地，然而却是先天地把它的一切概念提供出来”。[②] 不难看出，康德在这里所采用的论证策略与在休谟问题上如出一辙，其症结不仅在于置换概念，更在于“以待决之问题为论据”（petitio principii）。另外，我们看到，虽然时间在康德来说是“延续的量”，而空间则是“延扩的量”，但是，作为感性的纯粹形式，它本身不可能具有任何具体的规定性，无法构成数学命题之普遍必然性的根据。因此，事实上，对康德来说，数学的直观处于一种“第三直观”的状态——然而，这种“第三性”的直观在康德哲学中显然是没有被给予任何合法位置的。一种似乎合理的解释是：“作为数学对象的概念本身就是空间与时间，只不过它们是具体的空间与时间，康德称之为空间与时间的‘杂多’。”[③] 但是，我们知道，康德将空间与时间作为直观的纯粹形式，一个重要原因正是为了反对牛顿之客观实在的时空观；区别于后者作为被量化和分割的时空，纯粹形式的时空显现出整体性

① 关于这种具体的针对性，详参林永鸿《康德数学观述评》，《四川大学学报》（哲学社会科学版）1984年第3期。

② ［德］康德：《任何一种能够作为科学出现的未来形而上学导论》，庞景仁译，商务印书馆1978年版，第39页。

③ 苏国风：《康德与数学的形而上学基础》，《云南大学学报》（社会科学版）2012年第4期。

的特质而不可能是“杂多”——杂多只能意味着康德向牛顿客观空间的回归。因此，要么时空无法构成数学作为一门先天科学的根据，要么抛弃时空作为直观的纯粹形式的架构。显然，无论哪一种选择，都是康德所无法接受的。

进一步，姑且不论康德对数学科学的解释是否成功，他在解释活动中始终是作为数学科学之外的旁观者，这一点是可以肯定的。因此，无论康德本人还是其后的研究者，都没有真正还原问题本身——不是从哲学的层面去分析和解释数学，而要在数学领域之内去分析和解释“数学是如何可能的?”，这才是卡西尔提出的最核心要求。就此而言，康德以“7 +5 =12”这一数学运算为例，认为我们只有借助于与 7 和 5 相应的经验直观，如 7 个点或 5 根手指等，才能将 12 这个数给予“7 +5”。换言之，数学命题来自对感性经验的概括和抽象。[①] 然而，这实际上又将数学置于不具有普遍必然性的“非科学”之列，更重要的是，他违背了康德提出的“对象依照知识”这一原则。数学尚且如此，其他经验性色彩更浓的物理学、化学等学科更是不证自明。

可见，康德对数学命题如何可能的解释是行不通的，更确切地说，是与其思想路向不相容的。对此，卡西尔更多地将之归结为一种时代的局限性：一方面，囿于 18 世纪数学理论发展的有限性，未能摆脱经验主义的束缚；另一方面，我们看到，无论是其时空观念还是其数学观念的提出，康德都是针对某一特定目标的，其辩论的色彩甚于问题本身。今天，我们不难看出，康德的数学理论是建立在基数性的数论（cardinal numbers）之上的：每一具体的数，都是独立自存的个体，与经验的对象相适应。因此，在数的运算问题上，只有依赖于经验的直观才得以可能。然而，现代数学理论的发展不断地提出了新的问题，

---

① 对于康德的数学直观是经验的还是先天的，苏国风认为：“当康德用‘五个手指’或‘五个点’来说明‘7 +5 =12’时，这时的‘手指’或‘点’已经失去了感官对象的作用，即我们不会去关注这些手指的粗细、大小、颜色等问题，而只是用它们来帮助先验想象力对时间进行规定，用它们来将时间中的连续性与计数中的连续性对应起来，从而使计数活动成为可能。”但是，这实际上就等于说，我们先天地有一种计数的能力，因此我们的计数活动是可能的。显然，这是一种典型的循环论证。参见苏国风《康德与数学的形而上学基础》，《云南大学学报》（社会科学版）2012 年第 4 期。

譬如数学家高斯（Johann Carl Friedrich Gauss，1777—1855）的负数和虚数、戴德金（Julius Wilhelm Richard Dedekind，1831—1916）的无理数，从而提出了重新解释的要求。[1] 更重要的是，不再是“外行的”哲学家，而是数学家本人，对数学科学如何可能的问题进行了积极的反思。这些数学家并没有止步于对具体数学命题的分析与论证，而是更加积极地从纯粹的理论层面去思考数学如何可能的问题。首先，像虚数、无理数这类不具有任何对应性的直观经验的数学对象，是传统的基数性数论无法解释的，建立一种新的数论成为数学家们的迫切任务与目标。其次，从这类数的“非真实”特征不难看出，它们就其本质而言实际上是观念性的对象（ideal objects），是假想的形式（hypothetical forms），换言之，它们完全是人类智性的构造活动的产物。进而，如果数学判断并没有从自然中拿来任何东西，而完全是我们依照理性自身而放进去的东西，那么，这一判断如何具有普遍必然性，而不是流于偶然性与任意性呢？这一切，都要求对数学命题如何可能作出重新解释。

二 沿着康德的问题去重新观察自然科学史

针对基数性理论的无能为力，序数性的数论（ordinal numbers）应运而生。虽然这两种数论之间的争吵直到今天仍没有终结，但是，相较而言，序数性理论不仅在数学家群体中占据了明显的优势地位，更重要的是，它较之前者能够赋予这些新的、不可直观的“数”以合法的位置，能更恰当地解释数学命题的普遍必然性问题。

作为数学家和哲学家的罗素，是“关系算术”理论的提出者和倡导者。他不是在“量”而是在“关系”（或者说“结构”）的基础上重新定义了自然数：

---

① 关于诸种数的理论之具体阐释，详参 Ernst Cassirer, *Substance and Function, and Einstein's Theory of Relativity*, trans. William Curtis Swabey and Marie Collins Swabey, New York: Dover Publications INC., 1953, pp. 55 – 60。

> “自然数”就是对于“直接前趋”这一关系（“后继”的逆关系）而言的0的“后代”。①

根据这一定义，不难看出，数学的出发点并不是某一个数（如7或5），而是一个自然数串。在这个自然数串（或者说“序列的域”“集”）之内的每一个数，形成了可传递性的前趋关系，正是这一关系才使得“7+5=12”成为可能且必然的。

更重要的是，这样一个定义不仅仅局限在自然数这一类特定的数学对象之内，而在于它所表达的新的数学归纳法：

> 假使我们称“直接前趋”这一关系为N，任何数m对于m+1就有N关系。如果只要m有一性质，m+1也有，或者说，m与之有N关系的数也有，则此性质为“对于N是遗传的”，或者简单地，“N-遗传的”。又如m所有的每一种N-遗传的性质n都有，则称n属于对于关系N而言的m的后代。这些定义全都可以应用于任何其他关系，就象应用于N一样。②

借助于这一归纳法，通过对关系（N）的选择和置换，我们可以演绎出所有的纯粹数学，包括负数、虚数、分数、小数等不具有经验性直观的数在内。同时，这也确证了，某个具体的数（m）的性质并不取决于这个数本身，而取决于某种关系（N）。就此，罗素更简洁地将一般意义上的数定义为“某一个类的数”。③ 没有任何一个“基数”是不属于任何序列的域或不在任何类之中的。由此观之，在数字“5”与“五个点”之间的对应关系，并不是一种直观的对应关系，而是两者之间具有一种同构关系：{1，2，3，4，5}与{D1，D2，D3，D4，D5}（D表示“点”）。因此，罗素断言：“康德的直观是用不着

① ［英］罗素：《数理哲学导论》，宴成书译，商务印书馆1982年版，第26页。
② ［英］罗素：《数理哲学导论》，宴成书译，商务印书馆1982年版，第29页。
③ ［英］罗素：《数理哲学导论》，宴成书译，商务印书馆1982年版，第23页。

的"[1] ——不仅一切数学判断与命题本身不依赖于任何类型的直观，同时，即便是因为数学在其他领域的具体应用而不可避免地关涉到经验直观，它本质上也是对被直观对象的视而不见，而仅关心其中的"关系"或"结构"。

通过对数学史的考察及不同数论的比较研究，卡西尔首先在数学领域内单纯从数学问题本身确证了序数之于基数的本质性与基础性[2]：

> "4"或"7"的确切意义绝不可能是出于仅仅把许许多多的具有"4"或"7"个元素的群置于一起的结果；个别的群必须首先被确定为元素之间的有序序列，因而也就是序数理论意义上的数。就常识而言，元素的"多少"问题可以无需经过逻辑上的转换而变成一个单纯关于"就像那么多"的问题——这仍然是一个独立的知识问题。然而，对这一问题的思考，导致了关于数的两种解释在方法上的深层对立。序数理论的根本特征在于，个别的数仅就其本身来说决不具有任何意义，它的意义是通过其在一个整体的系统中的位置而被赋予的。个别的数这一定义立即且直接肯定了它之于所处的领域内其他成员的关系；并且，这种关系不可能被消除而不至于使具体的数的概念丧失其全部内容。我们看到，在基数的一般演绎中，这种关系被消除了。但必然的是，这种演绎同样建立和获得了对个别的数之间的编排的某一确定原则；然而，这些元素的意义是在这一编排之前就已被确定的，并且独立于这一编排。[3]

简言之，数学中一切基数意义上的运用，事实上，都预设了某个确定

---

① ［英］罗素：《我的哲学的发展》，温锡增译，商务印书馆 1982 年版，第 64 页。

② 值得注意的是，罗素在阐述其理论时使用的是"关系数"这一术语，并与"序数"相区别。对于罗素来说，关系数是一个更具一般性的概念，而"序数是关系数的次一级的类"。参见［英］罗素《我的哲学的发展》，温锡增译，商务印书馆 1982 年版，第 86 页。

③ Ernst Cassirer, *Substance and Function, and Einstein's Theory of Relativit*, trans. William Curtis Swabey and Marie Collins Swabey, New York: Dover Publications INC. , 1953, p. 48.

的数集和某种确定的关系，才使得运用成为可能：

> 序数理论代表着一切数的逻辑推论都不可回避的、根本性的基点；同时，等价类的问题虽然对于数的应用具有极重大的意义，但并不属于数的最原初性的内涵。[1]

数学运算在经验中的可应用性并不等同于它的有效性根据，而是数学思维与数学方法在数学领域之外的延伸与扩展。康德恰恰颠倒了这两者之间的逻辑顺序和因果关系。

至此，“数学是如何可能的?”这一问题才真正得到解决。在此基础上，我们才能开始从哲学认识论和形而上学的层面开始反思——并不是对数学作为一门科学的“事实”进行反思，而是要对序数理论本身进行哲学的反思。由此来看，在数的本质问题上序数理论与基数理论之间的对立，对于卡西尔以及本书的问题来说，是如此重要，以至于在此长篇大论地征引相关的论证并非冗赘之举。

对于卡西尔来说，序数理论的提出和确立，并不仅仅意味着数学科学所取得的一项理论成就，而是一个具有启发性与普遍性价值的认识论问题。从更一般性的层面来看，数以及作为其扩展的数学运算，其实质上只是某一“纯粹关系”的表达；既非直观经验，亦非数本身，而是数之间的某种确定的关系，使得数学运算的普遍必然性成为可能：

> 我们归属于数学命题的独有的“演绎性的”确定性现在被追溯到了这样一个事实：在这些命题中，我们涉及的决不是关于具体事实的陈述，而仅仅是假想形式之间的关系。[2]

① Ernst Cassirer, *Substance and Function, and Einstein's Theory of Relativity*, trans. William Curtis Swabey and Marie Collins Swabey, New York: Dover Publications INC., 1953, p. 53.

② Ernst Cassirer, *Substance and Function, and Einstein's Theory of Relativity*, trans. William Curtis Swabey and Marie Collins Swabey, New York: Dover Publications INC., 1953, p. 13.

进一步来说，是否可以设想，数学以外全部精确科学的判断与命题，实质上都是某种纯粹关系的表达?

无疑，对这一问题的回答必然要求深入几乎一切精确科学领域之内，去严谨地求证。这是一项庞大的工程，尤其是对一位哲学家来说。但是，如果卡西尔想要避免康德曾经犯过的“独断”错误，他就必须为自己设定这样一个任务和目标。他的多卷本《知识问题》显然就是对这一任务的具体实施，并且，我们看到，穷其一生，科学问题始终是与他的哲学思辨不可须臾分离地缠绕在一起的。我们不可能去重述卡西尔的“知识考古学”工程，但是，值得强调的是，这项工程一个最突出的特征是：它不是为了去知道某个“科学的事实”，而是深入了所关涉的问题本身，进入科学家们的具体争论之中去，与它们“搏斗”。

卡西尔重点考察了物理学、几何学和化学这三个作为精确科学之典型和代表的学科，印证了首先在数学中发现的关系理论的基础性和普遍性。在几何学领域，多种形态的非欧几何（non-Euclidean Geometries）完全取代了欧氏几何的一枝独秀局面，显然，否认和拒绝非欧几何的合法性无异于掩耳盗铃，因此，它必然要求根本上对几何学作出重新定义，换言之，为几何学寻找一个新的理论基地，使其能将包括欧氏几何在内的几何学的全部形态和类型都涵括在内。在这一领域内，费利克斯·克莱恩（Christian Felix Klein，1849—1925）运用数学的群论（group theory）对几何学的分析取得了突破性的进展，他认为，几何学的多种形态与类型之间并不是互相排斥的，并不存在真伪的绝对对立，而是基于转换群的选择和确定：

> 在几何学的意义上来说，被认为是“相同的”和“不同的”，绝不是在一开始就被预先决定的。相反，它是由几何学研究的本性决定的，即，某个确定的转换群的选择。①

① Ernst Cassirer, *Symbol, Myth and Culture: Essays and Lectures of Ernst Cassirer, 1935 - 1945*, ed. Donald Phillip Verene, New Haven: Yale University Press, 1979, p. 282.

同样，在物理学领域，“速率”（velocity）这一概念取代了传统的“速度”（speed）概念。如果在没有任何外在干扰的条件下，一个物体从一个给定的点沿着确定的方向稳定地向前移动，那么，它移动的时间与其距离必然是成比例的。这一转变意味着，物理学真正的研究对象，不在于物体运动过程中在时间与空间距离上确定的“量”，而是时间与空间距离的相互关系。这意味着，物理科学的发展，完全无须依赖于知觉与经验，而可以像数学一样，通过一整套人造的符号系统在纯粹理论的层面独立发展。同时，对于物理科学来说，它还具有更深层的意义，物理学的进步，不是取决于苹果掉落到牛顿头上的偶然性，而是取决于物理学家们对新的关系之发现和构造。

在化学领域，元素周期表的建立更是一个突破性的进展，它是根据原子数从小至大排序的化学元素列表。① 元素周期表被认为揭示了物质世界的秘密和发现了物质世界的真相——长久以来被认为是互不相关的元素被统合和组成一个完整的自然体系。虽然元素周期表在门捷列夫于 1869 年首次提出后经历了一些变动和扩张，但其最核心的“关系”本身却并未动摇；同时，它在事实上成为发现新型元素及化合物的理论根据，进一步证实了自然科学的研究对象与经验对象之间的非对应性。

在精确科学的不同学科领域内发现的这种一致性，使得卡西尔有理由确信关系理论的有效性。在这一过程中，极富启发性的是，在精确科学领域内，克莱恩已经提出了将数学上升为“一般性的知识理论”（a general theory of knowledge）的构想。② 对于克莱恩来说，这仅仅意味着一项具有实践性和可操作性的任务，意味着如何运用群论这一数学原理去分析其他科学——他成功地将数学的群论与非欧几何结合在一起；但对于哲学家卡西尔来说，这一“典型”并不意味着“原型”，更重要的是，从“一般性的知识理论”这一语词的字面意义来

① 参见维基百科和百度百科词条“元素周期表”。

② 详参 Ernst Cassirer, *The Problem of Knowledge*: *Philosophy*, *Science and History since Hegel*, trans. William H. Woglom and Charles W. Hendel, London: Oxford University Press, 1950, pp. 79–80。

看，它要求超越作为具体的数学方法和规则的限制，发掘出它们背后更一般性的认识论原则——关系逻辑。

第二节　关系逻辑的规定

“关系逻辑”（Logic of Relation）这一术语并非卡西尔首创，在其理论先驱罗素那里已经明确使用了这一表达。[①] 罗素的关系算术理论对卡西尔的关系逻辑具有直接的启发作用，但当卡西尔将其上升为一个普遍性的认识论原则、一种一般性的知识理论时，二者就马上分道而行了。粗略地看上去，立足于同一个理论基点，这种不同的路向似乎意味着其中之一是可疑的，这实际上要求对罗素的关系逻辑学说进行必要的分析。有趣的是，虽然二者不时地强调“关系”的重要性，但是都未对这一术语作出清晰的定义，这使得我们的分析更显必要。

一　罗素对关系学说的肯定与止步

罗素以一种不容置疑的语气指出：

> 关系问题是哲学中最重要的问题之一，因为大多数其他问题都有赖于它：一元论与多元论；在整体的真之外是否有任何事物完全为真的问题，或者在整体的现实之外是否有完全的现实的问题；以某些形式出现的理性主义与现实主义；甚或哲学作为一门区别于科学并拥有自己的方法论的学科的确切存在。[②]

据此，有学者指出，“关系问题是形而上学的基本问题”。[③] 虽然我们

① 参见［英］罗素《我的哲学的发展》，温锡增译，商务印书馆1982年版，第64页。在同一本书中，罗素还曾用这一术语来指称皮尔士的关系理论（见第77页）。基于本研究的目的，在此存而不论。

② Bertrand Russell, *The Philosophy of Logical Atomism*, London: Routledge, 1972, p. 138.

③ 黄敏：《布莱德雷、罗素与维特根斯坦论关系》，《现代哲学》2012年第2期。

不能说这一命题是不正确的，但显然，这一措辞法本身忽略了就哲学领域来说关系问题一直以来是居于“幕后”位置的。罗素是哲学史上较少地直接把关系问题放到台前并作为自己哲学一个核心概念的哲学家，将对关系问题的思考贯穿其整个的学术领域和哲学发展。在这一点上，卡西尔与他站在同一阵线上，甚至比他更为坚定。

罗素并没有对“关系”作一个定义，这并非疏忽，而是不必要，他对“关系”的基本规定已经集中地在自然数的数学归纳法之中得到了充分表达。从语义学的角度来看，“logic of relation”，既可以作为一种述谓结构来解释（“关于关系的一种逻辑”），同时也不排除在同义结构上来使用它的可能（“关系是一种逻辑”）。罗素显然是在后一意义上来使用这一术语的，这从他将数学与逻辑等同起来这一最终立场——“二者也确是一门科学，它们的不同就象儿童与成人的不同：逻辑是数学的少年时代，数学是逻辑的成人时代”[①]——并不难看出来。

区别于这种逻辑原子主义的立场，这一术语在卡西尔的具体使用中表现出较大的随意性，以至于完全可以用“关系”“关系理论”这些语词来替换它。这并非一种不严谨的表现，而是对于持守着符号论立场的卡西尔来说，任何试图用一个简单的命题来规定对象的方法本身就是一种片面化和“不科学”。这一术语的重心不在于“logic”这一语词，而是全部地集中在“relation”之上；我们对它的理解，应当坚持“克莱恩式的”立场，把握住“一般性的知识理论”这一最根本性的规定。卡西尔本人经常援用莱布尼茨的一个术语“universal characteristic”——即“普遍语言”[②]——来作类比，或者更形象地称之为一切人类文化活动的“语法”（grammar）。至于就“关系”的具体规定来说，它已经以一种零散的方式在卡西尔对科学理论的历史考察与符号形式哲学的理论建构中得到充分的表达。将这些零散的规定予以集中的表述由此构成了本书的任务之一，虽然这一方式本身显然不为

① ［英］罗素：《数理哲学导论》，宴成书译，商务印书馆 1982 年版，第 182 页。

② 其拉丁文形式为 charactertistica generalis，通常中译为“普遍语言”或“普遍文字”。参见周祯祥、周晟《普遍语言的两个设想——莱布尼茨与弗雷格的尝试》，《湖南科技大学学报》（社会科学版）2009 年第 5 期。

卡西尔本人所欢迎。

具体来说，我们看到，罗素提出关系理论是有的放矢的，他将其称为“外在关系学说”，以区别于之前的“内在关系学说”。他指出：

> 这个学说（即关系学说——引者注）是布莱德雷从黑格尔的哲学里提炼出来的，我称之为“内在关系学说”，我称我的看法为“外在关系学说”。内部关系学说主张，两项之间的每种关系基本上是表示这两项的内在属性，归根到底，是表示这两项所构成的那个总体的属性。①

从内在关系学说来看，如果我们说两个事物或事件（罗素更愿意使用“项”这一术语）a与b之间具有某种关系（aRb），它实际上是说，a与b这两项都具有某种属性r，正是这一属性r使得a与b之间总是具有这种关系R，总是这样彼此关联着的。反之，若没有这种属性r，则a与b就是相异的、没有关联的。因此，任何关系都有一个确定的事实作为其根基：“关系是基于关系中的项的‘性质’，或基于由这些项所组成的那个整体的‘性质’。”②

罗素从多个维度来反对这种内在关系学说。他认为，首先，这一关系学说仅能说明对称性的关系。从内在关系来看，如果肯定了aRb的有效性，那么，我们就可以确定地推断bRa同样成立。譬如，当我们说“玫瑰和晚霞都是红的”时，它实际上表达了两个基本事实——“玫瑰是红的”和“晚霞是红的”，其于这种事实本身而不是任何其他因素，我们当然可以断言“晚霞和玫瑰都是红的”。而一旦面对非对称性的关系，罗素举“比……大”这样一种最常用的关系来说明，内在关系学说对它就无能为力了。

其次，即使是内在关系说也无法否定的一点是，某个项与其属性之间并不具有对等关系，一个项可以具有多种属性，那么，这些不同

---

① ［英］罗素：《我的哲学的发展》，温锡增译，商务印书馆1982年版，第47页。

② ［英］罗素：《我的哲学的发展》，温锡增译，商务印书馆1982年版，第53页。

的属性关联到同一个项之上又是基于什么样的关系呢？显然，对这一问题的回答必然趋向一种无限倒退，不可能得到真正的解决。在这里，不难看出，中国古代思想家公孙龙提出的“离坚白”命题，正是对这一认识论问题的形象表述，虽然他并没有像罗素一样把它还原为问题本身，以至强作解释而带上浓厚的诡辩色彩。

最后，基于项本身的复杂性，如果我们说“a 具有属性 r”，这一命题必然不能为（全）真，换言之，内在关系说也无法解释哲学中的一与多的矛盾。同样身为哲学家，这些问题也是卡西尔所必将遭遇到的，只不过他选择的解决途径与罗素不同。

综而言之，罗素对于“关系”的观点与立场可以被归结为：

> 存在独立的关系，这种关系与属性并不相同。按罗素的术语，外在关系就是不能还原成属性的关系，能够还原成属性的关系就是内在关系。[①]

可见，对于罗素来说，他并不是要彻底地反对内在关系学说，而是要补充和完善它；内在关系与外在关系之间不应该是互相排斥的，而应当是共存和互补的。但是，这两种关系应当分别应用于人类活动的哪些领域，罗素又言之不详。外部关系，除了数学领域之外，还有语言学是罗素曾明确提及的。[②] 这是否意味着，在这两者之外，皆由内在关系管辖？事实上，我们今天是无法代替罗素给出一个确定的答案的，或者说，这一问题对于罗素来说似乎是无足轻重的，重要的是，外在关系学说标示了人类认知活动中一种新的方法的发现，它必然会有所贡献于人类认知的实践，至于实际结果，则非是他所能决定的。[③] 对

① 黄敏：《布莱德雷、罗素与维特根斯坦论关系》，《现代哲学》2012 年第 2 期。

② 罗素说：“叙述学说的主要之点是，一个短语对于一句话的意思可以有所贡献，若是单独用的时候就完全不具有任何意义。”参见［英］罗素《我的哲学的发展》，温锡增译，商务印书馆 1982 年版，第 74 页。

③ 在《我的哲学的发展》中，罗素对其关系算术不为人所理解颇有微词，但仍然提到一个令他振奋的事情，“这个学说的一些部分在所谓‘辞典编辑问题’中曾经用过”。参见［英］罗素《我的哲学的发展》，温锡增译，商务印书馆 1982 年版，第 90 页。

于罗素来说，问题似乎应当在此终结；但对于我们而言，正是在这里，他与卡西尔在关系理论上的根本性区别真正清楚地表现出来——在整个人类认知活动中，罗素赋予关系逻辑以一种有限的而非普遍的地位。因此，进一步追问和分析这一区别背后更深层的原因就显得十分必要了。

对此，有两种可以构成互补的原因似乎能够作出解释。其中之一是罗素的哲学立场。有学者直截了当地指出，罗素的哲学实际上是与美国实用主义哲学家威廉·詹姆士一样的，是“一种镶嵌哲学，一种多元事实的哲学”[①]。罗素自己也曾解释说：“我所持的观点既非唯物主义亦非唯心主义，而是（根据 H. M. Sheffer 博士的建议）我们称之为‘中立的一元论’的东西。在它认为世界仅由一种原料、即事件所构成这一意义上，它是一元论的；但在它承认大量的事件的存在、每一最小的事件都是一个逻辑上自足的实体（a logically self-subsistent entity）这一意义上，则是多元论的。”[②] 他的措辞法不失严谨但却很模糊：什么是“逻辑上自足的实体”？它与内部关系学说所认为的独立自存的事物（或事件）之间有何相同及差异？

不难看出，我们的问题实际上涉及一个更深层的哲学问题，即罗素的事实观。在罗素那里，我们看到的是两种相互矛盾的表达。他指出：“现在的世界是由具有许多性质和关系的许多事物组成的。对现存世界的完全描述不仅需要开列一个各种事物的清单，而且要提到这些事物的一切性质和关系。……当我谈到一个‘事实’时，我不是指世界上的一个简单的事物，而是指某物具有某种性质或某些事物有某种关系。”[③] 但在多年后，他又在不否认事物是由性质或关系构成的前提下，重新承认了一个简单的事物作为事实的地位：“‘事实’这个名词照我给它的意义来讲只能用实指的方式来下定义。世界上的每一件

① 李顺万：《罗素事实观的矛盾及其解决途径》，《西南民族大学学报》（人文社会科学版）2007 年第 3 期。

② Bertrand Russell, *An Outline of Philosophy*, London: George Allen & Unwin LTD., 1927, p. 293.

③ ［英］罗素：《我们关于外间世界的知识——哲学上科学方法应用的一个领域》，陈启伟译，上海译文出版社 2008 年版，第 34 页。

事物我都把它叫作一件‘事实’。太阳是一件事实；凯撒渡过鲁比康河是一件事实；如果我牙痛，我的牙痛也是一件事实。”① 在前者来说，事实是某个关系之中的事实，正如在数学中任何一个“数”都是某个类中的数那样。但最终，仍用这个比方来说，罗素似乎认可了一个数的独立自足性与其对某个类的从属性的同时并存。显然，罗素将内部和外部关系学说并置的做法与此事实观是相一致的，且后者在形而上学上更具基础性，是作为前者的理论根据的。

然而，正是在这个形而上学根基上，罗素陷入了自足性与从属性的矛盾境地。归根结底：

> 一方面，他承认所谓事实也是知觉事实……肯定了事实离不开知觉，离不开感性经验，实际上是把事实和作为“自在之物”的某事物具有某种性质等这类客观存在明确区分开来；另一方面，他却又断言“一般来说，事实是离经验而独立的”。把“事实”同独立自存的、作为“自在之物”的事物具有某种性质或关系的这类客观存在等同起来，这就不仅在实际上把事物本身存在的客观情况同关于事物的断定，即关于事物的经验知识混淆起来，导致理论上的失误，而且，使自己又一次陷入了自相矛盾的尴尬处境。②

虽然罗素试图用自己的哲学立场来化解这种矛盾与尴尬，试图在思维经济主义原则之下，运用“奥卡姆剃刀”将问题悬搁起来，但对于卡西尔来说，这实际上等同于对哲学最根本问题的绕道而行，对康德哲学最富启发性思想的视而不见。

事实上，虽然罗素坚定地排斥康德的先验主义立场，但在他的哲学中显现出来的矛盾却恰恰是康德哲学所要解决的问题。康德通过对

① ［英］罗素：《人类的知识——其范围与限度》，张金言译，商务印书馆 1983 年版，第 176 页。该书出版于 1948 年，比《我们关于外间世界的知识》一书晚了 34 年。

② 彭漪涟：《罗素事实观述评》，《江淮论坛》1993 年第 3 期。

现象和自在之物的区分，来解决长久以来困扰着哲学和科学的“实体”问题。这一思想本身是极具开创性和启发性的，它在现象学中得到延续和进一步深化。虽然卡西尔对康德的技术性架构毫无兴趣，但却坚定地维护这一原则，坚持着人类认知的现象性立场。1929年，在达沃斯与海德格尔的辩论中，卡西尔强调，二人在对康德哲学理解上的差异，关键在于他对康德的现象立场的坚持之上：

> 领会康德思想的最确定的出发点就是要坚持康德的认识能力二元论原则，以及由此派生的“现象”与“自在之物”、“感性世界”与“理智世界”和“经验”与“理念”的二元区分。①

然而，对于罗素来说，从我们的感觉材料——譬如一张桌子的颜色、形状等——出发，我们在逻辑上可以天然而合理地认为有某个实体（一个实在的桌子）构成我们的感觉材料的原因。但是，“自在之物”的全部价值在且仅在于此，甚至，从思想经济主义原则来看，它根本是不必要的。② 他将自己的哲学建立在自明性的经验直观之上：“事实上，什么东西都可以怀疑，但是最低限度，我们的某些直接经验似乎是绝对可以肯定的。”③ 如果说在反形而上学本体论这一立场上，罗素与卡西尔是站在同一阵营的，那么，对于罗素在感觉基础上重建起一种“事实本体论”——“把外界客体与由外界客体在个人世界中所呈现的全部实际的和想象的景象所构成的类等同起来”④，卡西尔是绝对不能同意的。因为，这个在奎因看来“干净利落地解决外在世界的本体论问题”的“伟大的想法”⑤，正如罗素自己所明确承认的那样，最

---

① ［德］卡西尔：《康德与形而上学问题——评海德格尔对康德的解释》，张继选译，《世界哲学》2007年第3期。

② 参见［英］罗素《我们关于外间世界的知识——哲学上科学方法应用的一个领域》，陈启伟译，上海译文出版社2008年版，第70页；《哲学问题》，何兆武译，商务印书馆2007年版，第一、二章。

③ ［英］罗素：《哲学问题》，何兆武译，商务印书馆2007年版，第11页。

④ ［美］奎因：《罗素的本体论发展》，张金言译，《哲学译丛》1986年第1期。

⑤ ［美］奎因：《罗素的本体论发展》，张金言译，《哲学译丛》1986年第1期。

后导向的却是怀疑论。

因此，问题实际上返回到了在康德之前经验主义与理性主义之间争吵与对立的原点，回到了休谟式的经验主义。我们虽然无从评判这一“返回”本身是一种历史的倒退抑或是对事实的回归，但是，对于卡西尔来说，确证人类认知活动的客观性，并不单纯是一个关于信念的问题。认知活动实际上是人类确证自身的存在的途径，是人类自我生成的途径；它并不是逻辑的游戏或对哲学上某种“主义”的自由选择，而是一个关涉到人类生存的、活生生的现实问题。在一定程度上，我们可以断言，于卡西尔而言，即便我们“真正”生活在一个神创的世界里，实际上是一个个牵线木偶，我们仍须通过诉诸认知活动的客观性来“欺骗”自己，以树立对自身“真实存在”的信心。对于卡西尔来说，经验主义与理性主义这两条道路在康德那里已经走到了尽头，先验主义在知识问题上已经显现出自身的优越性，虽然康德对先验体系的技术性架构并不能令人满意，但至少，他已经指明了前进的方向，需要摸索的是这条道路应该如何走的问题。对后一问题，卡西尔正是在罗素的关系逻辑，更准确地说，是在其关系算术的思想里得到了启发，尝试将关系逻辑与先验主义结合起来。这一努力的成果正是他自己的符号形式哲学。

二　构造世界的观念与康德的犹疑

在此，我们必须重新回到认识论问题上，回到“对象符合知识”这一新的思想路向上。虽然是康德首先发现了“对象符合知识”的可能，虽然是康德首先提出了先验主义的哲学路向，但是，在卡西尔看来，他并没有将这些革命性的创见贯彻到底。

在康德那里，人类的一般性认知活动的进程表现为：我们受到自在之物的刺激；自在之物进入我们的空间与时间之纯粹直观之内，形成经验性的直观；运用知性的先天范畴去规制这些无序的经验直观；最后形成关于经验对象的概念知识。这一认知过程看上去简洁明了，以至于我们可以用两个简单明了的公式来表达它：

（1）“自在之物” + “时间和空间” = “现象”；

（2）“现象” + “知性范畴” = “（现象的）知识”。

虽然这两个公式太简陋，不可能真正把握复杂的人类认知过程，但是，从这两个公式之间的传递关系不难看出，由于时间、空间和与知性范畴都是人类所具有的先天观念，因此，它们事实上都属于“不变量”。故此，不难看出，一个客观实在的自在之物加上一个不变量，决定了现象必然是客观实在的；一个客观实在的现象同样加上一个不变量，所获得的知识也就必定是具有普遍必然性的。归根结底，虽然我们的知识是“关于经验对象的知识”，但它的普遍必然性却是最终取决于自在之物，因此，在这里，康德就可以将它与休谟以习惯性联想为根基的“经验性的知识”区别开来。同时，他似乎有充足的理由来使用由分析判断与综合判断这两个相互排斥的概念组合而成的“先天综合判断”这一术语了。就此而言，正如有学者指出的那样：“正是‘先验观念论’与‘经验实在论’的统一，才让康德在休谟的怀疑面前捍卫了经验的尊严。”① 但是，在这一优越性背后，潜藏着的却是两个致命的问题：

> 先验知性范畴和原理是自然界的根本定律的根据，确定了世界可能是什么样子的“基本框架”。但这个框架只是一个形式框架，它只给出了所有可能世界都要遵循的基本原则，但没有给出现实世界实际是什么样的内容，也就是说，康德的唯心论只是形式的唯心论，人为自然立法只是提供世界的形式框架，并不决定世界的经验内容是什么。经验的内容是由给予外感官的感性刺激提供的，也就是感性质料决定了直观的内容。因此，在康德哲学中，对人类可能经验的限制条件除了知性提供的先验形式外，还有经验质料提供的内容方面的条件限制。
>
> 它不能解释不同的人的、不同民族的、不同文化和不同历史

① 苏德超：《“先验观念论”和“经验性实在论”试析——兼谈牟宗三对康德哲学的误读》，《江苏社会科学》2003 年第 6 期。

> 时期形成的经验的丰富性及其差异，也不能解释人的实践生活和社会历史为什么是这样而不是那样……①

前一问题实际上表明了，康德对休谟问题的解决，仅仅停留在逻辑可能性的层面，而一旦关系到具体的知识如何可能，他实际上又返回到休谟的经验主义立场，回到“知识依照对象”的原则上去。后一问题则是对由真理绝对性原则——它是建立在知识的客观实在性基础上的——延伸出的真理排他性问题的阐明，它并非仅仅是康德的难题，而是一个具有普遍性的知识问题。显然，就康德先验体系的技术性架构而言，这两个问题均无法得到合理的解释和解决。

康德曾使用小学生之于老师和法官之于证人这一著名的比方，来形容在“知识依照对象”和“对象依照知识”这两种不同的认知原则下人与自然的关系。但正是这一比方，形象地揭露了康德在先验主义道路上的犹疑不决和内在矛盾，它在亨德尔（Charles W. Hendel）那里得到了集中的表达：

> 理性是双手操作的，且认知的作业需要两手皆备。运用一只手，人根据一内在计划构造了关于自然中的物与事件的秩序的一种理论；运用另一只手，他设计了与此理论相适应的实验，以此使自然经受其程序，使理论得到检验。在这种联结中，自然赫然耸现——要么**扔掉理论构造**，要么**确认理论构造**。但是，在对人与自然的关系的描述中，即便是在自然给出了答案的最后阶段，人的形象从一个单纯的学生转变成了具有权威的法官。然而，我们应当谨记的是，根据康德的看法，虽然他对自由具有如此强烈的信仰，法官的功能仅仅是根据法庭确认的证据来作出决定并遵守它，而决不能支配它。②

① 张昌盛：《意识、经验和世界——康德和胡塞尔论人类经验的限度》，《中国社会科学院研究生院学报》2006年第1期。

② Ernst Cassirer, *The Philosophy of Symbolic Forms. Vol. 1: Language*, trans. Ralph Manheim, New Haven: Yale University Press, 1955, p. 4.

今天我们不难看出，与其说康德确立的是“对象依照知识”原则，毋宁说是一种卡尔·波普尔式（Karl Popper）的“猜测—反驳”的科学方法模型——显然卡尔·波普尔是从康德那里得到了灵感与启发，在这里，笔者并不是要颠倒两者在思想上的逻辑关系，而仅仅是将它当作一个事实来予以强调和突出。但是，二者的相似之处也仅限于这一方法本身，即便康德能够同意这一思维模型在自然科学发展中的实践价值①，他也不可能赞同在这一方法论背后的知识观——在波普尔那里，“只有一条道路通向真理，通过错误的道路”②。在此，人类认知活动不是表现为对自身的确证，而是对自身的永恒否定，虽然波普尔试图用一种乐观主义的信念来填补这一深渊，但这一做法无异于使人类世界变成具有强力意志的天才与伟人的天堂，却同时也是凡人的地狱。

在卡西尔看来，虽然康德试图以自然科学作为自己先验哲学的可靠基地，但康德对其先验体系的架构却始终是游离于科学之外，使其沦为一场形而上学的思想游戏，最终无法趋向科学的形而上学，同时也无法助益于科学的发展本身。但是，这是一种时代的局限性，它不能被用来否定康德哲学中凝聚着的核心的思想价值。因此，对于卡西尔来说，完全抛弃康德呕心沥血构架起来的先验范畴体系并非一种不尊敬，而恰恰是去蔽，是对康德“哥白尼式革命”的精神之还原与回归。

卡西尔从康德那里继承的最鲜活精神集中地表现在两个相互关联的维度：

其一，人的主体性。

必须指出的是，对主体性思想的认识，存在两个不同的着力点，以至于形成了褒贬色彩完全不同的两种理解与解释。首先，以康德的

① 有学者指出：“波普尔的证伪主义公式可以说已被‘证伪’，但作为证伪方法论的波普尔公式的不成立或不完全成立并不影响知识增长的过程仍然是一个猜测与反驳，多样性的试控性解决与对这种解决的自然选择过程，只不过是哪一些猜测或变异的知识要被选择，哪一些要被淘汰的选择标准和评价的标准需要重新加以研究。”详参张华夏《波普尔的证伪主义和进化认识论》，《自然辩证法研究》2003 年第 3 期。

② ［英］卡尔·波普尔：《通过知识获得解放》，范景中、李本正译，中国美术学院出版社 1996 年版，第 196 页。

"先验"（transzendental）概念为出发点。康德对先验哲学作出了明确的界定："我把一切与其说是关注于对象，不如说是一般地关注于我们有关对象的、就其应当为先天可能的而言的认识方式的知识，称之为先验的。这样一些概念的一个体系就将叫做先验—哲学。"它的对象不是任何经验性的对象，而是使我们关于经验的知识成为可能的东西；"不是事物的无法穷尽的本性，而是对事物的本性下判断的知性"；是"人类全部先天知识"。[①] 虽然康德对"先验的"作出了多种不同的表述，但"如果概而论之，那么 transzdental 的首要含义与主体的自身朝向有关，其次的含义则与这个朝向的先天可能有关"。[②]

姑且不论在第二重含义上存在的对"人类全部先天知识"如何筛选和鉴别的问题，第一重含义在康德之前便已经得到了"反证"：休谟的经验主义已经表明，使我们对经验的知识成为可能的绝对不可能是经验本身，因此，它需向经验之外去寻找；这就意味着要在作为认知主体的人本身去寻找它，因为人类知识的来源，除了人类自身的理性和在自身之外的自然而外，并没有显现出第三种可能。

阿尔森·古留加从对人类认识活动能动性的凸显这一维度来理解康德先验哲学蕴含的精神，并指出了它对马克思所产生的深远影响。[③] 这一看法虽未为错误，但问题在于它已经偏离了先验哲学本身作一种纯粹思想史的价值评判。先验哲学的精神内涵在胡塞尔的现象学中得到具体的继承和发展，即"在纯粹主体性本身之中寻找客观认识可能性"。[④] 然而，这第一重含义上的先验主体性思想，很容易与康德的另一个概念"纯粹自我意识"相混淆。康德的"纯粹自我意识"不仅是为了区别于"经验自我意识"，更具有深刻的思想史价值，它实际上构成了对笛卡尔将自我实体化的反动。就康德哲学本身而言，纯粹自

① ［德］康德：《纯粹理性批判》，邓晓芒译，人民出版社 2004 年版，第 19—20 页。

② 倪梁康：《TRANSZENDENTAL：含义与中译》，《南京大学学报》（哲学社会科学版）2000 年第 3 期。值得注意的是，倪梁康先生认为将 transzendental 中译为"先验的"是不准确的。

③ 参见［苏］阿尔森·古留加《康德传》，贾泽林等译，商务印书馆 1981 年版，第 112 页。

④ 倪梁康：《TRANSZENDENTAL：含义与中译》，《南京大学学报》（哲学社会科学版）2000 年第 3 期。

我意识构成了经验自我意识的基础，它先于且独立于任何经验，构成一切感性经验之可能的预设；它是经验自我意识确证自身的同一性的保障，从而使经验转换为“我的经验”成为可能；它也被称作“纯粹统觉”，构成了康德先验演绎的最后根据，但它本身却是不可进一步分析的。

不难看出，一方面，康德并没有赋予这个纯粹自我意识以任何具体的规定，它本身是空洞的“X”，——“除了逻辑和语法意义外，没有什么剩下”。[①] 且另一方面，这一概念包含着对自身的一种循环论证：“任何对先验主体的X的设想、觉知（vornehmen）和描述都将预设这一点，即：我们事先已经在某种程度上熟悉了这个X。换言之，我们所要指明的东西也就是我们所预设的东西。即使是一个完全空洞的自身意识也仍然只有借助于反思才能被涉及。”[②] 可见，抛开纯粹自我意识这一概念的特定时代意义，它几乎完全失去了任何积极性的价值与功能。

但是，就主体性问题本身来说，本书所要强调的是，纯粹自我意识与主体性是分别归属于两个不同的维度的概念，将两者等同起来是一种不严谨的混淆。在卡西尔的符号形式哲学中，纯粹自我意识甚至未能占据一种纯粹逻辑和语法的地位。对卡西尔来说，在先验维度显现的主体性思想才是最富有革命性和启发性的，并把这种主体性严格地限定于认识本身的基本功能这一意义上，它“不仅仅是关于被认识的东西和可以认识的东西，而是关于认识本身的性质和任务，关于认识本身的基本功能”。[③] 不难看出，卡西尔对康德的继承，更多地体现在先验哲学路向本身；虽然康德对先验体系的具体设计与架构在卡西尔哲学中留下了深浅不一的烙印，但是，最根本性的东西仍然在于康德为卡西尔所指出的哲学路向，在于他所提出“概念和根本

① 张汝伦：《自我的困境——近代主体性形而上学之反思与批判》，《复旦学报》（社会科学版）1998年第1期。

② 倪梁康：《康德哲学中“自身意识”的双重性质与功能》，《浙江学刊》2000年第4期。

③ ［德］卡西尔：《康德与形而上学问题——评海德格尔对康德的解释》，张继选译，《世界哲学》2007年第3期。

问题”本身。

卡西尔从“认识本身的基本功能”这一规定性上来把握康德哲学的精神内核，虽然仍是以主体性为理论根基，但对认识的功能性的强调和凸显，已经明显地削弱了主体性概念中可能潜藏着的唯心主义色彩。显然，这已经是从“根本问题”上对先验哲学的一种改造了。

其二，构造世界的思想。

从逻辑上看，构造世界（making of a world）须以对主体性地位的确立以及相应地对现象与自在之物的二元划分为先在条件，唯有基于此，我们才能说，卡西尔的功能概念实则是以康德的主体性为“原型”的。绕过主体性，构造世界的思想只可能是痴人说梦——虽然我们不能像上帝一样无中生有地创造一个世界，但这并不意味着我们不能构造一个现象的世界。

在卡西尔看来，构造世界的思想在康德那里并不陌生，甚至构成了康德哥白尼式革命的应有之义：从康德的先验主义路向出发，我们可以断言，世界之所以如它当下的样貌那样向我们显现出来，是因为我们将自在之物置于空间与时间的“框架”之内，且运用知性范畴来规定这些杂多的感性直观的结果。“在这个意义上，就自然是依照普遍规律被规定了的而言，知性依然是‘自然的创造者’。”① 构造世界的思想同样在胡塞尔那里得到了延伸和深化，但二者表现出同样的犹疑和不安：“在他们建构主义的思想中，存在的一个基本的相似之处：都以某种方式保证了认识内容的客观性”②，然而，这一保证的代价实际上就是对构造世界思想的背弃。

虽然康德与胡塞尔基于对知识的客观性诉求而最终在构造世界这一思想面前退缩或回避，但问题本身已经显现出来：

胡塞尔和康德遇到类似的问题，意向性行为的质料不是由超

① ［德］卡西尔：《康德与形而上学问题——评海德格尔对康德的解释》，张继选译，《世界哲学》2007年第3期。

② 杨庆峰、姜琬：《建构主义与主体性》，《自然辩证法研究》2004年第11期。

> 越论的世界对感官的刺激形成的，而是由直观中被给予的。但是这种质料是意向综合创造的，还是前谓词的原初经验中给予的？如果是前者，那意识生活就可以脱离感知直观而独自进行，世界是意识的创造物。如果是后者，那如何解释原初的意识经验质料的来源呢？更大的困难在于，它同样不能解释经验和历史的偶然性。①

不难看出，问题的核心不在于构造世界是否可能——这一思想在二者的哲学中得到了充分的体现，而是在世界的构造性与知识的客观性之间找到一个联结的纽带和根基。

如果说康德以一种折中主义的做法将自身置于一种尴尬境地，那么，胡塞尔则干脆彻底抛弃了康德的自在之物，其结果只能将此问题悬而不论。② 因此，问题在这里似乎可以变换一种提问法而得到重新表达和澄清：如果不凭借在逻辑上对自在之物的预设，亦即在一种彻底的构造主义（constructivism）之立场上，我们是否可能找到一种理论，使得知识的客观性同时得到保证？就自在之物这一预设来说，它显然是一个形而上学的中心问题，对卡西尔符号理论的形而上学分析将拟于后文中集中讨论，在这里仅仅指明一点已足够：我们能且仅能构造的是一个现象的/意义的世界。而我们的问题，首先必须集中在知识的问题上。

从康德与胡塞尔哲学本身来解决他们的问题是不可能的，这也是何以卡西尔从康德处继承了其思想路向而舍弃其他设计的原因。正是康德哲学的矛盾启发了卡西尔的出路，它所隐含的启示与灵感是：我们是否可能在完全的程度上、在彻底的意义上构造我们所栖居的世界？

---

① 张昌盛：《意识、经验和世界——康德和胡塞尔论人类经验的限度》，《中国社会科学院研究生院学报》2006 年第 1 期。

② 张昌盛指出："胡塞尔不愿承认世界、历史和文化都是纯粹的先验意识的创造物，但他也否定有一个自在世界刺激我们的感官而给予我们以质料和意义。那么，一切关于世界的经验的内容和意义的最终来源在哪里，他人是纯粹的意识构成物吗？这些问题都是胡塞尔难以回答的。"见张昌盛《意识、经验和世界——康德和胡塞尔论人类经验的限度》，《中国社会科学院研究生院学报》2006 年第 1 期。

事实上，如果我们悬搁自在之物这一形而上学问题，知识的合法性问题以一种自身循环的逻辑方式得到了确证：在康德的先验工程中，在其关于纯粹直观与纯粹概念的设计中，在其自信地将自己的哲学类比于哥白尼在天文学上的革命时，我们不难发现这种在完全程度与彻底意义上的“构造自然”。在时间与空间的纯粹直观中，我们把世界构造为具有广延和形状的；通过知性的范畴，我们把世界构造为对象性的、实在性的、依照因果关系来安排的，等等。如果知性并不逾越其领地的边界，现象就不会因为这种构造而沦为幻象：

> 现象的各种谓词在与我们的感官的关系上是能够被赋予客体本身的，例如赋予玫瑰花以红色或香味；但幻相却永远不能被作为谓词赋予对象……凡是根本不会在自在的客体本身找到、但却能在客体与主体的关系中找到，并与主体的表象不可分的东西，都是现象。这样，空间和时间的谓词就正当地被赋予了作为感官对象的感官对象，在其中没有幻相。相反的情况是，我把红色赋予自在的玫瑰花，把两个柄赋予土星，或把广延自在地赋予一切外在对象，而不是着眼于这些对象与主体的一定关系并把我的判断限制于其中；这样一来幻相才会产生。[①]

由于我们的感官之所以能且仅能接触到的世界、这个如其当下所是的样貌向我们显现的世界，本身就是一个现象的世界，是我们通过纯粹直观与纯粹概念对“感觉印象的未经加工的材料”[②] 予以加工的结果，因此，现象的全部规定性来自我们的理性本身的“赋予”。这就意味着：我们关于经验对象的判断实际上判断的是“我对对象的认识是否与我对对象的认识相符合”。[③] 这样一个在形式逻辑中被归属为谬误的

---

① ［德］康德：《纯粹理性批判》，邓晓芒译，人民出版社 2004 年版，第 48 页。

② Immanuel Kant, *Critique of Pure Reason*, trans. Paul Guyer and Allen W. Wood, Cambridge: Cambridge University Press, 1998, p. 136.

③ Immanuel Kant, *Lectures on Logic*, trans. J. Micheal Young, Cambridge: Cambridge University Press, 1992, p. 557.

循环论证，在这里却恰恰确证了：就现象而言，对象与我们的认识必然是完全一致的——这甚至使康德要求的设计实验来检验我们的认识是否为真成为画蛇添足之举。

然而，我们看到，康德的先验体系仅仅解决了知识的逻辑可能性问题：康德对纯粹知性的综合原理——直观的公理、知觉的预测、经验的类比以及一般经验性思维的公设——的分析，只不过表明“这些原理正是规定我们能有任何经验所需要的条件的验前原理”①，而不是经验知识如何可能的确切方法与程序；其全部目标指向一点：“要认识一个对象，这要求我能够证明它的可能性”②。换言之，康德对纯粹理性的批判，仅仅为了说明“经验（对象）如何可能”的问题。事实上，将知识的逻辑可能性与现实可能性割裂开来，就逻辑本身而言是不可思议的，是与“对象依照知识”这一原则自身的内在逻辑相矛盾的。因此，不难断定，这种割裂的根本原因只能归因于康德对自己提出的原则之背离，对这一原则提出的构造性世界这一必然要求的背离。迈克·德维特（Micheal Devitt）不失谨慎但实则矛盾的措辞法正与康德的有限性立场相一致：“在某种程度上，我们创造了我们所居的世界。”③

然而，正如亨德尔明确指出的，“要么扔掉理论构造，要么确认理论构造”，在这里，没有任何折中的道路可供选择。“知识依照对象”与“对象依照知识”之间、人与自然之间，并不是法官与证据之间的中立性关系，而是原告与被告之间的对立性关系。任何一种折中主义最终只会陷入自相矛盾的困境。以康德所举玫瑰花一例来看，他说明了我们赋予玫瑰花以红色或香味这些属性的合法性，强调了它们并非玫瑰花的自在属性，而是我们赋予作为现象的玫瑰花的具体规定，在这一意义上，“玫瑰花是红色的”这一判断必然为真。然而，康德害怕自己的先验哲学最终成为像柏拉图一样的空中楼阁，因此，他在

① ［加］约翰·华特生：《康德哲学讲解》，韦卓民译，华中师范大学出版社2000年版，第184页。

② ［德］康德：《纯粹理性批判》，邓晓芒译，人民出版社2004年版，第20页。

③ Micheal Devitt, *Realism and Truth*, Princeton: Princeton University Press, 1984, p. 60.

其先验工程中又设计了“物自体”这一基底。对康德来说，“如果没有物自体，每一事物都将是虚拟的对象——也即是说，每一事物的存在都归因于被一个心灵所把握，或者至少被一个认识行动所把握（如果有人赞同没有施事者的行动的可能性的话）”①；如果连经验对象本身因为缺乏一个可靠的基底而丧失了自身的可能性，那么，一切认识活动甚至无从开始。但是，正如前文中用两个数学等式来描述康德所认为的人类认知活动的一般进程所清楚显示的那样，一旦涉及自然科学中具体的概念、规律如何可能时，康德实际上又返回到传统的“知识依照对象”原则。

如果仅仅把问题的核心归结于自在之物这个在逻辑上必要的预设，无疑是把问题简单化了。仍以玫瑰花为例，虽然我们可以理解作为现象的玫瑰花，它自身的可能性必然依赖于某种基底性的东西，但就它作为现象本身来说，其红色与香味不能来自自在的玫瑰花——因为知性不能认识自在之物，这些属性的根源应该向人类的理性自身去寻找，它们不是人类的理性从自然中拿来的东西，而是理性赋予（现象的）自然的东西。但是，康德又提出了用实验来检验这种赋予的东西的客观性，就像伽利略在对自由落体运动的“比萨斜塔试验”那样。在这里，一个被自在之物概念所隐藏的问题必须被小心地揭开：当康德用现象从经验中解构了建立在笛卡尔式的实体概念之上的形而上学本体论之后，他实际上又在经验的基础上重新设定了一种“现象本体论”——正如罗素以感觉材料为基础设定了一种事实本体论一样，只不过在内部构成的复杂性程度上存在差别而已；但它们的实质都是将笛卡尔赋予实体概念的某些而不是全部规定性——譬如取消了唯一性与绝对性，但保留了独立性与自足性——转置于现象或事实之上，使它们成为一种新的“实体”。然而，即便这种新“实体”由于与人自身的天然亲近关系而消减了其形而上学的色彩而看上去更“科学”，但终究是新瓶装陈酒。

从认识论层面分析，我们可以将康德的立场归结为罗素所谓的

① James Van Cleve, *Problems from Kant*, Oxford: Oxford University Press, 1999, p. 137.

"内在关系学说"。但无论是内在关系学说还是外在关系学说，它们的共同点是对"一个逻辑上自足的实体"的肯定与坚持，或者用卡西尔的话来说，"一个刚性的、封闭的实体"（a rigid, closed entity）。[①] 如果我们不是把形而上学和认识论割裂开来，而是从二者必然的相互关联来看，所谓"逻辑上自足的实体"本质上不过是形而上学的实体观念在认识论层面的显现，它们在解构一种形而上学本体论的同时又重建了一种新的形而上学本体论。无论是哪一种形式的本体论，其内在逻辑是同一的，卡西尔将其称为"物的逻辑"（Logic of Things）。正如《布莱克威尔西方哲学辞典》对"物"的阐释所指明的那样，它在自身的历史演变中，实际上已经包纳了本体意义上的实体和经验意义上的客体[②]这两重含义。在这一意义上说，即便罗素将内在关系与外在关系并置于其事实本体论之下，也并没有改变他的学说归根结底仍应归属于物的逻辑之一种。

当然，重要的是，罗素的这种中立立场、这种折中主义方法最后所显露出的内在矛盾，它的一个重要意义在于：它表明关系逻辑与物的逻辑是不可并置和共存的，而是对立的。

归根结底，康德哲学的问题在于他提出一种新的思维路向，却没有突破传统的物的逻辑之束缚。以物的逻辑为根基，是不可在知识领域实践"对象依照知识"的原则的。而在罗素的关系算术思想中，卡西尔发现了关系逻辑与"对象依照知识"原则的内在一致性。

三　关系逻辑取代物的逻辑的必要

关于关系逻辑在卡西尔思想中的产生，克罗伊斯指出：

① Ernst Cassirer, *Kant's Life and Thought*, trans. James Haden, New Haven: Yale University Press, 1981, p. 205.

② 无论是英语中的 Object 还是德语中的 Objekt，都兼具"客体"和"对象"这两重意义，但从哲学的层面来看这两种意义是有着本质的区别的。本书是在"自足的实体"——无论是逻辑的维度还是实存的维度——这一意义上使用"客体"这一概念，而在作为某个"目标"的意义上来使用"对象"概念。

> 1910年，卡西尔的第一部系统的理论著作问世了：《实体与功能》。这部著作中讨论的问题已经在1907年发表于《康德研究》上的一篇文章中首先被探讨过。在那里，卡西尔概述了在现代逻辑中发源于由施罗德、皮尔士、古度拉特，特别是罗素创立的关系形式逻辑这一新发展的哲学意义。他指出，在现代科学中，知识的对象是规律——它的数学表达并不能被亚里士多德式的实体概念所充分把握或被古典的三段论逻辑所理解——它显现为一个“保守的和限制性的因素”。这一新的逻辑奠立于关系概念而不是实体概念之上，所涉及的是功能而不是种类。卡西尔断言，较之传统的类逻辑，这一新的逻辑为康德的先验哲学提供了一个更可靠的指导方针。①

这一概述对卡西尔哲学思想之脉络把握无疑是准确的，但遗憾的是，克罗伊斯未能指明：一方面，虽然罗素的关系算术理论首先启示和激发了卡西尔的才思，但这一最终转变的完成却毋宁说是基于戴德金（Julius Wilhelm Richard Dedekind，1831—1916）的直接影响。戴德金明确提出了“数是且应当是什么”（Was sind und was sollen die Zahlen?）这一问题，不仅从关系逻辑角度给出了回答，且比罗素更深入一步的是，他在此基础上直接提出以“符号”来重新界定数的本质特性。另一方面，他也没有进一步分析：关系逻辑是如何与先验哲学相结合的？它又对传统的类逻辑——卡西尔在《康德的生活与思想》一书中已经使用了“物的逻辑”这一术语，虽然它并非逻辑学的专门术语，但却更能直接而形象地表明关系逻辑所针对的对象——具有何种优越性或颠覆性？就此而言，本书在此的讨论正是对这一思想线索的深化和展开。

在其数学理论中，罗素明确指出，首先，任何一个数都是某个类的数，都是与其他数共同居于某种关系之内，由这种关系我们可以确

① Jonh Micheal Krois, *Cassirer: Symbolic Forms and History*, New Heaven: Yale University Press, 1987, p. 19.

定一个数的序列的范围——域；并且，当我们说它具有属性 n 时，这实际上不过是意味着这个 n 是它从所居的关系 N 中“遗传”而来。譬如我们说“1”是一个“自然数”时，它意指的是基于前趋关系的 0 的后代，在这里，“自然数”并不是“1”本身所固有的属性，而是由这种逻辑的前趋（或后继）关系所赋予的。如果“1”离开了这种关系——虽然这在事实上是不可能的，它就不成其为自然数了；一个绝对独立自足的数是不可想象的，也是毫无意义的。其次，从第一点不难看出，数是关系的项，但不是关系本身。再次，任何一个数都可能被置于不同的关系之下，因而被赋予不同的规定。譬如数“2”，我们称它为自然数、偶数、质数等，它身上所集中和凝聚的种种关系只要彼此之间不是互相对立的，如奇数和偶数，那么，它们就能够互相包容和并存——甚至，即便是完全对立的关系，本身也构成一种确定的关系。最后，当我们谈论数学命题的真伪时，只能限定在某个确定的关系之下以及由此关系而确立的序列的域之内，并且，在此范围之内，它必然具有真伪之分：“假定有任何命题函数，比如说 f_x，那么 x 的值就有了一个相当的范围，就这个值的范围来说，这个函数是‘有意义的’，也就是说，不是真就是伪。”[①] 不难看出，基于关系逻辑的上述特征，我们就能合理地解释和解决基于内在关系学说——如前文所指出的，它本质上是一种物的逻辑——而产生的认识论难题：由于关系并非某个项所固有的属性，因此它不仅对于对称性关系，且对非对称性关系同样有效；同一个项能够被置于不同的关系之下，由此而继承和被赋予不同的“属性”，这就解释了对象的复合性问题；关于该对象的命题之真伪，只能基于某一种（些）确定的关系来判断，且必能作出真伪判断，从而解释由对象的复合性而产生的知识客观性问题。

虽然罗素把这种关系逻辑主要限制在数学和语言领域[②]，但是，卡西尔却看到了将其广泛应用于一切人类文化活动领域的可能性。仍

① ［英］罗素：《我的哲学的发展》，温锡增译，商务印书馆 1982 年版，第 72 页。

② 在数学之外，罗素也曾明确提到语言领域。在二者之外，笔者未见有明确的直接指示。

以玫瑰为例。从关系逻辑来看，当我们说“玫瑰是红色的”的时候，这一命题所表达的并不是“我看到一种红色的东西，这个东西是玫瑰”，而是意谓：首先，先于这一判断，我们必须有一个“颜色”的概念，且颜色是一个由赤、橙、黄、绿、青、蓝、紫（或者任何包含红色在内的其他颜色）构成的色谱表；其次，我们的判断才意指“我看到一种东西，它呈现出一种颜色，在色谱表之内这种颜色被规定为红色的”。在同一个色谱表之下，我们对同一朵玫瑰花颜色的认识必然是客观的，不会因人因时因地等外部环境的变化而变化。甚至就“色盲”这一现象来说，它并不意味着对颜色的无法辨别，而仅仅是基于病理学因素的影响，致使色盲症患者的色谱表与我们通常的“标准的”色谱表产生了差异，但对于他们来说，同样能且仅能通过自身独特的色谱表来判断玫瑰花的颜色。至于我们说色盲症患者对这朵玫瑰花的颜色的认识是错误的，这只不过意味着，我们首先设定了一个标准的、通用的色谱表，以这一标准为根据，而不是以这朵玫瑰花的“事实”为根据。不难看出，红色不可能是玫瑰的固有属性，因为说是其固有的，这实际上意味着我们对它的认识根本是不可能的，正如我们不可能认识自在之物的任何属性那样。在这一意义上，康德使用“赋予”这一语词显然是非常准确而合理的。同时，我们之所以能作出这样一个判断，并不是基于“我”和呈现于我眼前的“玫瑰”之间的关系，而是基于“颜色”这种关系以及基于此设计和制定的某种色谱表，基于红色在这个色谱表内所占据的位置。

在这里，康德哲学潜藏着的物的逻辑再次显露出来：在他看来，这一判断是基于我和玫瑰之间的主客体关系而作出的。这是在理解卡西尔的关系逻辑时必须严格区别开来的，同时，它在某种意义上亦有助于我们对关系逻辑的真正内涵的理解。康德认为，“在我们的知识中一切属于直观的东西（因而愉快感和不愉快感及意志这些根本不是知识的东西除外），所包含的无非是单纯的关系，在一个直观中的位置关系（广延）、这些位置的变化关系（运动）和这些变化据以被规定的法则的关系（动力）”，且这些关系实际上包含着的是“一个对象对主体的关系”。[①] 这种对象对主体的关系，直接从字面意义上来理解的话，我们通常可以将它等同于主观的、任意的。其直接的逻辑结论则必然导向：对于同一朵玫瑰，你以之为红色的，我以之为白色的，甚或，此时我认其为红色，彼时以其为绿色；而不论哪一判断，都不能被认为是错误的，都是“同等地”正确的。正是在这里，康德退回到“知识依照对象”的传统，并为现象设定了客观性的基底——自在之物，用它来给野性难驯的人类理性加上鞍辔，使之成为可信赖的。而就关系逻辑来看，不需要这样一个自在之物，知识的客观性同样能得以保证。

显然，问题的症结在于，康德在其时代未能看到逻辑可能以关系为基点得到新的生长，在他看来，除了在细枝末节上允许作适量的改动而外，亚里士多德的三段论已达到了逻辑学的顶点。[②] 而罗素，虽然直接参与了关系逻辑的创建，却未能充分意识到它在形而上学和认识论领域的巨大价值，或者说，在罗素看来，对这一形而上学作深入的探究的结果也不过是增加一种新的“假设”，因此是没有任何必要的。但正如康德区分了可认识的对象与不可认识的对象，他强调了如自在之物、上帝之类的对象是超出人类的认识范围的，这些对象尽管是不可认识的，却是可思维的。换言之，我们不能因为自身认知能力的有限性，而停止和放弃去思考这些不可认识的对象——只要不将思考的结果当作真理性的知识。

康德在伽利略、托里拆利和施塔尔等自然科学家的活动中看到：

> 理性不得不到自然中去找寻理性自身不可能知道而不得不从自然中习得的东西，但并不是把这些东西归因于自然，而是基于理性自身放进自然的东西。[③]

① ［德］康德：《纯粹理性批判》，邓晓芒译，人民出版社2004年版，第46—47页。

② 参见［德］康德《纯粹理性批判》，邓晓芒译，人民出版社2004年版，第10页。

③ Immanuel Kant, *Critique of Pure Reason*, trans. Paul Guyer and Allen W. Wood, Cambridge: Cambridge University Press, 1998, p. 109.

从这一论述中可以肯定的是：首先，理性自身放进自然的东西或者说理性根据自身的设计所产生的东西，必然在逻辑上与顺序上是先于作为经验现象的自然的。其次，所谓“从自然中习得”实际上意谓的是，这些源于理性自身的东西只能在自然中得到证实或证伪，从而确证其是否属于先天综合判断，抑或仅仅是偶然性的经验判断。理性自身不可能知道而不得不从自然中习得的东西意指的是综合的而非分析的判断，那么，理性所提出的东西如果具有成为先天综合判断的可能性的话，则它必然也是综合的判断。但是，这样一个综合判断，同时又必须先于经验提出来。那么，我们必然要问：即使最终被证明是错误的，这样一个综合判断的提出如何可能？提出的根据何在？

如果不能以自然作为该综合判断产生的原因性根据而只能作为检验性标准，那么，似乎只剩下唯一一条道路：这一综合判断产生于理性所固有的先天直观与先天范畴。康德似乎肯定了这一点。在“先验感性论”中，他指出，实体、力、可分性等是由知性想到的，而不可入性、硬度、颜色等则是由感性提供的。[①] 然而，康德又一次在“如何”的问题上仅仅是肯定了其逻辑的可能性而没有论证其现实性。譬如作用力与反作用力的原理，我们无法想象它不凭借任何额外的帮助而如何从知性的十二种（对）范畴中生发出来。若答案是肯定的，那只能意味着这一物理学的基本原理本身实际上是一个由知性范畴演绎而来的分析命题。就此而言，康德最终所面临的，不是陷入神秘主义的困境，就是归于任意武断的樊笼——若然，自然科学并不是从此被引上了一条可靠的道路，而是只能寄希望于偶然与幸运；抑或，如其对“7 + 5 = 12”这一数学命题的解释一样，从其哥白尼式的革命中退回到经验主义的怀疑论立场？

如果关系逻辑能够成为一种一般性的认识论原则的话，那么，康德的困境当可迎刃而解。但是，不难看出，关系逻辑意味着对物的逻辑彻底性的颠覆和变革，意味着必须将原来那个“刚性的、封闭的”或“逻辑上自足的”实体转变为一个“开放性”的对象——用卡西尔

① 见［德］康德《纯粹理性批判》，邓晓芒译，人民出版社 2004 年版，第 26 页。

最终确立的术语来说，即符号。罗素的折中主义是不可能完成这一转变的，当卡西尔在哲学层面看清关系逻辑可能产生的效果，便直接提出了重新设定物与关系的位置这一要求：

> 传统的构造概念的模式因此要求一个彻底的转变，即便是就它的外在形式而言，因为在传统模式下物的性质与纯粹的关系方面被置于同一层面并且毫无区分地混淆在一起。[①]

这不仅关涉到一个对符号如何可能的形而上学辨析，而且还涉及对关系逻辑与物的逻辑的辩证。对此，留待后文集中讨论，而首先引入一个对关系逻辑来说同样重要且更直接的问题：关系逻辑要求先于判断活动本身而在思想中预先存有一个关系，这个关系是如何可能的?

四　卡西尔对关系逻辑的基本规定

由“关系是如何可能的?”这一问题，我们才真正进入关系逻辑的具体规定性之中。但是，以一种归纳的方法将这些规定性集中起来予以列举的做法看起来似乎是通向明晰的可靠途径，但却并非易事，其中的困难在于，作为一个整体之不可分割的部分，这些规定必然不可避免地缠绕在一起。然而，除此之外，似乎也未见更好的选择。

> 从卡西尔那里，我们看到，首先，关系的表现形式是概念：概念只是它（关系——引者注）的表达和外壳。[②]

事实上，这一规定于关系逻辑本身而言并不是首要的，但是，在卡西尔的表达中，经常性地将两者当作可以互相替换的术语来使用，因

---

① Ernst Cassirer, *Substance and Function, and Einstein's Theory of Relativity*, trans. William Curtis Swabey and Marie Collins Swabey, New York: Dover Publications INC., 1953, p. 16.

② Ernst Cassirer, *Substance and Function, and Einstein's Theory of Relativity*, trans. William Curtis Swabey and Marie Collins Swabey, New York: Dover Publications INC., 1953, p. 16.

此，在我们讨论的开端就澄清这一点，对于准确把握卡西尔的思想是一个必要的准备。同时，它也构成了与康德的“对象依照知识”原则相关联的一个结合点。在前文中，并没有对“对象依照知识”本身作任何进一步的说明与解释，而仅仅是以之为“知识依照对象”的对立面。在这两个命题中，容易产生混淆与歧误的是对“知识”的理解。

对康德来说，“知识”可以区分为两种不同的种类，即纯粹知识与经验知识，前者指的是我们“人类的全部先天知识”，即他所谓的纯粹先天直观和纯粹先天范畴，后者则意指我们关于经验对象的知识；亦即所谓“先天的”（a priori）与“后天的”（a posteriori）[①] 知识。这是康德对知识概念所作出的特殊的规定，在此之外，还须将它们区别于“经验性的”（empirical）知识。经验性的知识是由休谟而来的概念，它意指以有限性的经验为基础、因而不具有客观必然性的知识，在这一概念身上烙刻着休谟的怀疑主义印记。而康德的经验知识虽然与有限性的经验相关联，但由于它是以先天知识为前提和基础而获得的，因而本身也是普遍必然的，这就是所谓“先天综合判断（知识）”。我们看到，先天知识实质上就是一系列的纯粹概念，换言之，知识总是以“概念”的形式表现出来的，知识就是对经验的概念化。

从康德对先天的与后天的知识之区分，不难看出，何以在康德解决“先天综合判断如何可能”这一问题上会产生逻辑可能性与现实可能性之间的分裂——康德用“对象依照知识”实际上仅限于人类的先天概念而言，至于经验概念，则还有经验作为其另一个来源。

从对关系逻辑之理解来说，其一，所谓“对象依照知识”，实质上我们也可以将它表达为“对象依照概念”或“对象依照关系”，其内涵是同一的。其二，对卡西尔来说，概念不存在先天的和后天的以

---

① 中译多为“后验的”，但就这里的语境来说，使用“后天的”这一表达更不容易产生混淆，因为“后验的”是与“先验的”而不是“先天的”相对立和统一的。参见倪梁康《TRANSZENDENTAL：含义与中译》，《南京大学学报》（哲学社会科学版）2000 年第 3 期。

及经验性的之间的区别，就“对象依照知识”来说，我们只有一种概念，即作为知识的概念——“概念”本身就能恰当地显现出其作为思想的自由构造的产品之特征，不存在所谓“后验的”概念——“后验的概念”，这一表达本身就是一个矛盾体，抑或意味着承认由杂多的经验到统一的知识的“跳跃”的可能性。[①] 其三，关键之处在于，这里的概念，我们不能将其等同于以物的逻辑为基础的概念观——在后者看来，概念是源于对被给予的杂多的比较和区分而产生的：“在古典逻辑学中，一个概念是通过离析出对一系列被给予的对象来说共同的、可量化的元素而形成的，而在精密科学中，概念是通过生产一个法则性的关系而获得的。”[②]

值得注意的是，一种确定的关系或概念必然产生一个相应的参照系，但我们不能将它与关系混同。“参照系”（system of reference）这一概念贯穿着卡西尔对关系逻辑的说明与阐释的全过程，其重要性不言自明，但同样地，卡西尔并没有给它一个确定的定义，以至于在确定它在关系逻辑中的地位及相对于“关系”概念而言的位置时难以避免会产生误解与混淆。

但是，在卡西尔那里，我们不难看到，首先，“参照系”的直接原型就是数学中的“群”（group）概念。对于卡西尔来说，数学的群理论构成了关系逻辑理论的完美典范，它给予卡西尔的启发至关重要和深刻，除了在《实体与功能》一书反复提及外，他还于1938年在法国《心理学》期刊上发表了题为“群概念与知觉理论”的文章，并于1945年在耶鲁大学哲学俱乐部再次就此主题发表了演讲。正是从这

① 如叶秀山先生所指出的那样：“有两条途径可以使‘理性’‘可靠’起来：一条仍从‘经验’出发，使‘理性’成为‘经验’的‘飞跃—超越’，于是‘摆脱’‘感觉经验’的‘混沌’，进入‘有序’；一条为使‘理性’以自身为根据，‘理性’来源于‘自己’，然后进入‘感性世界’，使之‘有序’。”可见，从经验上升到知识，仅仅靠归纳法是不可能的，即便在古典逻辑学中，知识（经验性概念）被认为是抽象的结果，但实际上经验向知识的转变这一过程之中必然存在某种“飞跃”——这种飞跃本身在逻辑上就意味着断裂，意味着合法性的不确定性。参见叶秀山等《西方哲学史》（学术版）第1卷，江苏人民出版社2004年版，第57页。

② Helmut Holzhey & Vilem Mudroch, *Historical Dictionary of Kant and Kantianism*, Lanham: Scarecrow Press, INC., 2005, p. 80.

个“纯粹的”数学问题之中，卡西尔敏锐地发现了“一种普遍性的认识论上的重要性”。[1]“群”概念虽然在克莱恩那里首先超越了数学领域自身的限制而被成功地应用于对现代几何学的解释，但是，这一“超越”在科学史上似乎就此停步。因此，虽然直接基于这一概念，但将它改造成哲学认识论上的一个更具普遍性的概念就显得十分必要，“参照系”由此应运而生。

然而，重要的是，“关系”与“参照系”之间具有何种关联与差异？在数学中，“一个群必须满足一些被称为‘群公理’的条件，也就是封闭性、结合律、单位元和逆元。很多熟知的数学结构比如数系统都遵从这些公理，例如整数配备上加法运算就形成一个群。如果将群公理的公式从具体的群和其运算中抽象出来，就使得人们可以用灵活的方式来处理起源于抽象代理或其他许多数学分支的实体，而同时保留对象的本质结构性质”。[2] 从数学史来看，群论是对朴素集合论的发展：在后者中，集合就是“一堆东西”，具有直观性与有限性的特征；而在前者中，集合实际上是某种本质性的“结构”，具有抽象性与无限性的特征——集合的任一元素仅构成这一结构的表现。反之，根据这一结构，我们可以无限可能地计算出归属于这一集合的元素。可见，群论事实上并不仅仅代表着对朴素集合论的发展，而且是对数学思想的一次颠覆：数学的真正对象并非元素，而是结构。

在这一意义上，我们可以说，参照系是关系的直观表现；且一旦某个概念被提出，必然同时产生一个被客观化了的、确定的参照系——无论这个参照系在一开始显得多么粗糙和不完善。譬如我们曾以“颜色”为例，我们之所以能判断玫瑰是红色的，除了这一概念本身，一个相应的色谱表是不可或缺的；但是，这样一个色谱表不是意指某种被确认为通用的、标准的色谱表，这个色谱表本质上是可以变动和发展的，如我们在色盲症患者案例中看到的那样。因此，就关系

---

① Ernst Cassirer, *Symbol, Myth and Culture: Essays and Lectures of Ernst Cassirer, 1935–1945*, ed. Donald Phillip Verene, New Haven: Yale University Press, 1979, p. 273.

② 维基百科，http://zh.wikipedia.org/wiki/群。

逻辑而言，一方面，关系（概念）不等同于它自身的元素；另一方面，同样重要的是，我们也不能将它等同于某个封闭的、确定的参照系，否则，就意味着向物的逻辑的退回。

其次，关系源自智性的自由构造。

自由的构造活动才是构成关系逻辑的最核心的规定，但不难看出，何以将其表现形式置于首位——智性（intellectuality）所能构造出来的是概念。就“智性”这一概念来说，在一般意义上，我们可以将它等同于康德在广义上使用的“理性”概念，但这只能是停留在卡西尔哲学的大门外看到的一个粗略轮廓。

在其著作中，卡西尔经常交替使用诸如“人类心灵的自由创造”（free creation of human mind）、“纯粹的思想构造”（pure thought construction）和“精神”（spirit）等词语，可见，智性与心灵、思想、精神在他而言被赋予了同样的含义。但是，必须确定的是，这些概念，并不指向康德的“纯粹自我意识”，也不指向一个“自在的我”；它就是人类的认知本身，一种纯粹的、观念意义上的能力或功能。在卡西尔来说，哲学史上关于“理性”或“精神”的争吵与矛盾的全部根源就在于将它实体化。

卡西尔将其重要著作之一题名为“实体与功能”，对“功能”概念的着力强调不言而喻，同时，我们又不难看出，真正能够与“实体”概念构成对立与辩证关系的并不是“功能”概念，而应当是“概念”这一概念。其之所以如此，似乎可以归因于两个方面：首先是语法方面的因素。这一著作的德文标题为“*Substanzbegriff und Funktionsbegriff*”，直译应当为“实体概念与功能概念”，这两个名词均是通过复合构词法造成（“Substanz”+“Begriff”，“Funktion”+“Begriff”），且其基本词均为Begriff（“概念”），那么，限定词就无法再使用Begriff。[①] 其次，就概念本身而言，它不可能是无源之水，其源泉与根据正是人类的认知功能本身，因此，使用“功能”概念，不仅未能对卡西尔所要表达的思想核心造成任何减损，反而更加突出了最本质

① 参见王兆渠等《现代德语实用语法》，同济大学出版社2005年版，第638页。

性的东西。“概念”与“功能”是二而一的统一关系——概念是功能构造的概念，功能是构造概念的功能。

此外，另一个必要的区分则是在 mind 与 feeling 之间。卡西尔对后者的运用主要地集中在艺术领域，他对艺术的一个著名定义就艺术是情感的形式表达①；在卡西尔，这两个概念泾渭分明，但在其学生苏珊·朗格那里，受卡西尔的启发，她试图建构“一门情感的哲学”（a philosophy of mind）② ——在她那里，mind 与 feeling 作为同义词被完全糅合在一起。基于在美学与艺术理论领域研究者们经常将二者联系在一起这一事实，因此，对于正确理解卡西尔的这一概念来说，这种澄清就显得尤为必要。

事实上，智性的构造功能在我们的生活世界已经得到清楚的显现。由“红、黄、蓝”三种信号灯构成的一套交通规则就是最直接的例证：世界上第一盏信号灯于 1868 年由英国机械师德·哈特设计和制造，最初仅有红、绿两种。之所以选择这两种颜色，是源于在 19 世纪初英国中部的约克郡，红、绿色服装代表着女性的不同身份，身着绿装的是未婚的女子，而着红装意味着已婚的妇人。虽然我们今天多从这几种颜色在空气中的波长和穿透性来分析这一信号灯系统本身的合理性和完善性，但其产生的历史却揭示了它本身的“人为的”和“设计的”特质，甚至这一设计本身完全归因于一种偶然性。

就精确科学领域来说，数学构成了智性的一切构造活动的典范与原型，因为我们甚至在经验世界找不到数学对象的“对应物”，它们作为纯粹观念性的对象，除了来自智性的构造，似乎看不到有任何第二种可能性。当科学与哲学将神学从自身的领地内驱逐出去之后，人类知识的源头就只剩下两种可能，要么源自经验，要么源自理性。因此，肯定关系的非经验性，实则是断定它的源头在于理性本身，在于思想本身。同时，也是在数学这里，它比物理学等“经验科学”能更清楚地表明，智性所构造的是“关系”，而不是“对象”。当我们提出

① 后文将对艺术问题集中进行讨论，在此仅就论述之需要作简略说明。

② Susanne K. Langer, *Philosophical Sketche*, Baltimore: The Jonhs Hopkins Press, 1962, p. vii.

"自然数"这一概念时，我们就可以将1、2、3等具体的数字置于一个序列的域中，而将诸如1/3、0.3、-5等排除在这一序列域外，当且仅当此时，我们才可以说"1"是一个自然数。一种可能的反对理由来自基数理论，正如康德对数学的理解那样，基数将单个的数字"5"视为对知觉经验的纯形式（譬如五根手指的"5"）在数学上的对应物。但是，对经验直观而言，我们却不可能有对巨大的数量，如564812棵树的直观，由此更谈不上对其纯形式的直观；且我们看到，在"自然数"这一概念下，其组成的元素可以是无限的，而"无限"对于经验直观而言显然是根本不可能的——休谟对经验之有限性的充分阐释已经确证了，经验的直观永远只能局限于有限的，否则最终必然走向神学。

同样重要的是，就具体的数字来说，它具有多少种属性，完全取决于我们构造了多少种关系。罗素在其数学理论中充分地阐释和说明了这一点："可能产生序列的方法有许多，但是全都依赖于发现或者构造一个非对称的，传递的，连通的关系。"① 虽然罗素谨慎地使用了"发现或者构造"这样一种措辞法，但是，他所谓的发现无疑是指基于已经构造起来的、现有的全部数学知识，从中看到相异性的可能，这种奠立于构造之上的发现活动，其本身不能不说是一种构造。卡西尔站在数学的发展史的基地之上，以肯定的语气表述了这一点：

> 供我们支配的计算"材料"是无限的，因为它并不具有经验的，而是逻辑性与概念性的本质。它并不是关于被聚积在一起的诸物的断言，而是关于数与数学概念的判断，它是预设的，不能被认为是从外部给定的，而是源于自由构造。②

在其他精确自然科学中，对概念的智性构造同样贯穿和构成了它们各

① ［英］罗素：《数理哲学导论》，宴成书译，商务印书馆1982年版，第40页。

② Ernst Cassirer, *Substance and Function, and Einstein's Theory of Relativity*, trans. William Curtis Swabey and Marie Collins Swabey, New York: Dover Publications INC., 1953, p. 65.

自的历史。现代物理学、化学的中心性概念都表现出假想的（hypothetical），即先于经验的特征及其作为纯粹关系的表达的特质，如物理学的"运动"（motion）、"能量"（energy），化学中的"原子价"（valency）、"基"（radical）等概念。其中，最明显的例子就是"能量"这一概念："'原子'，尽管它的纯概念性的意义逐渐变得更加显著，总还显现为类似物，就好像经验的、知觉的实体的简化模型；而'能量'自始就属于另一领域。'能量'之所以能在现象的总体中创建一种秩序，是因为它本身就不与任何现象处于相同的层面；由于缺乏任何具象的存在，'能量'仅能表达一种相互依存的纯粹关系。"①

但是，这种给人以强烈"主观的"印象并不能丝毫减损知识的尊严，因为：

> 一旦这些群的属性被它们的原初性概念固定下来并以一种必然的、不可变更的方式归属于它们时，就不再为思想的任意性活动留下任何空间；相反，思想被完全融入它的对象之中，并被其对象所决定和引导。②

因此，与康德的犹疑与退缩不同，一俟在自然科学的发展史中发现思想的这种生产性（productivity），卡西尔几乎倾注了全部的热情于其上。因为科学自身的发展史已经表明，智性的构造活动不仅未曾动摇科学的客观性，反而构成科学突破外在经验世界的有限性和自身理论体系的局限性之内在动力和逻辑根据。

甚至，正是在康德那里，卡西尔发现了思想的构造功能的"火种"，虽然这一火种在很大程度上被康德本人给窒灭了：

> 在康德《纯粹理性批判》一个最深刻和最丰饶的部分，它揭

① Ernst Cassirer, *Substance and Function, and Einstein's Theory of Relativity*, trans. William Curtis Swabey and Marie Collins Swabey, New York: Dover Publications INC., 1953, p. 200.

② Ernst Cassirer, *Substance and Function, and Einstein's Theory of Relativity*, trans. William Curtis Swabey and Marie Collins Swabey, New York: Dover Publications INC., 1953, p. 13.

> 示了纯粹理性的功能——如果纯粹理性要避免失于空洞的话——需要另一种功能作为它的完善与必要补充，这个功能被康德赋予了“生产性的想象力”这个名字。且他进一步指出，每一种我们通常称之为感官“知觉”的东西都无比紧密地与这一功能结合在一起——生产性的想象力同样构成一个任何可能知觉的组成成分。①

最重要的是，这并不是一个作为业余的科学爱好者的哲学家的臆想，英国科学史家丹皮尔（Sir William Cecil Dampier，1867—1952）的研究结论在智性创造这一点上与卡西尔几无二致：“大多数科学家一向相互地认为他们所处理的就是终极的实在，现在，科学家们开始更清楚地看出他们工作的真正性质了。科学方法主要是分析性的，要尽可能地用数学的方式并按照物理学的概念，来对现象作出解释。但是，现在我们晓得，物理科学的根本概念是我们的心灵所形成的一些抽象概念，目的在于给表面上一团混乱的现象带来秩序和简单性。”② 而且，在这里，丹皮尔实际上已经指出了卡西尔“构造世界”思想的真正内涵——通过赋予混乱的现象以秩序，使世界显现为一种全新的世界理解（Weltverstehen）。③ 卡西尔决不是要把人类置于上帝的位置，而是表明，对于人类本身而言，这样的世界理解才是最“真实的”；事实上，除此之外，我们也不可能有任何其他的世界理解。

对于卡西尔来说，思想的自由构造功能构成符号形式哲学最根基性的东西，是一种“原现象”（basic phenomenon）。正如石福祁对“符号性孕义”概念的研究所表明的，符号形式哲学的诸问题最终都要归结到这一点上来：

---

① Paul Arthur Schilpp (ed.), *The Philosophy of Ernst Cassirer*, Evanston: The Library of Living Philosophers, INC., 1949, p. 871.

② ［英］W. C. 丹皮尔：《科学史——及其与哲学和宗教的关系》（上），李珩译，商务印书馆 1997 年版，第 2 页。

③ 由两个基本词“世界”和“理解”复合而成，中文里颇难找到既形象又精到的译法，故从基本词直译而来，但如果从意译的角度来看，或“世界图景”似乎更贴切一些。

> 不论是对“符号形式”的微观分析还是宏观泛览，其最终的目的在于突出卡西尔哲学中最为根本的思想，即“精神作为的自由”。①

即便在此我们还未涉足它在形而上学及思想史层面的意义和价值，就人类认知活动的方法论来说，它的颠覆性已经表露无遗。

再次，关系（概念）先于对象。

就“对象依照知识”这一措辞法本身来分析，概念的逻辑在先性（logic prius）几乎是自明性的。但是，这种简单的语法学分析显然是不充分的。关系逻辑的这一规定实际上涉及科学史上一个至今尚未终结的争论——科学活动的本质究竟是发现还是建构?

在科学哲学领域，范·弗拉森提出了一种建构经验论以反对占据主流地位的科学实在论：“我将我所倡导的独特的哲学见解暂时命名为‘建构经验论’。我所提倡的观点的主要部分，是在那些使我与科学实在论分道扬镳的问题上——理论与世界的关系、对科学说明的分析、作为物理理论一部分的概率陈述的意义等，对科学实在论的建构性替代。我使用‘建构的’这个形容词来表明我的观点，即科学活动是建构，而不是发现；是建构符合现象的模型，而不是发现不可观察物的真理。”② 虽然弗拉森的立场与康德非常接近，虽然他同样要求在现象中验证理论的相符性，但他至少肯定了一点，在科学活动中，理论不是“后验的”，而是在先于经验的。

显然，这种在哲学层面的争吵是不可能让卡西尔满意的，最直接而有效的方法还是对科学的考古学研究。对关系先于对象的最集中的显现与揭示，还是在数学领域，尤其是函数关系：

> 函数F（a，b），F（b，c）……它确证了这些相继的元素间的

① 石福祁：《卡西尔符号形式哲学中的“符号性孕义”概念》，博士学位论文，北京大学，2009年，第66页。

② ［美］B. C. 范·弗拉森：《科学的形象》，郑祥福译，上海译文出版社2002年版，第6—7页。

> 相互依赖性，显然它本身并不被人指认为这个系列的元素之一——元素是依照它而存在和发展的。因而，这种概念性内容的统一之所以能从这些具体的元素中被"抽象"出来，仅仅只能就它是与诸元素联系在一起的意义来说——通过这些元素，我们才觉察到这一特定的规则，而诸元素则依照这一原则被联结在一起……概念，并不是演绎得来的，而是被预设的；当我们赋予一个杂多以一种秩序而使得诸元素联结起来时，我们就已经预设了这个概念，即便不是以最完满的形式上，但至少也是在它的最基本的功能上预设了它。①

这一典型案例，几乎以一种完全的自明性揭示了：作为函数关系之表达的 F 与其元素 a、b、c 之间在认知活动中并不是居于同一个层面的，它潜藏于作为它的成员的元素背后，我们不能直接感知到关系，而只能通过它的成员间接地把握和领会它。就此而言，物的逻辑在人的一切文化活动中占据"显性的"位置，无疑包含着一种天然的合理性或"自明性"的因素在内。但是，就人类认知活动本身来说，这种天然的合理性与自明性却构成了一种遮蔽，使人类在知识问题上不是趋向怀疑论就是独断论，卡西尔对关系逻辑的反复强调正是要去除这一遮蔽，使问题本身得到澄清和显明。同样，在自然科学中，一切概念与定理都显现为"预设"或"猜想"的形式，正如伽利略的"比萨斜塔实验"所确证的那样，他是先有自由落体运动的设想——虽然这一设想在开始时表现出粗略、模糊的特点，才着手这一实验的。

最后，关系是概念之间的关系，而非对象之间的关系。

至此，我们能较容易地理解"自然数"这一概念与某个作为自

---

① Ernst Cassirer, *Substance and Function, and Einstein's Theory of Relativity*, trans. William Curtis Swabey and Marie Collins Swabey, New York: Dover Publications INC., 1953, p. 17. 似乎正是基于卡西尔对数学中函数问题的分析这一事实，《分道而行——卡尔纳普、卡西尔和海德格尔》一书的译者张卜天、南星认为，卡西尔的著作 *Substance and Function* 应译为《实体与函数》，而不是《实体与功能》。笔者以为，这种译法是颇值商榷的。对于卡西尔来说，Function 并不仅仅具有数学上的意义，而是一个具有重要的认识论与形而上学内涵的哲学概念，是与先验主义这一哲学路向联结在一起的。在上述引文中，前后两个不同的"function"正是分别指向这两种不同的含义。

然数的数字的区别，也能较容易地将它与作为其表达形式的参照系本身——"｛1，2，3，……｝"——区别开来，但是，一种看上去似乎"合理的"理解是，我们应当将关系本身理解为其组成元素之间的关系。然而，这一理解实际上还是奠立在物的逻辑之基础和前提之上的。但是，这一理解构成了一种循环，就其本身而言是难以找到逻辑"链条"上有任何断裂之处的，虽然循环论证本身就是一种谬误推论。因此，我们必须换一个角度来提问：即便我们确认了关系源自智性的自由构造，那么，这是否意味着，一种新的关系的产生是人类理性的漫无目的、毫无规则的任意幻想的产物？换言之，智性是如何构造出一个新概念的？显然，如果理性没有一个可供生长和发展的基地，那么，这种自由最后只会蜕变为任意和武断。

从概念的生产方式来说，新的概念总是基于已有的概念而提出的。列维－布留尔在将他的著作命名为"原始思维"时，他感觉到有必要对"原始"这个概念进行解释和界定。从它的历史渊源来看，白种人刚刚接触到一些土著民族时，发现他们仍是使用石器而不知有金属，故将其文明比拟为石器时代而名之为"原始"的；同时，列维－布留尔本人则提出了"原逻辑的"这一全新的术语和概念，但他同时也清楚地表明，所谓"原逻辑的思维"就是相对于近代自然科学的"逻辑思维"而言的。[①] 同样，列维－斯特劳斯所谓"野性的思维"也是在科学的思维之基础上提出的，并用了"未被驯服的"和"驯服的"来区别和界定它们。不难看出，任何一个概念的构造，都并非任意的，它从其他概念中生发出来，且同时赋予已知概念以更加丰富的规定性。因此，卡西尔明确指出，概念的特质还在于它显现为概念与概念之间的关系：

> 这里有的只是概念全体，它体现为严密的相互关系，并且除了这个相互关系，并不具有什么独立的内容。在概念中没有什么可以称为"自在"的东西。所有的概念都只能在与其他概念的关

① ［法］列维－布留尔：《原始思维》，丁由译，商务印书馆1981年版，第2—3页。

> 系中，确切说，与概念的全体系的关系中得到定义。①

但是，由此必然引申出进一步的追问：第一个问题，当两种不同的关系被赋予同一个对象时，我们又当如何理解和界定这两种关系之间的关系？自然科学留给我们的印象是，人类认知活动就是一个不断地以真理来推翻和取代谬误的进程，如伽利略用实验证明了亚里士多德"物体下落速度和重量成正比"学说的错误那样——在卡尔·波普尔那里则更极端性地表现为以新的谬误推翻和取代旧的谬误的进程。对于卡西尔来说，这种看法的源头仍然应归因于传统物的逻辑所取得的普遍性支配地位的影响，并在此基础上把知识的对象视为一个"刚性的、封闭物实体"。而从关系逻辑出发，人类认知活动的图景并不是新旧更替的，而是连续性的，因此，现代非欧几何的蓬勃发展并不意味着对传统欧氏几何的"彻底"颠覆，它的胜利仅仅表现为破除了欧氏几何的独断性的和排他性的权威，从而为几何学的自由发展扫除了来自知识本身之外的干扰与束缚。可见，就几何学领域来说：

> 没有任何一个几何学体系能够说它比其他体系"更真"。毋宁说，这些不同的体系并不是居于同一个层面的。当比较两个不同的体系时，我们就能发现，其中一个比另一个更具一般性——也就是说，它将另一个当作一个具体的案例包含在自身之内。②

因此，当阿瑟·凯利（Arthur Cayley，1821—1895）提出画法几何体系时，他只不过意谓"他的体系更富综合性、更具一般性"③ 而已。对此，卡西尔使用了一个更生动和更富说明力的例子：在某个土著民族，他们认为"蝴蝶是鸟"。从今天生物学"界、门、纲、目、科、

---

① 转引自张唤民《概念说——卡西尔哲学的出发点》，《文史哲》1997 年第 6 期。

② Ernst Cassirer, *Symbol, Myth and Culture: Essays and Lectures of Ernst Cassirer, 1935–1945*, ed. Donald Phillip Verene, New Haven: Yale University Press, 1979, p. 281.

③ Ernst Cassirer, *Symbol, Myth and Culture: Essays and Lectures of Ernst Cassirer, 1935–1945*, ed. Donald Phillip Verene, New Haven: Yale University Press, 1979, p. 281.

属、种”这样一个详细而精确的分类体系来看，它显然是错误的。但是，对于土著民族来说，这一命题不过是意味着“蝴蝶能飞”。就这一意义来说，它显然并非错误，而是基于一种十分粗糙而简单的概念作出这一判断的。

第二个引申出的问题是，就几何学来说，如果说非欧几何是基于欧氏几何生发而来的，那么，欧氏几何本身又源生于何处？不难推断，任何一个学科，或者用卡西尔的术语来说，任何一种符号形式①——必然有着最基础性的关系（fundamental relations），或者说原生性的关系（genetical relations）作为整个符号形式的基地，使其能够根据自身的内在逻辑而不断发展成为可能。从几何学的发展史来看，卡西尔指出：

> 基础性的关系——赋予这个体系以其特质并且必须在每一种具体的形式中得到满足——构成了几何学就它们的全部［形式］来说的真正对象。几何学家所研究的，与其说是一个给定的图形的属性，毋宁说是这个图形与其他相关联的结构之间的关系网。当一个确定的空间形式，通过对它的一个或多个位置元素的连续转换，可以从另一个空间形式中演绎性地得出来时，我们就说它们是相关联的。然而，在这里，一种持存的假定就是，某种基础性的空间关系被视为这个体系的一般性条件，始终是不变的。②

在数学领域中，这一点同样得到罗素的证实。他发现，自然数构成了整个数学的基础，因为“所有纯粹数学，既然它能从自然数的理论演绎出来，就不过是逻辑的延伸”。③

---

① 对于“符号形式”是否可以从“学科”意义上来理解，在卡西尔哲学中未能得到明确的说明，甚至在某种程度上是相混同的。本书将在第三章中予以讨论，在此仍使用这一模糊的表述。

② Ernst Cassirer, *Substance and Function, and Einstein's Theory of Relativity*, trans. William Curtis Swabey and Marie Collins Swabey, New York: Dover Publications INC., 1953, p. 80.

③ ［英］罗素：《数理哲学导论》，宴成书译，商务印书馆1982年版，第28页。

然而，概念的这种生产过程是可以无限地逆向追溯的，虽然我们可以断言每一门学科或符号形式自身都具有一种基础性的关系作为其整个体系得以生长和发展的基地，但这种基础性的关系又是如何被生产出来的？显然，它是不可能从经验中得来的，那么，我们似乎只有向概念的生产者到人类的智性之中去寻找。换言之，人类的智性应当“先天”地具有某种能力（power）或功能，构成一切符号形式的最终根基。我们从卡西尔将康德的“纯粹理性”解释和界定为“认识本身的基本功能”不难看出，人类的智性自身有且必然有某种（些）积极的功能，使认知活动成为可能。对于卡西尔来说，这些功能就是空间、时间和数。空间、时间和数，构成了关系逻辑中最基础性的关系。

第三节 作为先天关系的空间、时间和数

正是在对空间与时间的认识上，卡西尔表现出对康德哲学最直接的继承关系，当然，这并不意味着他原封不动地照搬康德的空间与时间观念。一方面，卡西尔关于“构造世界”的思想首先正是从他的空间与时间观念，而不是知性的范畴中找到启示和线索的；另一方面，康德的空间与时间观念中蕴含着的矛盾与问题促使卡西尔对它们进行改造和重新规定。

一 康德时空观念的先验性与被动性的冲突

对于卡西尔来说，空间、时间与数构成了人类认识本身的功能，是智性所具有的最基础性的，或者说“先天的”——就这个术语的字面意义来说——关系。

对空间、时间与数这三者的探讨，一个合适的切入点仍是认识论，因为它构成了卡西尔和康德共同的治学路径。但是，就两者最大的区别来说，则表现在对“经验”的理解和对待上。康德遵从着在亚里士多德那里就已经确立的原则，要求从人类的知觉经验出发，以便把科

学的大厦建筑于坚实可靠的地基之上。然而，卡西尔不仅抹平了康德对纯粹概念与经验概念的区别，而且将概念的生产全部归因于人类智性本身，在其中根本没有给经验留下任何空位。但是，卡西尔在其著作中又经常地使用“经验”“事实”等语词，这是否意味着在其哲学中存在卡西尔本人所无法解释的断裂和矛盾？

在此，不妨看一看卡西尔对整个化学学科发展史的一个简要总结：

> 化学研究始于诸多实际的观察，这些观察起初毫无关联地并立在一起；化学把它们界定为确定的数与度量。然后，这些从观察中得来的、用数表示的值被编排为诸多序列，根据某一原则继续前进，使得其后面的成员能被前面的成员所决定。然而，当经验的杂多以此方式被转变成有理性的时候，就产生了把结构性关系的原则归纳为更深层的过程的因果律的问题，并把前者建立于后者的基础之上。在对经验材料的逐步掌握中，逻辑过程的特质被揭露出来；通过概念，不仅一方面与事实相吻合，同时又获得了对事实的智性支配。①

这一总结是卡西尔在关系逻辑的基础上形成的，但是，他不仅肯定了化学知识起始于实际的观察，涉及对经验材料的把握，甚至要求知识与事实的相符。似乎，卡西尔与康德一样，退回到“知识符合对象”的传统认知原则上。

康德在解决“先天综合判断如何可能”时面对的问题，对于卡西尔来说同样存在：

> 真正的问题在于，其全部内容都植根于与纯粹观念性的建构之关联的结构，向具体的事实存在领域的转移问题。甚至在这里，它显现了一切科学理论都依赖于“真实”与“非真实”的独特的

① Ernst Cassirer, *Substance and Function, and Einstein's Theory of Relativity*, trans. William Curtis Swabey and Marie Collins Swabey, New York: Dover Publications INC., 1953, pp. 119 – 120.

交织。[①]

然而，在这一对立关系中，很容易被忽视的问题是：所谓“经验”或“事实”意谓什么？或者说，对于卡西尔与康德来说，“经验”是否具有唯一、确定的含义从而可以构成我们讨论的可靠的基础？

如果说，在康德之前，“经验”总的来说，指的是与认识主体相对立的、独立自存的实体或经验世界的话，那么，在其后，它的意义变得模糊不清了。在康德之前，“休谟的怀疑论以‘单纯的’感觉作为完全不容置疑的确定性，作为‘真实’的简单而无可挑剔的表达”[②]。而在康德这里，对于经验的规定性，实际上有着两种不同的含义：

> 被认为是我们的知识所从以开始的经验指的是“感觉印象的未经加工的材料”；这一意义上的经验然后通过知性的整理而成为“称之为经验的对象知识”。[③]

后一意义上的经验实际上已经是指称通常意义上的知识了，因此，从知识与经验的对立来看，似乎经验只可能意谓那些单纯的感性杂多，或者，用卡西尔经常使用的一个术语来说，混乱（chaos）。且这种纯粹的杂多已经是空间与时间之内的杂多，当知性运用自身的范畴于其上，将这种单纯的杂多整理为有序的知识时，我们看到，这种单纯的杂多虽然在逻辑上确实构成了知识的源头之一，但是，这种杂多又如何或通过什么来检验和确证知识的客观必然性？回答只能是否定的：混乱不可能成为有序的检验标准。对此，似乎只有一条可能的解释路径，即：置于时间和空间之中的经验本身就已经是经过整理了的，因

---

① Ernst Cassirer, *Substance and Function, and Einstein's Theory of Relativity*, trans. William Curtis Swabey and Marie Collins Swabey, New York: Dover Publications INC., 1953, p. 117.

② Ernst Cassirer, *Substance and Function, and Einstein's Theory of Relativity*, trans. William Curtis Swabey and Marie Collins Swabey, New York: Dover Publications INC., 1953, p. 390.

③ James Van Cleve, *Problems from Kant*, Oxford: Oxford University Press, 1999, p. 75.

而已经成为有序的。然而，此时知性的范畴尚未介入认知活动的进程中来，那么，是何种因素使杂多的经验转变为有序的经验的？

在《自然科学的形而上学基础》中，康德以自在之物作为现象的可能基底，将现象确定为自在之物与空间和时间相联结的产物，对他来说，现象“植根于某些就其本身而言不为人知的事物之于某种它物，即我们的感觉的关系之上”。① 因此，摆在我们面前的可能答案只有两个：或者是作为现象之基底的自在之物决定了现象（经验）的秩序，或者是作为感性直观之纯粹形式的空间与时间赋予它以有序性。然而，我们知道，康德把空间与时间“规定”为完全被动性的（negative）和接受性的（receptive），空间与时间本身作为“纯粹的形式”，它们完全是空的，不具有任何积极性的与主动性的元素或内容。形象地说，空间与时间是一张固着于某个位置上的、笼罩四方的网，等待着自在之物——它们甚至不能够主动迎向它——一头撞进这个网中，而自在之物由于它们的包围与环绕，从而显现为我们的经验对象。在此意义上，空间与时间甚至比不上低等动物的刺激—反应本能，因为它们并不作出任何的“反应”，而只是静静地等待着知性来接管网中之物，因此更毋论为感性杂多提供秩序的保障和根据。这实际上就意味着现象与自在之物之间的差别完全是表面性的，康德“想要解释我们经验中被给予的或原始的因素的根据，想要表明这样一个事实：世界并不完全是源于我们自身的创造。正如芬德雷（J. N. Findlay）所说的那样，经验并非自由的创作，而是被翻译为空间与时间的措词法”。② 或者用一种更加形象的表达：“如果使用一个容易体会的事情来说明，就好比是人类戴着有色的，譬如蓝色的眼镜看世界，因而世界上的一切一切就都变成蓝色的，而不是原来的样子了。”③ 无论是一种新的措辞法还是一副有色眼镜，它们改变且能改变的仅限于“外貌”本身，而这一外貌——现象之如其当下所是的那样向我们呈现出

---

① Immanuel Kant, *Theoretical Philosophy after 1781*, Cambridge: Cambridge University Press, 2002, p. 82.

② James Van Cleve, *Problems from Kant*, Oxford: Oxford University Press, 1999, p. 136.

③ 齐良骥：《康德的知识学》，商务印书馆2000年版，第94页。

来、呈现为有序的，是直接由自在之物决定的。进而，自在之物不仅是经验之所以可能的逻辑基础，同时也是经验成为可能的现实基础。换言之，自在之物的具体规定与属性构成了现象之规定性的原因与根据。如果康德承认这一点的话，那么，他实际上就返回到了他所反对的理性主义道路上，回到了笛卡尔的实体概念和传统的形而上学本体论之上。继而，康德为知性设计的诸种范畴或纯粹概念又有什么存在的必要和理由？显然，对于先验哲学来说，自在之物只应作为一个空洞的、只具有逻辑地位的、单纯的“X”，而不应该在人类知识中占据任何现实的位置，产生任何具体的影响。

不难看出，如果康德想要使先验哲学避免夭折的命运，那么只能将经验的有序性归因于空间与时间。显然，这同时也意味着，他必须取消对二者作出的被动性与接受性这种规定，承认它们本身就是一种积极性与主动性的能力，具有某种整理感性杂多的力量（power）。事实上，当康德提出空间与时间作为纯粹直观这一观念时，他就已经否认了任何所谓“单纯的”感觉的可能性，虽然就他而言时间与空间是完全被动的，但毕竟作为经验的现象既不可能是物本身，亦不再是“单纯的”。虽然这一思想在其萌芽状态就被康德扼杀了，但是，我们在此不难理解卡西尔提出“构造世界”的线索与启示源于何处。

卡西尔进一步指出，一旦康德改造了其空间和时间观念，那么，他所面临的困境就会迎刃而解：

> 并不是因为有一个客体的世界才使得一个认识与真理的世界作为它们的印象和化身为我们而存在着。毋宁说，是因为有着一些无条件地确定的判断——这些判断的有效性既不依赖于那些作出这些判断的个别的、经验的主体，也不依赖于形成它们的特殊的经验性的和瞬时即逝的条件——使得一种秩序向我们展开，这一秩序不仅被指定为印象和表象的秩序，而且也是对象的秩序。①

① Ernst Cassirer, *Kant's Life and Thought*, trans. James Haden, New Haven: Yale University Press, 1981, p. 148.

据此，当卡西尔在化学发展史中发现它始于不相关联的实际观察时，他所谓的“不相关联的”、其所指的“实际的”，我们既不能将它等同于休谟意义上的、具有确定性的感官经验，也不能等同于纯粹的杂多，更不可能理解为本体论意义上的实体。因此，我们暂时还仅仅是确认了经验“不是什么”，而没有确定它“是什么”。而从问题的逻辑顺序来看，一种提问法的转换就成为必要的：不是直接追问“经验是什么”，而是首先查明“经验从何开始”。

二　卡西尔的构造性空间与经验对象的确定

如果经验不是未规定的杂多与混乱，而是显现为有序的，那么，必然有“某种东西”赋予了杂多以秩序——哪怕是最简单、最粗糙的秩序，使得经验成为可能：

> 当感觉现象的无休止的流动开始被区分时，直观现实的建构才开始。在不间断的现象之河流中，确定的联结被紧紧地抓住，形成定位的坚实中心。只有被指向这些中心时，具体的现象才取得它的特定的意义。并且客观性的知识的一切进一步的发展、作为整体的直观存在的一切分类与确定，都与不断地纳入常新的领域这样一种不断扩展的进程手挽手地前进。①

虽然对康德来说，知性的范畴正是具有这种“使有序化”的区分和规定作用，却是远水不解近火。那么，这种原初性的区分以及由此而奠立的确定的联结，似乎只能归因于空间与时间，或者，它们其中之一。

循着这一线索，在自然科学中，在语言与神话中，卡西尔发现：

> 没有任何精神的成就或创造，不是以某种方式与空间的世

① Ernst Cassirer, *The Philosophy of Symbolic Forms. Vol. 3: The Phenomenology of Knowledge*, trans. Ralph Manheim, New Haven: Yale University Press, 1957, p. 142.

> 界相关联的，不是在某种意义上在其中寻找自身的栖居。转向这一世界标志着趋向客观化、趋向对存在的理解与确定的必要的第一步。空间就像构成了一个普遍性的媒介，在其中，精神的生产性能够首先确证自身；在其中，精神能生产出它的首要结构与形式。[①]

在此，卡西尔找到与确证了经验由混乱走向有序的第一重区分，即空间的区分。空间作为精神的“首要的结构与形式”，或者说，作为智性的最深层的、最基础性的关系，它将一切感官的杂多置于自身之内，从而形成一个参照系的整体；在这个整体之内，杂多各自获得了一定的位置，不再是混乱无序的，而是相互之间既区别又关联在一起。

由反溯推论不难断定，这种最初始的空间关系，仅仅表现为一种相对的位置上的差异；此时，任何经验对象的具体规定与属性几乎无限接近于“空的”，但是，这里的“空的”已经不是在绝对意义上的空，因为它已经被感官知觉为一个区别于他物的“某物”。这个简陋的“某物”，本身已经是秩序的表现，而它最重要的意义与价值在于，它确定了每一个经验对象自身的统一性与连续性：

> 如赫宁[②]所指出的，知觉的连续性这一事实在我们关于“一个客观的世界”的观念中是最重要且不可或缺的元素之一。没有这一事实，我们将不可能从变化的恒流中隔离出“物”或“属性”。用赫拉克利特的隐喻来说，我们将不能“两次走进同一条河流”。正如赫宁所指出的那样，一块白垩在乌云密布的天气里将呈现出与一块煤在阳光灿烂的日子里相同的颜色；在一天的期间之内可能呈现出介于白与黑之间的任何可能的颜色。“在绿荫

① Ernst Cassirer, *The Philosophy of Symbolic Forms. Vol. 3*: *The Phenomenology of Knowledge*, trans. Ralph Manheim, New Haven: Yale University Press, 1957, p. 150.

② Karl Ewald Konstantin Hering (1834—1918)，德国生理学家。

> 下看一朵白色的花，它的颜色将显得和露天下的绿叶一样；一团线球，在白天显现为白色的，而在夜晚的煤气灯下，有着橘子一样的颜色。”
>
> 确实，即便是日常的感官知觉，如果不能将孤立的感官材料置于某个群概念之下来把握，如果不能确定这个群中的“不变量”，它将无法完成它的任务——构建一个客观的世界的任务。在这个意义上来说，感官知觉构成整个一般性进程的最初的和基本的阶段——这个进程在科学、在几何学中达到它的顶峰。在所有的案例中，我们都发现了这同一种特别的操作，虽然是在不同的程度上。①

正是空间关系——哪怕是在最粗糙的、最简单的形式上——使得我们的感官能够超越时间的永恒流变，确证了经验对象作为它自身的同一性身份，换言之，是空间将时间空间化了，从而赋予我们将时间定格或停止在某一个“瞬间的点”上的能力，并在此基础上将“在变化”（becoming）转化为“存在”（being），最终使得经验对象成为可能。正如在自然数中“3”借助“2”或“4”就能确定自身的位置一样，我们可以通过一座山或一棵树来确证我们两次走进的都是同一条河流。否则，我们的世界与生活都必然显现为稍纵即逝的“瞬间”，甚至连我们本身都是永恒的“在变化”，因而我们甚至都无从产生“我”这一意识。如果说，休谟所谓单纯的且拥有无可置疑的确定性的经验确实存在的话，那么，它也仅能指向这种最初始的空间构造的经验；但同时，无论它表现得如何粗陋和简单，却是我们的经验进一步发展的“地基”。

就空间本身而言，卡西尔还有着另一重的强调：空间本身并非某种经验性的而是先验的存在，是一种观念性的存在。显然，卡西尔所强调的空间的精神性特征与康德以空间作为纯粹直观的观念具有一脉

① Ernst Cassirer, *Symbol, Myth and Culture: Essays and Lectures of Ernst Cassirer, 1935 - 1945*, ed. Donald Phillip Verene, New Haven: Yale University Press, 1979, p. 288.

相承的延续性。但是，对于卡西尔来说，这种延续性实际上仅仅表现在康德对牛顿的绝对空间与时间的反驳，从而确定了空间与时间的观念性与先验性这一点之上。但是，康德的空间实际上是建立在欧氏几何（Euclidean geometry）的三维空间观念基础之上的，因此，这样一种空间表现出静止的特征，由此所导致的是，一方面，康德所谈论的经验都是静止的经验，表现为具象的、不变的物，而另一方面，时间与空间作为纯粹直观，它们只能是被动的与接受性的。基于此，思想的构造性——虽然就康德而言，这种构造性并非彻底的——就必然要求康德在纯粹直观之外，确立知性的范畴，以便把思想的这种构造功能全部赋予它们。然而，前文的分析已经表明了，人的感官本身并不能使杂多与混乱变成有序的，也就是说，基于纯粹被动性与接受性的空间，甚至连经验本身都是不可能的，知性范畴运用的前提性条件都成为不可能的了。

在卡西尔看来，康德成功地迈出了第一步，虽然是有限的一步，但寓于其中的启发性却是根本性的。用一个类比来说，哥白尼日心说的真正价值并不在于它否定了地心说和确立了日心说，而在于促进人们进一步去追问：宇宙的中心是不是太阳，或在其他哪里，甚或，是否有中心？在康德的困境中，卡西尔看到了问题的症结所在，从而提出了真正关键性的问题：

> 物于其中向我们呈现出来的空间，到底仅仅是一个单纯的直观的基底，抑或产生于符号的形式建构的过程？①

答案显然只能是后者。从关系逻辑出发，卡西尔在肯定了空间作为人类认识本身的基本功能，作为智性的基础性关系的同时，就赋予了空间以主动性与构造性的能力，从而彻底变革了康德的空间与时间观念。空间不再只是一种“措辞法”抑或一副“蓝色眼镜”，而

① Ernst Cassirer, *The Philosophy of Symbolic Forms. Vol. 3: The Phenomenology of Knowledge*, trans. Ralph Manheim, New Haven: Yale University Press, 1957, p. 143.

是我们将混乱“整理”为有序的这一整理功能本身，是我们使世界区别于动物的世界而成为“人的自然”的在先条件与根据。康德曾经使用过“空间的世界”这样一种表达法，对它的恰当的理解并不是将空间类比为世界本身，而只是意味着世界必然是空间化了的世界——前者往往导致一种通常的误解，将空间理解为一个固定的、唯一的、实在的空间。正如我们在康德对数学的阐释中所看到的，康德事实上在观念性的空间和实在性的空间之间摇摆不定：一方面，实在的空间本身包含着不可调和的内在矛盾，无法解释可入性与不可入性、有限与无限的对立与冲突；另一方面，当他要确证数学与几何学作为科学的普遍必然性时，又不得不将空间转化为杂多的空间或空间的杂多。

显然，这一困难仅建立在物的逻辑与被动性的空间观念之上，而一旦空间被赋予积极与主动的性格，它就不再成为一种束缚的力量，而是在自身内包含了无限的可能性：

> 在这一整体的系统之内，起点和原点是能够根据意愿而被自由地选择和移动的。诸多基础性的方向没有绝对的，而只是相对的值：它们并不是一劳永逸地被固定地，而是能够根据参照点而改变。因此这一空间不再是一个容纳物与事件的刚性容器，就像一个坚固的实体性外壳那样，而是如同莱布尼茨所称之为的那样，是一个可能性的观念总体。①

但是，对于空间的观念性，我们又切不能将其主观化，将其视为因人而异、因时因地而异的某种纯粹主观的东西；“主体性”之区别于“主观性”能够构成我们的经验世界之客观性的前提，在于它是人作为区别于其他动物的存在这一整体，它意指的是人类所共同具有的认知功能。

① Ernst Cassirer, *The Philosophy of Symbolic Forms. Vol. 3*: *The Phenomenology of Knowledge*, trans. Ralph Manheim, New Haven: Yale University Press, 1957, p. 243.

三　非欧几何学与相对论对时间观念的发展

康德的空间观念的另一个弊病在于其被赋予的静态特征与结构，就此我们不难理解在他眼中经验世界何以能够在被动性的空间观念之下而成为有序的——虽然因为知性还未参与其中而没有达到合规律性的严格秩序的程度。

欧几里得将其几何学公理建立于空间的同质性（homogeneity of space）理论之上，虽然他脱离了平面几何的二维空间的限制进一步分析了三维的立体几何空间，但是，这种“三维”不过是平面空间的逻辑延伸，正如“任意线段能无限延长成一条直线”这个公理一样，严格且确定。在非欧几何发现之前，欧几里得提出的数条“公理”被确定为“空间维度的固有原则”。[①] 不难看出，欧氏几何的空间观念实质上就是空间关系之一种，代表着一种构造我们的经验直观的方式，其价值固然不可否认，然而一旦它被转变为唯一的与绝对的，就更多地表现为限制性的和保守性的影响。欧氏几何空间观的弊病正是在于它彻底地将时间空间化了——虽然这种时间空间化本身是使经验直观成为可能的必要条件，但同时，它不仅赋予这一空间直观下的经验成为唯一可能的经验，且将时间从这种经验直观中排挤出去——虽然并不可在最彻底的意义上排斥时间，但可以说，它把时间转变成空间的附庸和奴隶。不难看出，牛顿的绝对空间与欧氏几何空间观念具有内在的逻辑关联与一致，是欧氏几何空间在物理学领域的具体表现形式。虽然康德明确反对牛顿的绝对物理空间，但却对欧氏几何不抱任何怀疑，因此在其空间观中实际上残留着牛顿绝对空间的影响，是不难理解的。

由此，我们不难看到，物的逻辑之权威性的确定与基于欧氏几何空间的经验直观有着直接的关联，因此，对于哲学家卡西尔来说，非欧几

① Ernst Cassirer, *The Problem of Knowledge: Philosophy, Science and History since Hegel*, trans. William H. Woglom and Charles W. Hendel, London: Oxford University Press, 1950, p. 21.

何的发现，重要的并不是数学和几何学本身因此而取得的进展，而是它们提出了对人类的空间直观经验和经验知识的反思与重新定位，以及由此必然向我们展现出新的“世界理解”。因此，当卡西尔评价说：

> 在数学的全部历史中，几乎没有什么事件能像多种形态的非欧几何的发现那样，对知识问题的塑造和发展有着如此直接的和决定性的意义。①

这并非一种修辞上的夸张或言过其实。

从根本上说，所谓“时间空间化”，应当仅在逻辑的意义上去理解，只应理解为分析与阐释问题时程序上和方法上的需要，因为我们根本不可能真正将时间从我们的经验中赶走。对于身居欧氏几何时代的康德来说，我们并不难理解，他何以将时间与空间割裂开来，将它们区别为“内直观”和“外直观”，并划定了两者的领地：“时间不过是内部感官的形式，即我们自己的直观活动和我们内部状态的形式。因为时间不可能是外部现象的任何规定”，“空间是一切外部直观的纯形式，它作为先天条件只是限制在外部现象”。② 非欧几何的发现提出了重新界定我们的经验的要求，但问题是：新的经验应当是什么样的？

在卡西尔看来，这一问题是在爱因斯坦那里得到真正完成的。相对论的提出，对于空间观念本身的最大影响是，它确证了空间的结构不是二维或三维的，而是四维的。在这里，时间作为第四维与欧氏几何空间结合在了一起，彻底改变了原来的静态的空间观。一方面，“爱因斯坦确认了他的理论的根本性后果是，‘物理的客观性的最后残余’从空间与时间中消除了”。③ 就此，空间与时间紧紧地结合

---

① Ernst Cassirer, *The Problem of Knowledge: Philosophy, Science and History since Hegel*, trans. William H. Woglom and Charles W. Hendel, London: Oxford University Press, 1950, p. 21.

② ［德］康德：《纯粹理性批判》，邓晓芒译，人民出版社 2004 年版，第 36、37 页。

③ Ernst Cassirer, *The Problem of Knowledge: Philosophy, Science and History since Hegel*, trans. William H. Woglom and Charles W. Hendel, London: Oxford University Press, 1950, p. 356.

在一起:

> 时间的形式，只有在它能以某种方式建立在空间的与对象的确定性的基础之上时，才得到表达。①

另外，它同时意味着，作为永恒之流变的时间，对于人类来说，并不是不可把握和领会的；通过空间之轴，时间与我们无比紧密地联结在一起，反之，沿着时间之轴，我们关于空间本身以及对空间的直观经验则能够得到无限扩充与丰富。我们的一切经验，包括我们对自身的经验，只有随着时间之轴在空间中无限的和自由的延伸中去获取自身的规定性，它们不再是一个个不可分的点，而是等待着且可以包纳一切的“空”（emptiness）本身。当然，这一切，都建立在打破传统的空间观念以及与之相适应的知识观念和世界理解之基础上。正如我们不可能要求康德在坚守传统阵地的同时真正实践其认识论上的哥白尼革命一样，换言之，一种新的世界理解对于康德来说是不可思议和毫无头绪的，这才是康德的时代局限性的核心所在。

此外，对于这一新的时间观念，不可混淆和误解的是：其一，时间与空间的结合，并不意味着前者对后者的依赖，不意味时间是第二性的，而只为了表明，如同四维空间理论所清楚地表达的那样：时间是与空间紧密地结合在一起的，空间必须是时间中的空间，而时间也必然是空间中的时间，对二者的任何割裂都将导致对我们的经验、知识和世界的割裂与片面化。但是，其二，同样应当避免的是将时间与空间的结合理解为欧氏几何的线性的、实在的联结——这只意味着对时间的另一种形式的空间化。沿着时间之轴，我们可以打破空间的壁垒，天涯与咫尺可以在同一个瞬点相遇；同样，沿着空间之维，过去、现在与未来相会可任我们自由穿透与遨游；当然，我们也可以在当下的时间与当下的空间下确证和把握自身的“此在”。其三，与

① Ernst Cassirer, *The Philosophy of Symbolic Forms. Vol. 3: The Phenomenology of Knowledge*, trans. Ralph Manheim, New Haven: Yale University Press, 1957, p. 163.

空间结合，时间本身同样构成人类认知功能的原初性的与基础性的关系之一。

确定了空间与时间作为智性的先天性关系，我们不难理解，几何学是如何可能的：

> 事实上，什么是几何学？它不是对某种叫做“空间”的形而上学的或经验的物的描述。它不具有本体论的，而是认识论的意义与要旨；它是一种思考与主张的模式，通过它，我们将我们关于空间形式的经验组织起来。在这一组织过程中，我们的心灵是完全自由的——它仅需向自身内在的逻辑规律学习，而不必模仿或复制一个外在的现实。①

无论欧氏几何与非欧几何，都是空间关系的具体表现形式之一。但是，几何学的对象，并不是任何经验对象呈现出来的形状，而是纯粹的空间关系本身，只不过在从学科意义上看，它必须借助某种直观的形象将它表达出来；正是在这里，容易但不可混淆与等同的，正是空间关系的表达与空间关系本身。同时，这也并不意味欧氏几何构成了几何学的原生性关系，它本身已经是被系统化、精密化的经验与知识了。在这里，我们所能确定的只是几何学的原生性的关系在于空间关系，这一原生性关系本身又源于人类认知本身的功能性的空间观念，而不能武断地猜测这种功能性的空间关系究竟表现出何种特征或是具有哪些元素。但就我们的问题以及认识论本身来说，确定这一点显然已经足够。

四　数的观念的先天性与综合性直观的可能

进一步分析的话，不难发现，几何学如何可能还必须具备另一个

---

① Ernst Cassirer, *Symbol, Myth and Culture: Essays and Lectures of Ernst Cassirer, 1935 - 1945*, ed. Donald Phillip Verene, New Haven: Yale University Press, 1979, p. 280.

条件。在欧氏几何的第四公理“所有直角都全等”中，它除了涉及直角这一空间结构外，还表明了一种数量的结构关系。另外，正如卡西尔在化学史中发现的，它的全部对象都必须被确定为一定的“数与度量”的规定。从数学学科来看，它的原生性关系又以何为根据的问题也是悬而未决。种种问题都指向一点，即从认识功能本身来看，数学是如何可能的？

从康德试图用空间的杂多来解释数学反而遭遇的困境可以肯定的是，空间关系本身无法解释和处理数与量的关系。那么，从数学本身不难看出，数学本身作为一门精确科学甚至作为精确科学的典范，其原因基于这样一个事实：

> 数学的概念构造的真正优越性在于，当任何经验内容都潜藏着未知的规定性于自身之中，因而我们并不能对将我们在先提出的假想的概念应用于其上有充足的确定性之时，数学构造的对象仅仅是我们观念的构造使它们成其所是的东西。①

这意味着，数学知识是真正“先天的”知识，不仅从其内涵来看它是普遍必然的，“我对对象的认识是否与我对对象的认识相符合”，且从其字面意义上来看，它不可能有任何更深层的或根基性的东西作为它的合法性的原因和根据。在这一意义上，我们可以推断，数（量）关系本身应当与空间和时间关系是处于同一个层面的，同样应归属于智性本身的功能。可以设想，如果单纯有空间与时间关系而没有数（量）关系的话，那么，经验直观的全部对象之间除了在知觉中各自身份的连续性与统一性，是不可能存有任何差别的。经验的确定性与有序性不仅需要表现为空间中的某地与时间中的某时，同时它还必须表现为相互区别的数或度量，才使得区分成为可能。但同样地，这里的数（量）关系，也非罗素所精确定义的自然数，而仅仅是一种对于

① Ernst Cassirer, *Substance and Function, and Einstein's Theory of Relativity*, trans. William Curtis Swabey and Marie Collins Swabey, New York: Dover Publications INC., 1953, p. 245.

次序的观念本身。

因此，卡西尔最终确定了，空间、时间与数，构成了思想的三种先天的、最基础性的关系或概念：

> 尽管空间中具体的构型——我们以之为世界系统的建构的基础——会变化，然而空间与时间、数与大小始终保持为任何建构的工具。①

空间、时间与数才是真正意义上的、经验中的“不变量”（invariants）。但这种不变量并不妨碍或消解思想在构造活动中的自由，因为作为纯粹关系的空间、时间与数不是某种绝对的存在，而是可以自由地选择和确定其基点的、具有无穷可能性的观念。任何一种具体的空间位置、任一时间轴上的点或任一确定的数量关系，都只是一种可能的空间、时间与数的表现，而不是空间、时间与数的关系本身。

在此基础上，我们再来看“经验”的含义的话，那么，经验就意味着基于这三种基本的参照系所建构出的知觉世界（perception），或者说直观经验（intuitive experience），而不存在一个独立于我们的直观或知觉之外的经验世界。我们在日常生活中所直观到的具有各种各样的具体的规定性的经验世界，都在以空间、时间和数的关系为基础，通过思想永无止息地创造出新的概念，不断地赋予经验对象以新的内容与意义所构造而成的：

> 尽管时间与空间在经验现实的建构中是必不可少的，然而，它们毕竟只是经验现实在其中被表象出来的普遍形式。它们是现实于其中被排列的根基性的秩序，但它们并不能确定真实本身的内容。为了向这些空洞的形式中填充入具体的内容，则需要一种

① Ernst Cassirer, *Substance and Function, and Einstein's Theory of Relativity*, trans. William Curtis Swabey and Marie Collins Swabey, New York: Dover Publications INC., 1953, p. 321.

新的原则。[①]

显然，所谓的“空洞的形式”并不意味着绝对地不具有任何具体的规定性，空间关系本身至少意味着一定的确定的相对位置，时间关系本身也意味着过去、现在与将来的相继性；同时，这样一种“空洞的形式”同样也对数有效，因为：如果不具备大小的关系，空间中的一切实际上仍是无区分的混乱。因此，在关系逻辑看来，所谓的“经验”完全产生于思想的构造，经验与思想之间具有完全的、内在的一致性。因此，在卡西尔这里，经验即认知，认知亦即经验。经验的冲突与其说是真理与谬误的对抗，毋宁说是两种不同的关系在同一对象上的相遇。人类的经验与认知处于一个无限的、连续的发展进程之中，认知愈是发展，我们所居的世界就愈加呈现出丰富性与多样性。

至此，我们已经分析了空间、时间和数作为智性的最基础性的三种关系，不仅构成了我们的经验成为可能的必要条件，同时也奠定了我们知识的可能性与合法性。但在对它们的理解与把握时，仍有几点是须予以澄清和明确的。

其一，空间、时间和数并不是被动性与接受性的，而是主动性与构造性的，它是：

综合性与直观性相同一的活动。[②]

卡西尔从物的逻辑转向关系逻辑，除了来自科学领域的启示外，在哲学领域，康德的空间与时间观在认知问题上所导致的困境无疑给予了卡西尔直接的灵感。对此，邓晓芒先生分析了空间与时间概念在康德哲学中的“不平行”地位，并由此直接指明康德在空间与时间观念上的双重立场：

① Ernst Cassirer, *Substance and Function, and Einstein's Theory of Relativity*, trans. William Curtis Swabey and Marie Collins Swabey, New York: Dover Publications INC., 1953, p. 187.

② Ernst Cassirer, *The Philosophy of Symbolic Forms. Vol. 3: The Phenomenology of Knowledge*, trans. Ralph Manheim, New Haven: Yale University Press, 1957, p. 193.

我……把康德这种两可的理解称之为“在能力和形式之间”，并指出空间和时间（以及诸范畴）在康德看来一方面是人的“接受能力”（范畴则是自发性能力），另一方面又是“形式”（先天直观形式），这两种不同的理解虽然给康德带来了某些便利，但也形成了康德哲学的最深刻的困境。①

这一困境，鲜明地表现了康德在旧的形而上学传统与自己发现的主体能动性的辩证法之间的犹疑不决和由此导致的左右为难。

卡西尔对康德的空间与时间观念的重新发现和定位，正是鉴于康德的困境及其症结所在。正如邓晓芒先生进一步指出的：

这一困境对后世哲学的启示就在于：康德虽然把时间限定为一种感性直观的被动接受能力，而与知性的能动的“自发性”严格区分开来，但在时间问题上终究暴露出它其实是一种能动的直观能力，从而暗示了被康德一直否认的“知性直观”的存在。②

这种“知性直观”，显然区别于集创造与直观于一体的“神性直观”，而是卡西尔所强调的“综合性与直观性相同一的活动”。另外，虽然在康德之后，诸如费希特、谢林等人以及与卡西尔同时代的海德格尔都注意到了康德在空间与时间观念上的这一“不平行”状况，但他们一个共同的特征是进一步强调和深化了这种“不平行”，譬如海德格尔，他将时间视为此在的主体能动性的最深刻的根据与原因，而空间则几乎完全淡出了他的哲学思考。与这种思想定向恰好相反的是，卡西尔则是完全恢复了空间和时间在作为人的主动能力上的完全平行和平等的地位，并注意到数与空间和时间一样之于人类认识活动的基础性与必然性。

在此意义上，卡西尔以一种比康德更鲜明和坚定的主体性立场，

① 邓晓芒：《康德时间观的困境和启示》，《江苏社会科学》2006年第6期。

② 邓晓芒：《康德时间观的困境和启示》，《江苏社会科学》2006年第6期。

消解了康德的困境。对空间、时间与数的这种“综合性与直观性相同一”特质的肯定，仅仅这一肯定本身，对于哲学认识论来说已经是一种突破性的成就，这一成就的取得与精确科学本身的发展是紧密相连的。如果我们试图对人类认知活动有更深入的把握与领会的话，那么，它同样需要以科学的进一步发展为前提。因此，不难看出，卡西尔彻底抛弃了康德对于知性范畴的设计，不仅在于这种积极性与构造性的空间、时间与数已经取代了它们原本的作用与功能，更是在于，康德的设计事实上本身构成了理性的僭越，从而更多的是一种哲学家的主观臆想的产物。

其二，以这三者为基础，当我们重新界定经验本身，那么，自然科学奠定自身尊严和权威的基石实际上已经被移除，在自然科学与人文科学之间，不存在客观与主观的区别，而只有在各自的原生性关系和概念上的差异，它们都是使用各自的概念体系来规定和理解世界的有效途径和方法。在这一意义上，关系逻辑才真正成为一般性的知识原则。

然而，我们的讨论似乎全部集中在自然科学领域之上，而未能涉足人文科学。这并非忽略或回避，而是一种论述策略的必要：关系逻辑本身，是卡西尔在自然科学领域中发现的，进而确定了空间、时间与数作为人类知性活动的最基础性的三种关系；这就意味着在语言、神话、宗教与艺术等经验中，它们作为真正的“不变量”，应当具有同样的有效性。如果我们能确证这一有效性，就意味着确证了关系逻辑之于人文科学的合法性，从而进一步证实人文科学作为符号形式的合法性与统一性，因为人文科学相较于自然科学而言，其所使用的概念本身确实更多地表现出模糊性和不确定性的特征。因此，对人文科学中空间、时间与数的关系的证实，似乎就成为确证关系逻辑之于人文科学的有效性的唯一途径。

我们看到，在《符号形式哲学》第一、二卷中，在卡西尔对语言与神话等符号形式的描述中，对语言与神话中的空间、时间与数关系的具体表现形态的阐明构成了一个重要的、共同的方面。仅以神话为例，卡西尔指出：

> 神话空间的确定性与差异性仅仅是通过给予空间中的每一个"部位"——给"这儿"和"那儿"、太阳的升和落、"上"和"下"——以神秘的强调来实现的。如此，空间被区分为明显区别的地域和方向；但其中的每一个不仅具有一个纯粹直观性的意义，同时也有它自身的一个表达性的特征。空间不再是一个同质性的整体，在同质的空间内部诸特殊的规定性是相等的和可替换的。近与远、高与低、左与右，所有的一切都具有它们的唯一性、它们的特别的魔法赋义模式。神圣的和世俗的这两种基本的对立，不仅在全部空间性的对立中缠绕在一起，而且事实上是它构造和生产出它们的。使某个地方从空间上区分开来的，不是一些抽象的、几何的规定，而是它所处于的独一无二的神话环境——环绕着它的魔力光环。相应地，不同的方向在神话空间中并不是概念性的或直观性的关系，它们是独立的实体，被赋予超凡的力量。①

如果我们将神话置于卡西尔的符号形式哲学之内，而不是把它作为一门独立的学科来看，那么必须强调指出，对神话空间的阐明，其直接的与根本的目的和任务，就是对空间关系在神话中的存在的"证实"。

从我们对整个关系逻辑的阐释与说明中不难看出，卡西尔本人的哲学立场，确实如迈克尔·弗里德曼所认为的那样，兼具实证主义与存在主义的特色，他走在卡尔纳普和海德格尔的"中道"。② 因此，当石福祁指出，"时间、空间就不再仅仅是对康德认识论中的先验感性判断、因此严格说来只对'纯粹数学何以可能'这一问题而言的'先天直观形式'，而是超出了认识论、对神话、宗教和艺术经验同样行之有效，但是却带着不同文化烙印的'关系'。这样一来，对于理解具有各种各样构造形态的文化现象来说，毋宁去把握那个具有绝对形

---

① Ernst Cassirer, *The Philosophy of Symbolic Forms. Vol. 3: The Phenomenology of Knowledge*, trans. Ralph Manheim, New Haven: Yale University Press, 1957, p. 150.

② 详参迈克尔·弗里德曼《分道而行——卡尔纳普、卡西尔和海德格尔》一书，在此不作展开讨论。

式的质性，不如去把握它们在各个现象中的具体模态”[①]，他肯定了基于原生性的关系之上的差异而导致的经验的表现形态的多样性，而忽略了卡西尔的这一证实的“策略”。事实上，只有通过这一策略的实施，卡西尔对关系逻辑的证实才更加完善与可靠，从而使建立在关系逻辑基础上的符号形式哲学成为可能。

① 石福祁：《卡西尔符号形式哲学中的“符号性孕义”概念》，博士学位论文，北京大学，2009年，第65页。

第二章　形上论：符号的世界理解

当亨德尔批评康德的哥白尼革命的有限性时：

> 在“知性造就自然”这一短语中，康德夸大了他的观点。他所展现的，是根据心灵的这些形式而被理解的自然。虽然被理解的自然是唯有的自然，但并不是自然的所有都是知性造就的。内容或表象是独立的，而源自人的心灵所建构的仅仅是它们的智性的秩序与形式。①

事实上，他同时含蓄地向我们表达了这样一重意谓：“知性造就自然”这一革命，在卡西尔的符号形式哲学中已得到完全的实现。但是，这种措辞容易趋向一种误导，即卡西尔与康德哲学之间的区别主要是量性的，而非质性的。确实，卡西尔对康德有着某种直接的和显性的继承，因此，仅仅指出关系逻辑的内涵与规定是远不充分的。卡西尔发现和提出关系逻辑，其目的不在于简单地用一种知识原则来替换另一种知识原则。在一般意义上，建构同时总是意味着一种解构，卡西尔毫不掩饰自身的立场：关系逻辑是直接针对物的逻辑的，提出符号概念就是为了彻底地颠覆与解构传统的物概念。这种彻底性构成了卡西尔与康德和罗素之间的根本性区别，甚至在胡塞尔那里，也仍存在物

---

① Ernst Cassirer, *The Philosophy of Symbolic Forms. Vol. 1*: *Language*, trans. Ralph Manheim, New Haven: Yale University Press, 1955, p. 9.

的观念的残余。就符号形式哲学本身来说，只有首先通过一个对关系与物的辩证分析，才能真正理解卡西尔的符号理论如何可能及其合法性问题。在这一意义上，本章构成如何理解符号形式哲学由其理论基石走向具体架构的必要过渡。

第一节　物的被给予性与抽象理论的困境

对于卡西尔来说，关系逻辑具有振聋发聩的启发性，它对传统认识论中一直被理所当然地认为是不证自明的问题提出了质疑：认知的真正对象是什么？而它的革命性当然在于要用关系、用概念来取代物在认识论中的中心地位："现代科学中知识的对象是规律，这些规律的数学表达无法被亚里士多德式的实体（ousia）概念所充分把握或为三段论的古典逻辑所理解——它被觉得是'一个保守的与限制性的因素'。"[①] 在此，"古典逻辑"与"物的逻辑"之间，哪个术语更专业、更精确是无足轻重的，而在于它们都指向"以实体为基石的古典逻辑"（classical substance-based logic）[②]，指向"亚里士多德式"的实体概念。

一　从亚里士多德的实体到知觉意义上的物

必须说明的是，笔者对亚里士多德"实体"概念的讨论主要参考了颜一先生《实体（ousia）是什么——从术语解析看亚里士多德的实体论》一文。[③] 虽然今天学术界对这一概念本身的理解表现出显著的差异性与多样化，且卡西尔本人更多地将"实体"（substance）概念

① John Michael Krois, *Cassirer: Symbolic Forms and History*, New Haven: Yale University Press, 1987, p. 19.

② Jeffery Andrew Barash (ed.), *The Symbolic Construction of Reality: The Legacy of Ernst Cassirer*, Chicago: The University of Chicago Press, 2008, p. 97.

③ 另参考吕纯山《〈形而上学〉中的实体（ousia）标准及Z3在ZH卷中的地位》，《世界哲学》2011年第2期；刘旭光《亚里士多德"ousia"范畴的哲学意义》，《上海师范大学学报》（哲学社会科学版）2005年第7期。

视作一个哲学史上已明确无误的事实和前提来使用而未作额外的解释，因此我们的讨论似乎缺乏一个牢靠的基础。但是，在此讨论这一概念的目的并不在于它本身的具体内涵，而针对的是由它所揭示出来的问题，因此，相关的学术争论并不会构成我们讨论的障碍，反而本身就是一种去蔽。

在亚里士多德那里，ousia 可以被区分为两重含义：其一是“这某物”（tode ti），它意指的是实实在在的可感事物；其二是指“是其所是”（to ti en einai），是我们之所以能断定“这某物”的东西，是“事物自身”，是我们从形式与质料、原因及目的等各个角度都无从表达出来的实体，是每一个事物独有的“是什么”。就此而言，似乎在亚里士多德那里就已经埋下了康德对现象与自在之物的区分，但一方面，如卡西尔所指出的是，康德几乎与古希腊没什么关联，另一方面，亚里士多德对“这某物”的实在论立场也与现象学的路向存在质的区别。

就 ousia 这一概念本身来说，它与巴门尼德的“存在”（being）概念之间存在直接的继承性与针对性的关系。“是其所是”很容易与从实在论角度对巴门尼德的“存在”概念的解释，即终极存在（One Being）关联起来，且这一解释在笛卡尔那里，最终演变为“世界之本性的构成者和规定者”① 的形而上学本体论观念。如果将对 ousia 的本体论解释是否合于亚里士多德的原意问题存而不论，显然，在他对“这某物”与“是其所是”的区分中已隐藏着近代哲学以来经验主义与理性主义两大派别之间分野与对立的线索。但是，不难看出的是，在亚里士多德，存在论与认识论似乎是完全糅合在一起的，因此，对康德来说构成巨大启示与困难的休谟问题，对亚里士多德来说却是无足轻重的。

当然，这并不是说亚里士多德完全忽略了这一问题。事实上，他在《形而上学》中就已经作出了说明，感觉于他而言本身具有一种积

---

① 宋继杰：《实在论、观念论与语义学：现代英美巴门尼德解释的三条进路》，《世界哲学》2011 年第 2 期。

极的功能从而使知识成为可能："人们总爱好感觉，而在诸感觉中，尤重视觉。……理由是：能使我们识知事物，并显明事物之间的许多差别，此于五官之中，以得于视觉者为多。"① 另外，在《范畴篇》中，亚里士多德列举和论述了九个次范畴（数量、关系、性质、位置、时间、状况、属有、动作、承受）和五个后范畴（对立、在先、同时、运动、所有），在确立了 ousia 的中心地位的基础上，来讨论它的属性、事物之间的联系与运动变化。范畴，作为"正确思维的法则、公式与方法，不仅与亚里士多德本人构建严整、博大的哲学与科学知识体系提供了坚实的思想工具"，它们本质上就是"一种开发智慧的技艺"。② 最后，存在论、工具论与其三段论逻辑结合起来，似乎构成了一个不可分割且清晰明了的整体："在本体论的意义上，科学知识必须揭示普遍事物自身的本质属性或同本质相关的特性，揭示它的因果必然联系；在逻辑学的意义上，科学知识是一种证明的知识，证明的前提与结论，既表述事物自身的普遍本质与因果必然性，也具有符合三段论推理的逻辑必然性。"③ 如此，对亚里士多德来说，知识的合法性与真理性问题得到了妥当的解释和解决。

然而，与其说亚里士多德解决了知识的合法性问题，不如说他所处的时代，对于知识的权利问题并没有提出迫切的要求。科学在古希腊仍处于其初生期，更没有经历过在千余年之久的中世纪作为神学的婢女的黑暗时期，更重要的是，彼时"技术"问题还仅仅是对有"闲暇"的阶层才可能的，而对于大众来说，有"经验"就已经足够。亚里士多德可能无法想象的是，在近代，自然科学是如何与全部人的生活如此紧密地联系在一起，也无法想象对知识合法性问题的渴望如此强烈以至于哲学家们将原本被遮掩或忽视的问题直接开掘出来。

当亚里士多德将其范畴应用于"这某物"之上时，他又区分了第

① ［古希腊］亚里士多德：《形而上学》，吴寿彭译，商务印书馆 1959 年版，第 1 页。

② 姚介厚：《奠立分析理性：亚里士多德〈范畴篇〉的哲学与逻辑思想》，《中国社会科学院研究生院学报》2002 年第 3 期。

③ 王荣江：《亚里士多德的科学知识观及其学科分类思想》，《广西师范大学学报》（哲学社会科学版）2009 年第 6 期。

一实体和第二实体，问题实际上已经表露出来：

> 应当注意到，第一实体与第二实体本就极不相称，前者是我们面前实实在在的事物，后者是用以表述这些事物的述词，严格来说算不上是什么实体。称其为“第二实体”，无非是说属、种传达关于实体的信息，从而特殊地具有某种实在性。《形》中就不再提第一实体与第二实体之分，并明确断定“种不是实体”。只有对应于第一实体的某个语词才有恰当表述的问题，才可纳入属、种关系之中。（第一）实体作为独立存在的事物，与表述这事物的语词是两回事。再则，表述实体的语词（实体范畴）与表述性质、数量等的语词（其他范畴）之间维持恰如实际存在着的实体、性质、数量之间的差异吗？即是说，把这某个人表述为“人”和表述为“白”从语言表述的角度有可能是“平等的”，而不是代表实际存在着的两种东西，实际存在着的只是“这某个人”。当然在这里不可能讨论清这些问题，但是指出亚里士多德关于实体与范畴的论述中没有区分开事物与语词、存在与表述无疑非常重要。[①]

从亚里士多德的由“实体—范畴—三段论”环环相扣构成的知识之路，尤其是其三段论逻辑中不难看出，知识的合法性最终只可能归因于人的感觉本身，并将人的感觉作为不证自明的。显然，当休谟直接将感觉与经验的有限性摆到前台时，认识论需要寻找新的出路。

不仅如此，更重要的是，我们在巴门尼德那里看到，他对存在还有着四个根本性的规定：“存在是不生不灭的；存在是‘一’，是连续不可分的；存在是不动的；存在是有限的，形如球体。”[②] 如果将它们用一种认识论的语言来表达的话，它事实上意指的是知识应当是具有

---

① 颜一：《实体（ousia）是什么？——从术语解析看亚里士多德的实体论》，《世界哲学》2002 年第 2 期。

② 聂敏里：《论巴门尼德的“存在”》，《中国人民大学学报》2002 年第 1 期。

普遍必然性的，而这种普遍必然性的根源只能归因于存在本身。从亚里士多德将存在论与认识论相统一的立场不难看出，虽然他强调了“这某物”与“存在”本身的区别，但对于巴门尼德的这些规定，至少对于知识的普遍必然性是同样坚持的。正是在这里，存在论问题已经全面转向认识论，转到了具体的知识与其所表述的对象之间的关系上：无论是“这某物”还是“是其所是”，它们之间的差异性，一旦进入认识论领域，就已经全部被抹平了。

正是在这里，我们可以更准确地理解，卡西尔在使用“实体”（substance）这一概念时的所指，它并不仅仅限于本体论意义上的实体，还包括了现代认识论的知觉意义上的物——“一个可观察的、时空性的实体，一个具体的、知觉的对象”。虽然从哲学史来看，本体意义上的实体与知觉意义上的物，这两者的含义之区别如此之大以至构成理性主义与经验主义两大派别的彻底分野与对立，但是，对人类的认知活动来说，它们都是作为独立于认知主体之外的认知的对象，我们的一切认知都是对它们的认知，都是源于它们。简言之，它们构成了人类认知的源泉和开端。因此，“知识符合对象”作为一项认识论的基本原则，数千年中未被质疑过，未曾动摇过。就此而言，即使罗素将实体意义上的实体（substantial entity）[①] 转变为逻辑上自足的实体（self-sustained entity），它们对于人类认知活动来说，都是作为“一个刚性的、封闭的实体”（rigid，closed entity），这一点是未曾改变的。

因此，无论是本体论意义上的“实体”，还是知觉意义上的“物”，它们之间的差异并没有排除它们之间具有某种共同的特质的可能。卡西尔常常将亚里士多德式的“实体”概念称为“一个固化的、物似的基底（thing-like substratum）”[②]，正是着眼于两者的共同之处，他使用“物的逻辑”这一概念来指称古典逻辑。因此，必须明确的是，虽然

① 由于中文很难找到两个相区别的词语来翻译 substance 和 entity，经常同样地翻译为“实体”，因此很难找到合适的对 substantial entity 的表达。

② Ernst Cassirer, *Substance and Function, and Einstein's Theory of Relativity*, trans. William Curtis Swabey and Marie Collins Swabey, New York: Dover Publications INC., 1953, p. 8.

从术语本身来说，“实体”表现出浓厚的形而上学本体论色彩，而“物”更多地显现出经验的特性，但两者同样属于卡西尔的关系逻辑所要颠覆与消解的目标。这是必须予以着重强调的，它直接关系到对卡西尔的关系逻辑的真正领会与把握。事实上，由于近代以来自然科学的反对，本体论意义上的“实体”概念在哲学领域已经失去了它在笛卡尔时代的权威与尊严，因此，关系逻辑所针对的对象反而更直接和更集中地落在了知觉意义的物身上。但对于我们的问题来说，重要的是，这两种意义上的物具有何种共同的规定，以及这种规定何以构成卡西尔所要消解的目标？

二　物的被给予性及其作为知识问题的前提

卡西尔使用了一个简单的术语来描述本体意义与知觉意义的物的共同特质——被给予性（the givenness）。这一术语主要来自康德哲学，康德在引入空间与时间作为直观的纯形式时指出：“借助于感性，对象被给予我们”，“一切现象的质料只是后天被给予的”。[①] 但是，“被给予的”这一语词甚至未能得到康德本人的注意；在康德之后，胡塞尔与卡西尔给予了这一概念特别的重视。然而，两人所取的路径却大相径庭：胡塞尔通过重新改造“被给予性”概念来完善自己的现象学理论构架；而卡西尔却从中发现了一切基于古典逻辑的认识论的症结所在，通过对这一概念的批判与解构来为关系逻辑与符号形式哲学体系扫平道路。

具体来说，“物”作为认知对象一直以来被认为是不证自明的，究其根源，在于人类思维总是表现为“对象性”的：

“经验科学”的思维方式，按雅斯贝斯的说法，是“对象性”

① ［德］康德：《纯粹理性批判》，邓晓芒译，人民出版社2004年版，第25、26页。“被给予的”这一术语很少引起康德的研究者们的注意，它是否起源于康德，笔者未见有研究文献讨论。但在此而言，仅仅指出卡西尔的“被给予性”所针对的目标就已足够。

> 的思维方式，亦即对“有”的思想体系，不管这种“对象”是“在”“现实”中，还是“在”“想像”中。①

雅斯贝斯关于对象的观念，已经超越了经验主义的局限。换言之，我们的知识总是显现为“x 是什么”这样一种模型。譬如“玫瑰是红的”这一判断，就句法来分析，主词“玫瑰”构成了我们的认知对象，谓词“红的”则被认为是可归属于主词（对象）的属性。就此来看，我们的经验与认知，总是表现为关于某个“对象/物”的经验与认知。对象/物的这种中心与主导地位构成了直至今天一切认识论所隐含的共识，“物”与“对象”已经是作为完全等同的概念而存在。无论是经验主义还是理性主义，都赋予“物”以绝对的确定性，区别只不过在于前者把这种绝对的确定性建立在知觉的确定性之上，而后者则建立在本体论意义上的绝对实体之上。

卡西尔使用“被给予性”这一术语指称的正是这种被普遍认可的“物”的绝对确定性。在这种绝对的确定性中，最突出与最基本的规定又可归结为其个体性（individuality）。个体性，在此用来指称的是独立自存之物、个别事物或个体。或如齐良骥先生所指出的，客体的特征就是：

> 它已不是从直观来的零散的表象，不是多，恰恰相反，所谓客体指的是一个有统一性的整体，是从直观来的零星的多样的表象联结起来的东西。客体尽管包含着多样的表象作为它的材料，但是它们必定已经不是零散的了，而是成了一个统一物。不然的话，我们就仍然只有给定的零散的表象，永远不会有客体。②

必须区分的是，前文已指出，空间的构造功能首先就在于赋予感觉印象的未经加工的材料以秩序，使其成为“某物”，这种某物本身也意

---

① 叶秀山等:《西方哲学史》（学术版）第 1 卷，江苏人民出版社 2004 年版，第 75 页。

② 齐良骥:《康德的知识学》，商务印书馆 2000 年版，第 186 页。

指着它自身的个体性与独立性，但这种建立在关系逻辑之上的个体性，是区别于其他对象的个体性，是一种不彻底意义上的独立性——不是实体意义上的独立性，而是逻辑意义上的独立性。在亚里士多德的“这某物”当中，我们可以看到它与卡西尔的“某物”之间在某种程度上的一致性，但是，它们最本质的区别在于，“这某物”是直接被给予我们的感觉的，是绝对地独立存在于我们的感觉之外的。

简言之，世界总是显现为一个个的对象的世界。这似乎是一种无可争议的、纯粹的“事实”，构成哲学史上的一种“共识”。在古希腊，柏拉图理式学说的一个核心观念就是事物的每一个种或类都对应有一个“理式”，因此，有多少种（类）的物，就有多少种的理式；甚至，无论是作为本体的理式还是作为现象的物，都表现为个体性的。[①] 在现代，这种个体性最直接而清晰地显现在胡塞尔的现象学意义上的“经验”中：

> “经验”概念在胡塞尔现象学中虽然已经偏离开它的日常含义，但并不远离它的传统哲学意义。它始终是指对具体实事，即对个体对象的自然的、感性的经验：“个体对象的明见性构成了最宽泛意义上的经验概念。因此，第一性意义上和最确切意义上的经验被定义为与个体之物的关系。”[②]

当然，现象学意义上的“对象”的根本规定性是作为“意识”的对立面，并通过对对象本身之存在特质的悬搁而从根本上区别于传统经验论和观念论。怀特海（Alfred North Whitehead）则从两个不同的层面上肯定了这种个体性：“思想的目标是存在物，这些存在物具有纯粹的个体性，其次具有在思想的过程中被归结于它们的特性和关系；感觉—意识的目标是自然事实中的因素，这些因素首先是关联物，其次

---

① 参见［英］卡尔·波普尔《开放社会及其敌人》第1卷，郑一明等译，中国社会科学出版社1999年版，第59页。

② 倪梁康：《胡塞尔现象学概念通释》，生活·读书·新知三联书店2007年版，第130—131页。

是被区别为不同的个体性。”[①] 因此，不论是从日常生活的角度，还是从诸多隶属于不同立场、不同派别的哲学家的观点来看，对象的个体性始终是“明见的”或毋庸置疑的。虽然一众哲学家对“个体性”的强调所立足的中心各有偏倚，但毫无疑问的是，“个体性”这一概念本身已十分鲜明地表达出了物作为一个独立的、自足的存在者这一意义。

物的这种独立、自足的特性，一方面，往往导致排除了对“对象如何可能”这一问题的追问的必要性。这种忽视与回避在康德哲学中得到了直接而显明的表现：

> 当我们被一个对象所刺激时，它在表象能力上所产生的结果就是感觉。那种经过感觉与对象相关的直观就叫作经验性的直观。一个经验性的直观的未被规定的对象叫作现象。[②]

在这段话中，两个“对象”，其意义并不相同，前者意指的是自在之物意义上的对象，而后者则是指现象意义上的对象。但显而易见，经验的对象已经是个体性的了，它跳过了“未经规定的感觉材料”阶段，而直接变成了一个个彼此之间泾渭分明的对象。甚至，如我们所知，康德眼中的空间完全是形式的、被动的，这就意味着，在这两种对象的个体性之间，存在一一对应的关系。这种在先于纯粹直观与纯粹范畴而具有的“原初性的”个体性表明，康德虽然区别了自在之物与现象，但并没有达到悬搁本体论的目的，而事实上成为一种经验本体论。

物，在康德这里最终仍是作为一种保守的与限制性的因素存在，作为知识的起点和必须符合的对象而存在。其中的矛盾显而易见，因为另一方面，康德对知性范畴的设计是为了表明对象的非独立性：

---

① ［英］阿尔弗雷德·怀特海：《自然的概念》，张桂权译，中国城市出版社 2001 年版，第 12—13 页。

② ［德］康德：《纯粹理性批判》，邓晓芒译，人民出版社 2004 年版，第 25 页。着重号为笔者所加。

> 康德将物称作“对象”，正是强调它不过是人的主观认识活动的产物。它不是单纯与认识主体相对峙、显示它的种种属性并有待认识去符合的东西，而是依赖人用范畴去规定的东西。这样一来，关于物的客观性的观念被彻底动摇了，它不再是提供给我们知识、观念的载体，而成了不依赖我们的知识、观念就无法成立的东西。①

因此，事实上，康德通过掩盖“对象如何可能”这一问题，而使互相对立与排斥的理性主义和经验主义达到了表面上的调和；但是，他自身的立场，则始终摇摆在两者之间。

此外，如果我们深入物的这种自明性与确定性之中，“被给予性”同时意味着人之于物的无能为力，意味着对象化思维方式对于世界的设定态度。这一隐在的前提条件根深蒂固于古典逻辑的认识论之中。一种对于笛卡尔的批评可以同样适合地放到康德身上：

> 作为一种实体性的阿基米德点，“我思”最多只能洁身自好，独善其身以确保自身的纯粹性，而永远不可能走出自己。这样，被它暂时怀疑掉的世界就会原封不动地再次被设定在那里，并且显得好像是拥有稳固基础的了。所以，**悬搁一个世界是不够的，若不将世界的设定态度一同舍弃，新的世界会再次被设定**。②

康德的矛盾与困境正在于他在试图悬搁本体世界的同时，却未能抛弃世界的设定态度。尽管他在思维的问题上提出与坚持了先验主义立场，但于他而言，物始终是实体性的、现成性的东西，世界始终是物的世界。如果世界始终以其自身固有的面目、以一种独立自足的姿态峙立于人的对立面，那么，我们所谓的对于世界的认识甚至连其逻辑可能

① 石福祁：《近代以来西方哲学中“物”的概念》，《兰州大学学报》（社会科学版）2000年第5期。

② 姜韦：《胡塞尔现象学与时间问题》，载《德国哲学》2012年卷，中国社会科学出版社2013年版，第291页。

性的基础也彻底丧失了，更毋庸谈论知识的现实可能性。

这意味着：要么世界对于我们无动于衷，而我们则对世界无能为力——无论是就认识世界还是改造世界来说，要么我们的认识根本就是经不起推敲的空中楼阁——即便我们将认识限定在现象世界的层面上，我们的认识也始终是显现为新旧更替的无限否定之过程。换言之，没有任何知识可以主张自身的确定性与真理性；如此，人的世界则必将重归于混沌（chaos）。这正是康德不遗余力地要为人类的知识的合法性寻找一个可靠的哲学根基的原因，虽然他并没有完善地解决这个问题。

三　抽象理论的困境与物的被给予性的解构

胡塞尔的现象学与卡西尔的符号形式哲学都同样鲜明地表现出哲学认识论的本质特性。但是，从两人与康德哲学的关系来看，胡塞尔在很大程度上是自立门户，卡西尔则致力于对康德的先天直观与先天范畴的改造而使一种彻底的先验主义认识论成为可能，使符号理论与符号形式哲学成为可能。在胡塞尔那里，现象学真正实现了对本体之悬搁，摆脱了传统的物的观念的桎梏。就现象学来说：

> 意向性就意识本身而言是意识的构造；就对象而言，它是对象的显现。意识的构造不是用一个东西造出另一个东西，而是意识流的自身显现；对象的显现不是一个物体把自己置于另一个物体的对面，而是意识流自身显现的结果。**自始至终没有实体性、现成性的东西**，只有显现。①

但是，就胡塞尔本人来说，他并没有真正彻底地摆脱物的观念之束缚。对胡塞尔来说，在本原经验意识范围内，事物之完整构造具有两个阶

① 姜韦：《胡塞尔现象学与时间问题》，载《德国哲学》2012年卷，中国社会科学出版社2013年版，第297页。

段：“第一阶段是素朴知觉的事物构造，它的相关项是相对于一个经验主体而言的‘可见事物’；第二阶段是对交互主体同一事物的构造，这个同一事物已经具有‘客观性’，即对不同主体的有效性。”① 不难分析，这种对于不同主体之间的普遍有效性的要求，如果要为它寻找一个根据的话，最终不得不返回物之上，但是，无论是如康德那样设定一个作为逻辑基底的自在之物还是直接奠立于经验之物本身，本质上仍然是一种物的观念的残余。② 然而，就对“实体性、现成性的东西”的批判与反对而言，卡西尔的立场与胡塞尔是完全一致的，这也是卡西尔在其著作中经常对胡塞尔的现象学观念直接表示赞同的主要原因。

但在对“对象如何可能”这一问题的解决上，两人的哲学路向完全不同。胡塞尔通过改造“被给予性”这一概念，赋予其新的意义——“‘被给予性’概念强调显现者对自我的相对性，或者说，‘被给予’是指被给予自我。真正被给予自我的对象，也就意味着自我可以经验到的东西”③，从而在现象学的“显现”这一意义上来界定物：“将某物立义为某物，也就是通过把杂乱的感觉材料（实在内容）通过意向内容给予的意义，统一成为一个对象并对我显现出来，意识在自身中构建意识对象，然后把这个对象看作是外在于意识的自在的客体。”④

而卡西尔，则抹平了康德在先天直观与先天范畴、在感性与知性之间造就的断裂与鸿沟，将被动性与接受性的空间和时间，改造为“综合性与直观性相同一的行动”⑤，将空间、时间与数归于思想的先

---

① 倪梁康：《胡塞尔现象学概念通释》，生活·读书·新知三联书店 2007 年版，第 106 页。

② 如张昌盛先生指出：“胡塞尔不愿意承认世界、历史和文化都是纯粹的先验意识的创造物，但他也否定有一个自在世界刺激我们的感官而给予我们以质料和意义。那么，一切关于世界的经验的内容和意义的最终来源在哪里，他人是纯粹的意识构成物吗？这些问题都是胡塞尔难以回答的。”见张昌盛《意识、经验和世界——康德和胡塞尔论人类经验的限度》，《中国社会科学院研究生院学报》2006 年第 1 期。

③ 倪梁康：《胡塞尔现象学概念通释》，生活·读书·新知三联书店 1999 年版，第 178 页。

④ 石福祁：《近代以来西方哲学中“物”的概念》，《兰州大学学报》（社会科学版）2000 年第 5 期。

⑤ Ernst Cassirer, *The Philosophy of Symbolic Forms. Vol. 3*: *The Phenomenology of Knowledge*, trans. Ralph Manheim, New Haven: Yale University Press, 1957, p. 183.

天性的区分功能，从而逻辑一致地解释了“对象如何可能”的问题，并使“对象依照知识”的康德式理念得到真正的实现。必须说明的是，康德的空间与时间观念之中，的确存在积极性格，而并不完全是被动性与接受性的①，这使得卡西尔与康德在时、空观念上似乎清楚地显现了一种直接的因袭与传承关系，但是，这种积极性格在康德哲学中并没有得到充分的表达与深入的拓展。因此，恰当地说，是卡西尔改造了康德的时间与空间观念，赋予时、空观念中以构造性的特征，并增加了“数”作为人的第三种先天构造能力，这一改造具有革命性。

从某种意义上说，胡塞尔的意识的意向性结构与卡西尔的思想的功能性活动具有异曲同工的相似性，但是，卡西尔的思想中表现出更加强烈的自由倾向，要求对象/物完全向作为认识主体的人敞开。因此，当胡塞尔意义上的“物”由“素朴知觉的事物构造”过渡到“交互主体对同一事物的构造”时②，卡西尔就与其分道扬镳了。

对于卡西尔来说，“符号”之于“物”的优越性，就在于符号彻底洗清了物的保守性与限制性的特征。胡塞尔与卡西尔的立场虽都可归属于先验主义，但胡塞尔的意向性意识具有更加纯粹的特征，而卡西尔的功能性思想则表现出与生物学相结合的倾向。卡西尔通过彻底消解“被给予性”，从而与其关系逻辑的理论建构保持着逻辑的一致性；同时，这一选择也是符号形式哲学的必然要求——哲学认识论要么陷入怀疑论的窠臼不能自拔，要么彻底走向先验主义。除此，似乎别无他途能在逻辑可能性与现实可能性这双重层面上，同样完善地解决人类知识的合法性问题。③

因此，我们在此转向认识论问题，转向与物的逻辑相一致的抽象

---

① 关于康德的空间观念中的积极性格的说明，参见［加］约翰·华特生《康德哲学讲解》，韦卓民译，华中师范大学出版社2000年版，第74页。

② 倪梁康：《胡塞尔现象学概念通释》，生活·读书·新知三联书店1999年版，第106页。

③ 在现象学与符号学之外，罗素的积极的怀疑主义立场是颇值一提的。但是，胡塞尔与卡西尔的哲学表现出更多的体系性特征与要求，而罗素则是基于一种实用主义立场来阐发其认识论的。

理论（theory of abstraction）。抽象理论认为，概念——作为知识的典型形态——并不是某种独立于知觉现实的东西，而是内包于某一物的重要特征或某些物的共同特征。就这种概念的构建方式来说，“除了物在其不可穷尽的多样性中的存在，以及从具体的存在物的这种丰富性中筛选出某些存在物的共同特征这一心灵的能力之外，没有任何其他东西被预设”。[①] 对一个以独立的、自存的物为中心和表现形态的世界的认识，其手段只可能是抽象。但是，如果我们能够显现抽象理论本身存在不可弥合的缺陷的话，那么，我们实际上就已经反溯地证明了物的存在这一预设的不合法性。通过“从世界到知识”和“从知识到世界”双重向度来观照物的观念的缺陷，从而达到彻底颠覆物的目的，这构成卡西尔对物的解构的策略路径。

在《实体与功能》这一理应被视为符号形式哲学的理论奠基之作中，卡西尔首先集中针对的正是抽象理论本身的致命缺陷。在抽象理论中，心灵唯一具有的功能就是比较与区分（comparing and differentiating），从而在人所知觉到的现实中选取对某一物来说是本质性的特征，或是从某些物中选取出它们的共同性特征。一言以蔽之，以古典逻辑为基石的传统认识论是以“种—属”（species-genus）概念为典型表现形态的，自亚里士多德起直到卡西尔所在的时代，甚至直到今时今日，它被认作人类自然科学一贯采取与实践着的概念/知识生产模式。如果以一种静止的向度，单单从作为结果的已生产出的概念/知识来看，“种—属”概念非但没有显现出任何困难，而且似乎是卓富成效的。

但是，当时间作为第四维度被赋予空间、要求彻底转变静态的空间观念时，从动态的向度来观照人类世界与知识就成为一种必然的诉求。事实上，这种转变几乎标志着整个认识论领域重心的转移——认识论的最一般性和最普遍性的问题应当是人类的认知如何可能，而非某一具体的概念/知识如何；是认知（knowing）如何可能的问题，而

---

① Ernst Cassirer, *Substance and Function, and Einstein's Theory of Relativity*, trans. William Curtis Swabey and Marie Collins Swabey, New York: Dover Publications INC., 1953, p. 4.

非知识（knowledge）如何可能的问题。而从认知的过程来看，“种—属”式的概念/知识生产模式可以一分为二、在两种完全相反的方向上无限延伸，即由种至属的无限上升和由属至种的无限下降。在无限上升的过程中，我们从某些物中比较与区分出作为它们共同特征的种概念，再从这些种概念中比较与区分出作为这些种的共同特征的属概念，以及更进一步的更高级的属概念，以至无穷。这一无限上升过程的结果必然是，那一设想中的最高级的属概念几乎不具备任何实质性的内容，而近于虚无（nothingness）。这构成了抽象理论的最致命的弊病：

> 每一系列的可比较的对象有一个高级的属概念，在其之内包含了这些对象所共同符合的全部规定性；而另一方面，在这个高级的属概念中，不同层次的属—种概念通过仅仅属于这些元素中的一部分的属性来定义。我们以同样的方式、通过抛弃某一些特性得以从这些种概念上升到较高级的属概念，从而把一个更大范围的对象都纳入这个圆圈之内；因此，通过一个相反的过程，这些属概念的具体要求通过逐渐增加新的内容元素而得到实现。因而，如果我们把一个概念中属性的数量称为它的内容的量级，当我们从较高级的概念下降到较低级的概念时，这个量级则增长，而从属于该概念的种的数量则减少；然而，如果我们上升至较高级的属概念时，当种概念的数量增长时，其内容却逐渐减少。概念的这种增长的程度对应于内容的逐渐减少的，因此，终不可免的是，我们所能达到的最一般性的概念不再具备任何确定性的内容。我们以这种方式构成的概念金字塔在“某物”这一抽象的表达中达到了它的顶点——任何一种可能的智性内容都被归入这个无所不包的存在，但同时它完全不具备任何确定的意义。[①]

① Ernst Cassirer, *Substance and Function, and Einstein's Theory of Relativity*, trans. William Curtis Swabey and Marie Collins Swabey, New York: Dover Publications INC., 1953, pp. 5–6.

相反，在无限下降的过程中，我们所能达到的最低级的种的概念，则最终指向的是某一特定对象的某种特殊的属性，它根本不具备任何的一般性，因此称之为概念/知识完全是名不副实的——与其说它是概念/知识，不如说它是某一个空间与时间下的某种偶然的知觉，这样一个种的概念实际上失去了任何规定性的与认识性的功能。

同时，卡西尔还指出，在抽象理论之下，任何一个概念都是通过“抛弃”对象的某些特性而产生的，这就意味着，当我们用概念来规定与理解具体的对象时，我们实际上是以对象的某一或某些特性来指代对象本身——我们生产概念的过程，实际上同时也是“阉割”对象的过程：

> 如果一切概念的构造都是由从我们面前的多种多样的对象中仅仅选取那些相同的属性而组成的，那么我们就忽略了剩余的属性。显而易见，通过这种形式的缩减，仅仅是其中一部分的东西取代了原初的知觉整体。然而，这个部分，却声称表征着与解释了整体。如果概念仅仅意味着对它所由之出发的特殊案例的忽视和多样性的湮灭的话，那么，它必将失去全部的价值。①

部分与整体的这种偏离与断裂，导致的是对抽象理论下一切概念/知识的真理性的不可避免的怀疑。更为重要的是，即便假定某一属性对于对象来说是本质性的，那么，我们也必须进一步追问，被选中的概念，依照何种理由和根据可以被确定为恰好是其本质性的属性？抽象理论仅仅肯定了心灵具有比较与区分的功能，但没有也不可能更加清楚细致地解释心灵是如何进行比较与区分的。

在以物的观念为中心的古典逻辑之下，被视为确定无疑的是物本身或知觉本身。由于物本身或者说实体的不可感知的特性，它更多地被自然科学视为一种不具备现实价值的“幻想”，从而贬义地贴上了

① Ernst Cassirer, *Substance and Function, and Einstein's Theory of Relativity*, trans. William Curtis Swabey and Marie Collins Swabey, New York: Dover Publications INC., 1953, p. 6.

唯心主义的标签。近代自然科学更多地强调其经验主义的立场，把对象的确定性与真理性建立于知觉的确定性与真理性之上，譬如罗素所一贯坚持的那样。这实际上表明，抽象理论最终不可避免地返回到了休谟的难题上，习惯性联想并不足以构成概念/知识的真理性的可靠基石。罗素在坚持经验主义立场的同时，并没有彻底地解决休谟的难题，而仅仅是出于一种实用主义的态度，基于承认自然科学迄今所取得的卓著成效这一事实来“证明”知识的可靠性，且同时坚持着怀疑主义的立场：“我们所要达到的批判并不是毫无理由地就决定摒弃每种显而易见的知识，而是根据每种显而易见的知识的价值来对它加以衡量，经过衡量以后，保留下来任何表现为知识的东西。因为人类是容易犯错误的，所以必须承认还有错误的危险。”①

无疑，自然科学所取得的成就几乎是不可否认的。但是，这一事实并不足以构成我们放弃对概念/知识如何可能这一问题的追问的理由。罗素谦逊地表示，自己所发表的肯定性与建设性意见，更多的是出于单纯否定的批判似乎是不适当的；他更加突出地强调哲学问题本身的重要性，高扬哲学的价值。② 罗素的这一立场恰好与卡西尔几乎贯穿其整个哲学生涯的对知识问题的探索相印证。

同时，卡西尔更加细致地发现了一个可能被忽视的问题：科学成就的事实与抽象理论的真理性之间是否具有内在的一致性？换言之，是不是抽象理论而非其他的某种认知理论，真正造就了自然科学的辉煌？在其四卷本的《知识问题》中，卡西尔从事的正是从认识论的角度对自然科学的发展进程所作的历史考察；而在其他重要的著作中，也都或多或少地涉及对自然科学史的讨论。其结果，卡西尔发现的恰恰是两者之间的断裂。这种断裂尤其突出地表现在几何学、数学与物理学领域。几何学中的点、线、面概念不能从物理地显现的物体的某一个部分直接地指出并通过单纯的“抽象”而被分离出来。譬如我们

① ［英］罗素：《哲学问题》，何兆武译，商务印书馆2007年版，第126页。

② 具体参见［英］罗素《哲学问题》，何兆武译，商务印书馆2007年版，“前言”及第十五章“哲学的价值”。

知觉到的直线状物体，总是显现为具有某种宽度的，这与几何学上的直线概念完全不相符合。数学概念与知觉印象之间的相似性更是不可能的：某个数字的确定性与我们关于数个对象的知觉之间并无任何直接的相似性，而是存在某种转换（transformation）；且这种转换与其说是通过抽象而达致的“图式”，不如说是智性以某种秩序性的系统来规定我们原本无序、混沌的感性知觉。

这样一种结论不仅仅是卡西尔对自然科学作历史的考察的结果，更与英国哲学家穆勒在其代表作《逻辑体系》（*A System of Logic*）中所表达出的思想互相印证。当然，更具说服力的案例则是能量学中的“能量”这一概念：

> 如果我们依循传统的抽象学说，那么我们几乎必然被导向对能量的实体性解释，正如兰金①的例子所显示的那样；然而，功能性的概念理论在对最高的物理“真实”的功能性规定中找到了天然的关联。在一种情况下，思考以一个对一切物体来说都共同具有的属性的假定而结束，而在另一种情况下，则结束于一种对于一般意义上的一切变化而言的高级的、共同的度量标准的创造。②

这也是卡西尔反复提到的一个典型案例，因为“能量”具有在感官上不可知觉的特性，如此，抽象理论甚至连将其运用于能量学之上的可能性也丧失了。因此，“能量”概念不可能是物体所具有的某种实在的属性，而应当更合理地——至少迄至今日在我们尚未发现第三种可

① 兰金（William John Macquorn Rankine，1820—1872），英国物理学家，1855年发表《能量学概要》（“Outlines of the Science of Energetics”）一文，创造了“能量学”这一名词（概念）。兰金认为，能量具有坚实的实体性，是不可摧毁的永恒的存在物。德国物理学家赫尔姆（George Ferdinand Helm，1864—1932）在其《能量学》（*Die Energetik*）一书中对兰金的理论进行了辨析，认为它实际上导向一种认识，即“能量学是一个纯粹的关系系统，而不是要去构建一种新的绝对物”。

② Ernst Cassirer, *Substance and Function, and Einstein's Theory of Relativity*, trans. William Curtis Swabey and Marie Collins Swabey, New York: Dover Publications INC., 1953, p. 197.

能性的时候——被认为是源自功能性的智性的创造物，即一种用于规定物体的标准。

此外，一个不可忽视的问题是，我们确实无法忽视自然科学所取得的卓著成果及其对人类生活所产生的巨大影响与改变。然而，我们能对人文科学之于人类生活的影响视而不见吗？虽然卡西尔本人就反对片面、武断地“拔高”艺术的地位，但是，即便如马克思所认为的那样——“忧心忡忡的穷人甚至对最美丽的景色都无动于衷；贩卖矿物的商人只看到矿物的商业价值，而看不到矿物的美和特性”，但是就“为了创造与人的本质和自然本质的全部丰富性相适应的人的感觉”来说，我们可以设想某些（类）个别的人对艺术与美的无视，但我们却无法设想一个美与艺术完全缺乏的世界。① 如果我们能在自然科学中为不可感知的“概念”找到合法的位置，人文科学的概念同样应当提出在人类知识系统中合法位置的诉求。显然，抽象理论对于人文科学完全无能为力，但这种不胜任并不能构成否定或降低人文科学知识地位的合理根据，相反，它确证的只是自身的有限性，或者更确切说，不合法性。

如此，卡西尔不仅从逻辑可能性的理论维度，而且从现实可能性的事实维度，完成了对抽象理论的批判与证伪。至此，卡西尔似乎通过对古典逻辑的解构与关系逻辑的建构、对抽象理论的解构与功能理论的建构，从形而上学与认识论这两个紧密关联的层面上完成了对物的彻底解构，破除了在哲学与科学领域中一直以来占据着统治地位的、具有保守性与限制性的物观念，为引入更加具有开放性与创造性的符号观念扫清了道路。

第二节　物之幻象与对实体化思维的批判

一个很容易被忽视的问题是：如果说我们的物的观念是一种幻象，

① ［德］马克思：《1844 年经济学—哲学手稿》，刘丕坤译，人民出版社 1979 年版，第 80 页。

那么这种幻象是如何可能的？事实上，作为幻象的物观念，已根深蒂固于数千年的人类文明史之始终，具有深层的生物学、历史学与心理学的影响因素，积弊已久。因此，卡西尔对物的批判，不仅要求直击其内在的矛盾，更要破除其外在的幻象；只有剥除物的伪装，将物的"本质"清晰地显现出来，这一批判才是真正彻底地完成。

一　物之幻象与实体化思维的历史渊源

必须承认的是，物的"幻象"似乎具有一种天然的合理性。当卡西尔使用"通常的世界观念"和"天真的世界观念"这样一种表述时，就已经清楚地昭示了这一点。颇有趣味的是，罗素曾对物理学世界和感官世界作了区分，其结论与卡西尔在某种程度上不谋而合：

> ……感官世界是被给予的，而物理学的世界是推论出来的，但是现在对我们来说，物理学的世界却是更熟悉的，纯粹的感官世界则已变得陌生而难以再发现了。物理学是从对非常持久和固定的物体（桌、椅、山、大地、日、月）的常识信念出发的。应当注意，这个常识信念是大胆的形而上学理论化的一个例子；对象并不连续不断地呈现于感觉，人们会怀疑当它们不被看见或感觉到时是否也在那里存在着。从贝克莱时代以来，这个问题一直是尖锐的，但是被常识忽视了，因而至今也被物理学家们忽视了。因此在这里我们就有同直接感觉材料的最初的背离，虽然这是仅仅通过延伸而来的背离，而且可能是我们的野蛮祖先在极其遥远的史前时期造成的。①

然而，这种天然的合理性本身并不能构成或等同于物的观念的合法性。因此，罗素将矛头直指"我们的野蛮祖先"——那些前苏格拉底的古

① ［英］罗素：《我们关于外间世界的知识——哲学上科学方法应用的一个领域》，陈启伟译，上海译文出版社 2008 年版，第 66—67 页。

希腊先哲：泰勒斯、阿那克西曼德、阿那克萨哥拉等，当然，也包括了后苏格拉底的柏拉图与亚里士多德，将问题的根源归结于哲学家的“形而上学理论化”活动。

卡西尔同样将物的“幻象”追溯至这些古希腊的先哲，且更加鲜明而具体地指出，所谓“形而上学理论化”，实质上就是实体化（hypostatization）。这种实体化活动的直接结果就是“实体”（substance）观念的产生。我们知道，古希腊哲学思想的发生主要围绕着两个基本问题展开——“事物到底是怎样的？”（what are things really like?）“我们如何解释事物的变化过程？”（How can we explain the process of change in things?）[①] 虽然斯塔姆和费舍尔在他们的哲学史写作中将“事物到底是怎样的？”这一问题置于前面，但事实上，恰如罗素所指出的那样，我们首先拥有的是感官世界，而在这个感官世界中占据统治地位的恰恰是后者——变化（change）：“这里没有任何东西是常住不变的；即使像山这样的被认为非常持久的东西也只是在我们看到它们时才成为感觉材料，而并不直接表明为也在其他时刻存在的东西。”[②] 古希腊人最早思考的便是生与死、生长与消亡这类毫无理性可言的事实，而这两个基本的哲学问题最终被合并和归结为一个：“什么是存在中持久不变的？”（What is permanent in existence?）[③] 这样一种提问法的转换对于我们的问题来说是极其关键的，它实际上已昭示了形而上学的实体化趋向——它并不是追问在存在中是否有某种持久不变的东西，而是在问何者是存在中持久不变的。如果说斯塔姆和费舍尔似乎将这种转换归因于古希腊先哲们的独立思考[④]，那么，本书

① ［美］塞缪尔·E. 斯塔姆、詹姆斯·费舍尔：《西方哲学史——从苏格拉底到萨特及其后》（影印本），北京大学出版社 2006 年版，第 6—7 页。

② ［英］伯特兰·罗素：《我们关于外间世界的知识——哲学上科学方法应用的一个领域》，陈启伟译，上海译文出版社 2008 年版，第 68 页。

③ 参见［美］塞缪尔·E. 斯塔姆、詹姆斯·费舍尔《西方哲学史——从苏格拉底到萨特及其后》（影印本），北京大学出版社 2006 年版，Chapter 1，“Socrates' Predecessors”。

④ 斯塔姆与费舍尔认为：“当荷西俄德仍依照以人型的神为特征的传统神话学来思考，那么，米利都人的哲学则始于独立思考的行动。”参见［美］塞缪尔·E. 斯塔姆、詹姆斯·费舍尔《西方哲学史——从苏格拉底到萨特及其后》（影印本），北京大学出版社 2006 年版，第 6 页。

更倾向于卡西尔用“通常的”（ordinary）和“天真的”（naive）这两个词语所揭示的那样，将其视为一种天然的合理性。或许这样一种不知其究竟的转换恰好印证了罗素所使用的“野蛮的”这样一个修饰语。无论如何，这一提问法成为支配与贯穿整个古希腊哲学思考的根本脉络，并埋设了以“物”为中心的观念和逻辑。

卡西尔细致地考察了实体概念的发生和演变过程，从中发现了实体化的两种类型或模式。一方面是以试图“从一个单一的、终极的实体演绎出多样性的感官现实”① 为特征。这一类型以泰勒斯为先驱，他从可感知的事物中去寻找这个“单一的、终极的实体”，并找到了水这样一种万物生存都不可须臾缺少的物质；他成了阿那克西曼尼的典范，虽然后者以气为万物之本原。另一方面，与泰勒斯等人完全不同的是，阿那克萨哥拉认为，从某种普遍性的事物演绎出全部的特殊存在是不可能的——如果这种普遍性的东西不是已经被包含在特殊性之内的话，换言之，我们可以推断在我们所感知到的某个事物的众多属性中，必然有某种属性处于支配地位，以至于当我们忽略掉其他诸种次要的属性时，并不会影响到我们对该物的认识；诸如湿润与干燥、光明与黑暗、厚与薄等属性都是根本性的，是一切事物都不可或缺的，只不过世界中的万物之所以呈现出如此丰富的多样性，是因为在不同的事物中有着不同的基础属性在起着主导性与支配性的作用。区别于泰勒斯的是，阿那克萨哥拉实际上是把感官知觉到的特性予以实体化了，虽然“终极实体”的观念仍未改变，但所谓的“实体”不再是某个单一的物，而是无数的、个别的感官特性。至于古希腊哲学的另一位集大成者亚里士多德，在卡西尔看来，延续了阿那克萨哥拉的方法与路径，只不过他把前者认为不可计数的感官特性减少和限定在了一个更小的数目。

然而，无论是以泰勒斯为代表的还是以阿那克萨哥拉为代表的这两种实体化类型，在本质上并无根本区别。就后者而言：

① Ernst Cassirer, *Substance and Function, and Einstein's Theory of Relativity*, trans. William Curtis Swabey and Marie Collins Swabey, New York: Dover Publications INC., 1953, p. 151.

> 事实上，我们在这里所具有的典型的企图，只不过是思想所要求的诠释那持久不变的存在（permanent being）——它并没有超出“被给予的”的范围。……将这些属性实体化并未改变它们的本质；虽然它们确实因此而获得了一种改变了的形而上学的意义，但在根本上来说它们并未超出感官知觉的特征。①

在这一意义上，我们可以恰当地将这些表现出许多相异性的观念视为同一种思想模式。而由此进一步来看，实体化的第二种类型更具有突破性的意义，它以毕达哥拉斯和原子论者为典型代表人物。毕达哥拉斯以“数”（number）、德谟克利特以“原子”（atom）为终极实体，无论是“数”还是“原子”，本身已完全不具备任何可为感官所知觉的可能，它们是纯粹的概念（pure concept），或者说智性的存在（intelligible being）。这一思想模式可以上溯至同属伊奥尼亚学派的阿那克西曼德。作为泰勒斯的学生，阿那克西曼德进一步发展和深化了终极实体的观念，他认为水作为可感知的物，仍需以某种更深层次的东西为根据，并突破可感知事物的局限，提出了“无限定者”（apeiron，boundless）的概念：

> 一种不具有确定的、可感知的和区分性的属性的存在，在其同质性的结构中，温暖与寒冷、湿润与干燥的对立仍不可分割地杂糅在一起。②

这样一个不可感知的“无限定者”，具有一种原型的意义。从某种意义上说，无论是“数”还是“原子”，乃至其余如巴门尼德的“存在”（being），都可以视为这个“无限定者”的变形；而柏拉图的“理式”（Form），更是这一思想趋向的集大成者。

---

① Ernst Cassirer, *Substance and Function, and Einstein's Theory of Relativity*, trans. William Curtis Swabey and Marie Collins Swabey, New York: Dover Publications INC., 1953, p. 153.

② Ernst Cassirer, *Substance and Function, and Einstein's Theory of Relativity*, trans. William Curtis Swabey and Marie Collins Swabey, New York: Dover Publications INC., 1953, p. 151.

可见，实体化的倾向在古希腊哲学思想中如此根深蒂固，以至于实体观念——本体意义上的物——具有了较之于变化观念的绝对权重。古希腊哲学发源于人们对万物变化更替的惊奇，但最终却将自身的源头完全闭塞。即便宣扬“一切事物都在流变之中”、以“人不可两次走进同一条河流”的格言而著称的赫拉克利特，也无法跳出这一窠臼：“万物皆在变化并因此而显现为诸多不同的形式，但是，它们仍然包含有某种东西，在一切变化的流动始终保持如一。赫拉克利特认为，在这诸多的形式与这一个始终如一的元素之间、在多与一之间，必然存在着某种基本的统一。”①

实体化的两种模式，直接导致了近代哲学对唯物主义或经验论与理性主义或观念论的分野。虽然后世的学者们大多倾向于将卡西尔归入理性主义和观念论一派，但是，从卡西尔对实体化这一形而上学活动的批判可知，将其归入任何一派都是不恰当的。相反，卡西尔借用数学家韦隆内（Guiseppe Veronese, 1854—1917）与皮亚诺（Guiseppe Peano, 1858—1932）的争论来鲜明地张扬了自身的反实体化——无论是本体意义上还是经验意义上的实体化——立场。

韦隆内认为，几何学的任何公理都不是感官知觉到的现实联系的拷贝，它们在本质上是猜想（postulate）；任何知觉印象的原始材料都必须经过心灵的加工才能成为对我们的数学思考有用的东西，这就要求“一种纯粹的构建活动，一种可能的‘智性活动’”。② 由此，韦隆内被皮亚诺指责为理性主义者、观念论者。然而，韦隆内重新诠释并赋予了这一头衔以完全相异于传统的内涵：

> “如果我们因为这些观念而被叫做理性主义者或观念论者，”韦隆内补充道，“我们接受这一头衔以区别于那些不公正地拒绝对于数学和几何学智慧来说的最大可能的逻辑自由的人，区别于

① ［美］塞缪尔·E. 斯塔姆、詹姆斯·费舍尔：《西方哲学史——从苏格拉底到萨特及其后》（影印本），北京大学出版社2006年版，第15页。

② Ernst Cassirer, *Substance and Function, and Einstein's Theory of Relativity*, trans. William Curtis Swabey and Marie Collins Swabey, New York: Dover Publications INC., 1953, p. 103.

那些质询每一新的假想是否拥有一个可能的知觉表象——譬如就几何学来说，一种完全外在的、知觉表象——的人。然而，我们仅仅在并没有任何真正哲学的意义被附属其上的条件下，才接受这一头衔。"①

对此，卡西尔作了进一步的补充解释：

在这里，被坚决反对的所谓"真正哲学的意义"正是将数学的设想实体化为某种绝对的存在——正如对杜布瓦－雷蒙②的引用所指明的那样；它们作为假想的纯粹智性价值因此而不受到影响。③

显然，通常被认作是某一现实的物或某种物与物之间的现实关系之拷贝的数学公理，在其本质上不过是纯粹的概念，是心灵构建的产品。正是基于心灵的这种自由的、创造性的活动，我们能够超越"被给予的"的限制，将"被给予的"置于某种特定的关系之下，并通过对关系的自由选择，使我们对世界的知识具有无限的可能性与丰富性。这样一种观点并非韦隆内所独具，戴德金同样从关系理论——虽然他并未如卡西尔那样将其上升为认识论层面上的关系逻辑——出发，在数学领域内解构了传统的物观念。就数学而言，当破除了唯物主义或经验论所坚持的概念与物之间的对应性关联之后，关系概念因其在逻辑上与实践中的优越性，从而解构并取代了物的概念。

一言以蔽之，所谓的"物"不过是表达和陈述关系的语词：

所谓的"物"……并不被认为是独立的存在，先于关系而展

① Ernst Cassirer, *Substance and Function, and Einstein's Theory of Relativity*, trans. William Curtis Swabey and Marie Collins Swabey, New York: Dover Publications INC., 1953, p. 104.

② 保尔·戴维·古斯塔夫·杜布瓦－雷蒙（Paul David Gustav du Bois-Reymond, 1831—1889），德国数学家。

③ Ernst Cassirer, *Substance and Function, and Einstein's Theory of Relativity*, trans. William Curtis Swabey and Marie Collins Swabey, New York: Dover Publications INC., 1953, p. 104.

> 现出来，而是就其一进入数学家的视野，首先在表述它们的关系之中获得它们的全部存在。这样的“物”是关系的措词法，并因此决不可能在孤立的状态中而仅仅是在彼此间设想的关联中成为“被给予的”。①

虽然卡西尔本人也承认科学思维与形而上学思维之间的差异性，但是，“‘物’是关系的措词法”这一结论对于形而上学来说具有同样的有效性。如在对抽象理论的辨析中所指明的那样，经验主义的实体化模式不是走向虚无，就是以“阉割”对象为代价。而理性主义的实体化模式自身就已暴露出自身的全部矛盾与真相——无论是无限定者、数、原子还是理式，都不过是纯粹的概念，是智性的存在。

二 对实体化思维的批判与符号的引入

然而，无论是从通常的世界观念的维度，还是从科学思维的维度，抑或是从形而上学的维度来看，实体化自身的某种合理性是不可否认的。就科学而言：

> 事实上，科学应当将众多的关系凝缩为一个单一的表达，凝缩为对一个特殊的、物似的“承载者”（a particular thing-like bearer）的假设，这是恰当的和不可避免的。②

无疑，与实体化思维模式相对立，卡西尔更加深入地回溯到这种思维模式的源头——变化——之上，试图重新恢复变化之于实体的权威性。如同古希腊先哲们一样，他将自己的哲学之思置于“经验的始终如一

① Ernst Cassirer, *Substance and Function, and Einstein's Theory of Relativity*, trans. William Curtis Swabey and Marie Collins Swabey, New York: Dover Publications INC., 1953, p. 36.

② Ernst Cassirer, *Substance and Function, and Einstein's Theory of Relativity*, trans. William Curtis Swabey and Marie Collins Swabey, New York: Dover Publications INC., 1953, p. 210.

的流淌”[①] 之上，而不是置于古希腊先哲们的实体化思维模式之上。但是，这并不意味着卡西尔返回到古希腊的神话观与命运观，也不意味着他倾向于一种彻底的不可知论——从逻辑上来说，与绝对的变化观念相对应的，正是彻底的不可知论以及虚无主义：“如果万物是在不停的流变之中，那么，关于这些事物，就不可能作出确定的表达。我们对它们不能有任何真实的知识，而充其量只有含糊的和虚妄的‘意见’。”[②] 应当说，古希腊先哲们走向实体化的思维模式，不排除与对这一结论的天然的排斥与反叛相关。正如卡尔·波普尔所明确指出的，柏拉图的理式说就是他反抗变化和拯救知识——进一步而言，也就是拯救人类自身——的策略：“不论柏拉图如何讨厌和轻视这个流变中的经验世界，但他在内心深处对它却是很感兴趣的。他想揭开它的衰败的秘密，揭开它的剧烈变化的和不幸的秘密。他希望能够发现拯救它的方法。”[③]

对于卡西尔来说，批判并不是单纯的否定，事实上，他充分肯定了实体化的积极意义与价值：它“是一种新的思维模式和一个新的问题的典型表达。这是第一次，存在被认为是一个有序的整体（an ordered whole），不是被不可思议的反复无常所主导，而是在其自身中包含着它存在的规则”[④]。这使得卡西尔的立场似乎处于一种自相矛盾的境地。但是，这种表面上的矛盾应归因于我们的思维仍处于实体化模式的束缚与桎梏之下。如果说，实体化是拯救变化的一种新的思维模式和新的提问法，那么，拯救实体化同样需要一种新的思维模式和提问法。哲学史的书写往往将自身局限于经验论与观念论的二元对立模式之中，而甚少去反思在此之外是否存在“第三条道路”的可能性。

① Ernst Cassirer, *Substance and Function, and Einstein's Theory of Relativity*, trans. William Curtis Swabey and Marie Collins Swabey, New York: Dover Publications INC., 1953, p. 303.

② ［英］卡尔·波普尔：《开放社会及其敌人》第1卷，郑一明等译，中国社会科学出版社1999年版，第60页。

③ ［英］卡尔·波普尔：《开放社会及其敌人》第1卷，郑一明等译，中国社会科学出版社1999年版，第61页。

④ Ernst Cassirer, *Substance and Function, and Einstein's Theory of Relativity*, trans. William Curtis Swabey and Marie Collins Swabey, New York: Dover Publications INC., 1953, p. 151.

如果我们更加细致和深入地分析卡西尔对实体化之合理性的诠释，一种看上去细微、实则重大的区别就能挖掘出来。卡西尔并未直接肯定实体化的合理性，而是十分严谨而慎重地将其表述为“一个物似的承载者”的合理性与必要性。对卡西尔来说，这样一个物似的承载者的同义词并不是“物”，而是“对象”（object）：

> 对象标示着知识的逻辑性财产，而非被从知识中移除的、永远居于知识之外的黑暗。因此，所谓的“物”不再是作为一个单纯的物质而展现在我们眼前的某种未知的东西，而是对设想的形式和方式的表达。现在，形而上学作为一种属性归因于物自身的东西结果不过是对象化（objectification）[①]过程中必要的元素。当在形而上学中持久不变者和连续性的存在被视为自身区别于感官知觉的变动不居和非连续性，在这里，同一性和连续性则显现为假定（postulates）——它们担当着朝向规律的渐进性统一的主干道的作用。它们意指的与其说是物的已知属性，不如说是逻辑工具（logical instrument），借此使我们的认知成为可能。[②]

显然，卡西尔在这里重新定义了“对象”的含义，或者更确切地说，他解构了被给予性的“对象”，而代之以“对象化”。面对经验世界的永恒流变，拯救的道路并不仅仅止于两种类型的实体化。“对象化”这一概念本身，不仅是对实体化的物之观念的消解，同时也是与关系逻辑、与构造性的时空观念相一致的。对象，作为对象化活动的结果，不是某种独立自存的东西，而仅仅是一种逻辑工具，或者说，人类为认识世界而构造的工具，将“对象”等同于“物”的做法，是一种不具合法性的混淆与置换行为，究其根源，仍是实体化思维作祟的结果。

---

① objectification 亦可翻译为“客观化”，但结合卡西尔哲学以变化观念为问题的基点，以智性构造为自身的出发点，否认了对象的“被给予性”或现成性，因此，笔者认为，译为“对象化”应更为恰当。

② Ernst Cassirer, *Substance and Function, and Einstein's Theory of Relativity*, trans. William Curtis Swabey and Marie Collins Swabey, New York: Dover Publications INC., 1953, pp. 303 – 304.

卡西尔立场鲜明地批评:“将源自［我们的创造的］对象与知觉性的和实际的物相混淆,这是一种不具批判性的天真。”①

如果说实体化思维模式导致问题的核心由变化向实体的转变,那么,对象化的思维同样要求着某种变革。如果说实体化思维造成了对“对象”与“物”二者的等同,那么,在对象化思维下,我们又当如何来重新界定“对象”?在康德那里,在他的四个二律背反——世界在时间和空间上是有限的抑或无限的,世界是由单纯的东西抑或是复合的东西构成的,只有按照必然律的因果性抑或还存在着自由的因果性,存在着抑或根本没有任何绝对必然的存在者——中,卡西尔看到,这些背反产生的根源并不在于康德所谓的理性的僭越,而在于对世界的实体性理解之中,背反的真正解决也并不在于为知性划定领地,而在于彻底地转换对世界的理解与看法:

> 在我们的例子当中,如果更加严密地检查的话,这种背反建立在这样一种事实之中——“这个”世界是被用作为实体性的。由于作为整体的经验决不是作为一个刚性的、封闭的实体,如此般地被给予我们的;它并不是一个位于我们身后的结果,而是置于我们身前的目标。因此,我们归因于它的状态最终除了奠立了**发展的规则**(rule of progress)本身之外别无他处,在发展中,我们从具体的东西开始,上升到**作为经验存在的节点之整体的世界观念**。而就这个规则来说,它也有着自身的客观有效性,但并不是作为一个与其部分同时给出的、“物似”的整体这样一种形式。它并不能确定对象应当是什么,而仅能确定,经验性的倒退如何得以持续下去,以便我们达到对这个对象的全部概念。②

① Ernst Cassirer, *Substance and Function, and Einstein's Theory of Relativity*, trans. William Curtis Swabey and Marie Collins Swabey, New York: Dover Publications INC., 1953, p. 41.

② Ernst Cassirer, *Kant's Life and Thought*, trans. James Haden, New Haven: Yale University Press, 1981, p. 205.

如果我们不是以一种静止的、一种实体性的眼光来观看我们的世界，而代之以变化这一规则，不是把它视为一个现成的世界，而是一个永恒地自我更新着的世界，如果我们把世界中的对象不是视为物，而是视为接收和承载着来自智性的规定性的节点，那么，这些二律背反在措辞法上都是不成立的，更毋论背反本身了。这样一个永恒的“在变化”的世界，似乎与我们通常的世界观念不一致，但事实上，这才是世界的最真实的样貌，因为正如罗素所指出的，我们根本不可能有“一个事物”的观念，而只有“某一系列的样相，即通常会被说成属于这个事物的那些样相”①，正如我们从婴孩成长为大人的过程中相貌的连续的变化那样。

当我们以这样一种发展和变化的规则去观看世界，再用“物”来描述这个世界显然已不适当。我们看到，卡西尔早在1910年随着《实体与功能》已完成了对关系逻辑的确证，但对于用什么术语来重新描述这个世界和世界中的“节点”却仍未确定。虽然他是在数学中发现和确证了关系逻辑的，但是，数学作为一种符号系统表现出明显的确定性与严格性的特征，与发展的规则看上去并不相称。最后促使他使用“符号”这一概念的，起决定性影响的是语言学家威廉·冯·洪堡。与索绪尔强调对语言的共时性研究正相反，洪堡更注重语言的历时性特征。在这种历时性的考察中：

> 语言不再是一个给定的、刚性的结构，毋宁说它变为一种创造形式的力量，这种力量同时也不得不成为一种打破形式、破坏形式的力量。甚至语法与句法的世界也不再是一种坚实的堤坝，被语言的构形的、真正创造性的力量持续地冲击着。毋宁说正是语言的这种原生性的、创造性的力量充溢着这个世界，并给予它常新的契机。在这个过程中，那些被固化的形式也一再地被熔化，使得它们不能“藏身于刚硬的盔甲下”；而另一方面，只有在这

① ［英］罗素：《我们关于外间世界的知识——哲学上科学方法应用的一个领域》，陈启伟译，上海译文出版社2008年版，第70页。

> 一过程中，甚至瞬间的冲动、瞬间的创造，才获得了它们的连续性与稳定性。①

语言的这种“瞬间”与“稳定”的辩证统一的特征，使语言成为卡西尔思考“物”的替代品的一个典范。而在诗人歌德那里，卡西尔更是看到了语言在稳定性与创新性之间完美的和辩证的统一之典范，更进一步坚定了用“符号”来取代“物”的思想。

石福祁对此作了精到的概括：

> “物”这个概念，不再表达作为单纯物质而置于我们面前的、不可认识的东西，而只是理解本身的形式与模式的一个表达。这样的概念当然不是实体，而是符号。它们的功能就在于，把特定的关系带入当下。当然对于卡西尔来说，这样的对象化认知方式并非自然科学所独有，而是一切世界理解的根本特征。②

由此，在完成了对“物”的被给予性的批判之后，卡西尔找到了“符号”这一新的概念来取代它，以便构建他的符号形式哲学体系以及建构知识合法性的重要基地。

第三节　从关系逻辑走向符号论的必然性

克罗伊斯在其研究中选取了两个关键性术语作为理解和把握卡西尔思想的枢纽，即符号（symbol）与历史（history），并特别强调：“无论卡西尔的符号观念看上去如何地难于理解，它构成通往他对那些他的批评者们所关注的问题——他的意识理论，他对理性主义的理

① Paul Arthur Schilpp (ed.), *The Philosophy of Ernst Cassirer*, Evanston: The Library of Living Philosophers, INC., 1949, p. 879.

② 石福祁：《卡西尔符号形式哲学中的“符号性孕义”概念》，博士学位论文，北京大学，2009年，第45页。

解以及伦理理论——的思考的钥匙。”[①] 笔者并不否定符号概念的重要性，但是，从基础性（fundamentality）的程度来看，相比较而言，关系逻辑无疑是卡西尔符号形式哲学的根本出发点，因此，对他的符号概念的理解与诠释必须建立在对关系逻辑的理解与把握的基础之上。

一　原子概念的发展与亥姆霍兹记号理论的启发

在由其关系逻辑过渡到符号观念的过程中，一个不可跳过的问题是：为什么是符号？石福祁认为：“在卡西尔看来，符号恰恰是人类最本己的，甚至是通向‘对象性’的媒介，对象化活动本身就是符号活动，同时，认识的一切对象都已然是符号化了的对象。”[②] 这种理解本身并无不当，然而，由于他是由符号出发直接跨入卡西尔哲学的大门，因此，就不可避免地跳过了不应当绕过的问题：为什么是符号？或者换一种提问法：在对象化的思维模式下，用“符号”来界定“对象”，是不是卡西尔一时的心血来潮或任意武断，抑或是一种逻辑的必然？

必须承认的是，卡西尔的哲学具有典型的学院派特征，虽然这个语词在今天更多地表现为贬义性的，但这并不构成全盘否定它的理由。事实上，学院派哲学表现出的体系性和体系内部的逻辑统一性的特征，恰恰是其优越性所在。正如康德为自己的哲学写作所确立的一个原则那样：“任何一种哲学的阐述都有可能在个别地方被人揪住（因为它不能像数学那样防卫严密），然而，这个体系的结构作为一个统一体来看，却并没有丝毫危险。”[③] 康德的这一看法在叔本华那里几乎得到了“复述”。

卡西尔从形而上学和认识论两个维度对物的分析与批判，尤其是从由物的观念出发所必然导致的逻辑上的矛盾与困境这一角度着手，

---

① John Michael Krois, *Cassirer: Symbolic Forms and History*, New Haven: Yale University Press, 1987, p. 12.

② 石福祁：《卡西尔符号形式哲学中的“符号性孕义”概念》，博士学位论文，北京大学，2009年，第35页。

③ ［德］康德：《纯粹理性批判》，邓晓芒译，人民出版社2004年版，第29页。

以达到解构以物的观念为基石的整个古典逻辑的目的，从而为自己的关系逻辑的确立扫清道路。“物”的消解本身并不构成用“符号”来界定“对象”的根据，因为它并没有排除应归因于某种已知的或未知的第三种可能性。但是，以关系逻辑为理论基石，以形式逻辑的统一性为基本原则，二者共同决定了卡西尔哲学思想的发展具有一种必然性，换言之，符号理论的提出是关系逻辑理论自身的内在要求和必然结果。

如果说这种抽象的逻辑推论具有自身的片面性与局限性，那么，卡西尔对“原子”内涵之演变的考察，则能更清晰而直观地向我们展现他之所以由关系逻辑走向符号理论的缘由。

原子概念本身具有一种特殊性，它横跨了哲学与自然科学两大领域。当德谟克利特提出原子概念时，它更多地被视为一种具有完美的坚实性的物体（hard bodies），不同的原子拥有不同的广延与形式。及至博斯科维克（Roger Joseph Boscovich，1711—1787），则赋予它以绝对简单的力之作用点（point of force）的含义。而在波尔兹曼（Ludvig Eduard Boltzmann，1844—1906）那里，原子则从力学的角度被等同于质点（mass-point）。在能量学中，原子是运动的持续形式（permanent forms of motion）。在电力学中，它又被归结为电子（electron）。

虽然卡西尔对“原子”的历史性回溯主要是为了表明它越来越丧失了物质性的表征，揭示其作为纯粹概念的本质，但是，它本身构成了一种知识现象，或者说，一个事实问题，是一切认识论所必须给予解释的。这种回溯从几个不同的侧面提出了“对象”应当具备的规定性。其一，从原子在时间长河中所历经的这种转变来看，“智性的动机，构成了它的起因”；其二，“原子概念的内涵应当被认作是可变的”；其三，原子概念的功能是不变的，即“界定知识在任一确定的时间里的条件，并使它（即原子概念——笔者注）达到它最充分的智性表达”；其四，原子本身“从根本上来说是一个纯粹的逻辑性的谓词”。[①] 综而

① Ernst Cassirer, *Substance and Function, and Einstein's Theory of Relativity*, trans. William Curtis Swabey and Marie Collins Swabey, New York: Dover Publications INC. , 1953, pp. 156, 162.

言之，原子概念的演变过程所凸显的要义在于：

> 它是一个形式的概念，能够根据我们的经验的状态被填充入多样的、确定的内容。①

原子作为对象化思维模式下的一个"对象"，在一定程度上可以被视作一切"对象"的典型和范例。

与此同时，在亥姆霍兹那里，卡西尔发现，上述种种规定性及其要义，与其记号理论（theory of signs）有着质的一致性。亥姆霍兹认为：

> 我们的感觉和表象都是记号，而非客体的拷贝。从一个拷贝那里，我们要求和被拷贝的客体之间的某种相似性，但在我们的表象中永远也无法确证这一点。相反，记号并不要求任何在元素上的实际相似，而只是要求两个结构之间的功能性一致。在记号中存留的并不是被指称物的特殊性质，而是对象性的关系，在其中，它与其他像它一样的记号并肩而立。②

记号的这一特质，正与关系逻辑相一致。对于作为关系之承载者的对象来说，重要的是它被赋予和所承载的关系或概念，就对象本身而言，只要求一种逻辑上的独立性与同一性，而不对实体性有任何要求。因此，从关系逻辑来看，任何单一的、独立存在的"对象"实际上都是毫无意义的："只有当我们把一个给予者置于某种度量的标准之下时，它才获得确定的形状与形式，接受清楚地界定的物理'属性'。"③ 正是基于亥姆霍兹的记号理论与关系逻辑、与前述"对象"应当具备的

---

① Ernst Cassirer, *Substance and Function, and Einstein's Theory of Relativity*, trans. William Curtis Swabey and Marie Collins Swabey, New York: Dover Publications INC., 1953, p. 211.

② Ernst Cassirer, *Substance and Function, and Einstein's Theory of Relativity*, trans. William Curtis Swabey and Marie Collins Swabey, New York: Dover Publications INC., 1953, p. 304.

③ Ernst Cassirer, *Substance and Function, and Einstein's Theory of Relativity*, trans. William Curtis Swabey and Marie Collins Swabey, New York: Dover Publications INC., 1953, p. 150.

规定性之间的一致性，因此，它构成了在洪堡之外卡西尔的“符号”概念的另一个重要渊源。

必须注意的是，此时（即在《实体与功能》一书中），卡西尔仍未对“记号”（sign）与“符号”（symbol）作明确的界定和区分。卡西尔直接借用了记号这一概念，来界定对象化思维模式下的“对象”，并以之彻底取代了实体化思维模式下的“实体”。由此观之，如果说卡西尔由亥姆霍兹处引入记号的观念是一种偶然的巧合，那么，记号所赖以确定自身的对象性关系与关系逻辑的不谋而合则昭示了卡西尔走向符号理论的必然性。正是在这一意义上，我们才能断言：对象化就是符号化（symbolizing，symbolization），对象亦即符号化了的对象；反过来说，关系逻辑在一切知识领域的实现，则依赖于符号系统的构建：

> 没有一个复合的符号系统，关系思维就根本无从生根，更不用说它的充分发展了。[①]

另外，如果说物的观念在认识论层面导致了不可化解的内在矛盾的话，那么，卡西尔用符号取代物，显然意味着符号理论本身在逻辑上具有高度的一致性，换言之，较之于物的观念，符号理论具有自身的内在优越性。因此，对这种优越性的发掘，也是“为什么是符号?”这一问题本身的必然要求。

二　符号理论的逻辑优越性及知识的开放性可能

卡西尔并没有集中地阐释符号理论的内在优越性问题，但是，它以一种纷繁芜杂的形态穿插在他的整个符号形式哲学著述中，以致对它的忽略本身便构成一种逻辑上的缺失与不严谨。

综合卡西尔的分析，符号理论自身的优越性集中表现在以下几个

① Ernst Cassirer, *An Essay on Man: An Introduction to a Philosophy of Human Culture*, New Haven: Yale University Press, 1944, p. 58.

方面：

其一，符号理论是解释"逻辑性存在"（logical being）在认识论中的合法性问题的有效途径。

在卡西尔的著作中，"逻辑性存在"有着多种方式的同义表达：概念性存在（conceptual being）、思想性存在（mental being）以及观念性存在（ideal being）；它的对立面是知觉性存在（sensuous being）。显然，这样一类表达，都是基于经验主义和理性主义这种传统的二元区分和对立之上，基于知觉意义的物之观念上。虽然在哲学史上这两个派别似乎平分秋色，但在自然科学中，一直到近代，经验主义占据了绝对的优势地位。体现在哲学领域，康德，这位高扬主体性的先验哲学的奠基者，本身却是一位忠实的牛顿信徒。在康德的时代，自然科学以自身为客观性与真理性的知识的唯一拥有者自居，这一点从未被质疑和贬低过。因此，当康德认识到美学和生物学自身的权利和价值时，他只能通过一种调和的方式，将合规律性的自然划分给物理学，然后将合目的性的自然留给美学和生物学。虽然在康德的哲学体系之内，美学和生物学具有与物理学平等的地位，但这种平等更多的是结构和形式上的。自然科学的这种客观性与真理性是建立在这样一个前提下：它们"所涉及的是物的现实性，是物在空间和时间中的存在——一种惟有通过感官知觉才能成为我们可理解的现实"。[①]

卡西尔在对知识所作的历史考察中发现，自然科学这一特征的形成，是由特殊的历史语境造成的，其原初的目的在于抵抗形而上学本体论对科学的奴役与侵占。就此而言，将精确科学置于经验性的基础之上，有着"现实的"意义并产生了积极的成果。但是，及至现代[②]，当本体论式微力衰之后，这种坚持反而成为一种桎梏，约束了自身的发展，因此也遭到了来自自身内部的反抗。数学，最鲜明而直接地提出了它的要求：

---

① Ernst Cassirer, *The Problem of Knowledge: Philosophy, Science and History since Hegel*, trans. William H. Woglom and Charles W. Hendel, London: Oxford University Press, 1950, p. 62.

② 这里所谓的现代，并非某种历史的年代划分，不可能从时间上精确地划分出其界限。一个大致的界定是"自黑格尔以来"——这种界定源自卡西尔的《知识问题》第4卷的副标题。

> 数学并不在感官存在的圆圈内活动，然而，它的真理性却坚实地扎根于源初性的存在之中，扎根于物的现实性或本质之中。这个本质的存在仅能通过概念而被领会，然而，抽象思维绝不能创造它而只是发现它。在这一意义上，数学真实的纯粹形式总是与一个确定的“物质”相关联，尽管这并不是一个可感知的，而是完全“智性的物质”（intelligible matter）。①

由于“数学建筑术的对象仅仅是我们的思想建筑术所造就的东西”②，因此，数学诉求“完全智性的物质”在知识领域的合法地位实际上就是要求对自身真理性的肯定。并且，在现代自然科学中，数学对象并不构成一个特例，其他科学领域的对象，诸如“能”“电子”等，同样呈现出不可感知的和智性的特征。正如康德无法抗拒科学在他那个时代所提出的要求那样，今天的认识论同样不能也不应当无视现实的历史语境对科学本身提出的要求。

从认识论领域来说，抽象理论所展现出的逻辑概括（logical generalization）的进程也表明了趋向逻辑性的存在的必然性：

> 只要我们相信一切确定性都是由物和它们的属性之中恒常的“标志”组成的，那么，逻辑概括的进程必然显现为概念性内容的贫乏化。但是，很明显，就概念从一切物似的存在中被解放出来这一意义而言，它的特别的功能性特征就被揭示出来了。固定的属性被普遍的原则所取代，这使得我们能一眼纵览一整个系列的、可能的确定性。这种转变——这种向新的逻辑性存在形式的转变——构成了抽象理论的现实的积极成果。③

① Ernst Cassirer, *The Problem of Knowledge: Philosophy, Science and History since Hegel*, trans. William H. Woglom and Charles W. Hendel, London: Oxford University Press, 1950, p. 62.

② Ernst Cassirer, *Substance and Function, and Einstein's Theory of Relativity*, trans. William Curtis Swabey and Marie Collins Swabey, New York: Dover Publications INC., 1953, p. 245.

③ Ernst Cassirer, *Substance and Function, and Einstein's Theory of Relativity*, trans. William Curtis Swabey and Marie Collins Swabey, New York: Dover Publications INC., 1953, pp. 22 – 23.

逻辑性存在的合法地位，在实体化思维模式下是不可能被承认的，因为它在可感知的和不可感知的之间画下了一条不可逾越的界线。但对于对象化思维来说，无论是可感知的，还是不可感知的，成为知识的真正对象的一个必要条件是，它们必须经过对象化、符号化这样一种转变“程序”，转化成符号才成为可能。因此，在作为认知的对象这一共同身份上，知觉性存在与逻辑性存在之间并不存在任何优劣之分。

另外，从哲学领域自身来说，阿那克西曼德提出的“无定形者”及其诸种变化形式，本身都是一种逻辑性存在，但受限于实体化思维模式的支配，它们的逻辑性特征被“物”的光环所完全遮蔽。但是，德谟克利特伴随着其原子概念而提出的“非存在”（non-being），则从一开始就显现出强烈的逻辑性和功能性的本质。原子被德谟克利特赋予了一种绝对的坚实性本质，因此，每个原子在空间中占据了一定的位置并相互排斥和独立，这构成了感官世界中每个物所具有的独立性的最终根据。但是，原子的这种绝对坚实性同时带来了解释感官世界中运动现象的困难：要使运动成为可能，那么，在原子与原子之间必须具有一定的“空隙”，亦即虚空（empty space）。然而，这种虚空本身不可能是坚实的，否则，运动同样不可能。这就意味着，虚空恰恰构成了原子的对立面，由于坚实性的缺失，它不可能在感官世界被感知，同时也不可能被认知。无论是对哲学沉思还是对感官现实来说，虚空都是必不可少的，但它本身却是“无”（nothing）。显然，对于德谟克利特来说，虚空与其说是一种特殊的“存在”，毋宁说是一种思维的工具；它不具有存在论上的意义，而仅仅被赋予了一种功能性的地位。卡西尔对“非存在”的观念给予了高度的评价和肯定：

> 虚空对于现象而言是必不可少的，即便相较于有形的、特殊的现象，它本身并不具相同的可被感知的存在形式。在现实的观念中，这个知觉性的“无”作为“某种东西”，具有同样的地位和同样不可侵犯的有效性。这个存在——与任何有形的物相反，

它属于科学的原则——在历史上第一次得到了明确的界定。①

遗憾的是，无论是在哲学史还是在科学史中，这个“非存在”几乎被完全忽视了。然而，虽然哲学与科学沿着特定的历史语境和自身的逻辑脉络一直平稳地走到了今天，但是，这一事实并不意味着“非存在”是无足轻重甚至根本站不住脚的。在实体化思维模式的统治下，“非存在”退居幕后，以一种缄默的方式，影响和促进着自然科学的发展。在科学史上，它集中地显现在了伽利略身上：“在现代物理学的最开端，在伽利略那里，我们发现了这样一个隐喻：‘自然之书’是用数学的语言写就的，且仅能通过数学的密码被解读。从彼时起，精确自然科学的发展表明，在问题和概念的表述方式上，每一前进的步伐都是与它的记号系统的日益完善携手并进的。”② 对于哲学说，将问题从幕后发掘出来，将这种自发性上升为一种自觉性的认识，构成哲学家的本职性工作和义务之一。

换个角度来看，逻辑性存在作为一种“虚构”的本性并没有任何变化，变化的是物的“地位”，诚如石福祁指出的那样：“‘物’这个概念，不再表达作为单纯物质而置于我们面前的、不可认识的东西，而只是理解本身的形式与模态的一个表达。这样的概念当然不是实体，而是符号。它们的功能就在于，把特定的关系带入当下。”③

其二，符号的自由性与开放性特征构成对物的保守性与限制性的超越。

自然科学从一开始就选择了亚里士多德式的实体化道路，其后果，首先，就是人把自身囚禁在了感官知觉的世界里，对一切形式的非感官存在的拒斥也成为一种必然。这种被卡西尔称为“教条主义的感觉

① Ernst Cassirer, *Substance and Function, and Einstein's Theory of Relativity*, trans. William Curtis Swabey and Marie Collins Swabey, New York: Dover Publications INC., 1953, p. 166.

② Ernst Cassirer, *The Philosophy of Symbolic Forms. Vol. 1: Language*, trans. Ralph Manheim, New Haven: Yale University Press, 1955, p. 85.

③ 石福祁：《卡西尔符号形式哲学中的“符号性孕义”概念》，博士学位论文，北京大学，2009年，第45页。

主义”立场，不仅将人下降到与动物相等同的境地——这种纯粹对感官知觉的依赖，与其说是一种人的认知活动，不如说是一种动物性的刺激反应活动，同时还包含着对自身的背反：知识的生产是不可能的，因为受限于我们居住的感官世界，我们不可能有任何新的知识。如果说“我们能够靠一直不断地发现一个感性对象里面的新属性而继续增加我们关于它的知识”①，那么，第二重背反也应运而生：我们的任何知识都不可能具有真理性，知识处于新旧更替的永恒流动之中。

我们知道，康德的《纯粹理性批判》，其主要目的就是要在哲学领域奠立科学的真理性的认识论根据。他创造性地提出了先天直观和先验范畴的理论，从逻辑上来说，当我们将它们运用于经验现象时，似乎可以合理地推断由此获得的知识当然具有普遍的必然性，亦即真理性。这一推论建立在这样一个前提性的假设上：感官世界中的物被视为一个给定的、不变的事实——这一假设是建立在将空间与时间分割开来，或者说，将时间空间化的谬误之基础上的，它作为一切认知的起点，我们的知识或者与之相符，或与之相左。

概言之，康德的真理观具体表现为两个原则：“唯一真理原则”（One True Theory）和“真理即相符”（Truth as Correspondence）。康德为知识的真理性奠基的活动之所以最终归于失败，其直接的原因就在于这两个真理的原则。就后者来说，克莱夫从形式逻辑层面深刻揭露了它自身的内在矛盾：

> 为了捍卫将某个认知与它的对象之间进行的比较（或者如我所更喜欢说的那样，通过检查它的对象来确定这一认知）终究是可能的这样一个主张，一个人必须假定的全部条件就是：某些认知确实能揭示它们所认知的对象的特征。换一种方式来说，如果这个相互性的比方（diallelus argument）能达致它的结论，它必然假定认知决不能揭示或给予来自被认知对象的特征的认识，而只

① ［加］约翰·华特生：《康德哲学讲解》，韦卓民译，华中师范大学出版社2000年版，第75页。

> 能揭示或给予来自它自身的认知。当这种必要的假定被如此明白地说出来后，我怀疑谁仍将愿意信奉它。[①]

从逻辑的层面来看，前一原则的成立又是以后者的成立为前提。因此，康德的失败并不意外。然而，在克莱夫认为问题得到最后澄清的地方，卡西尔敏锐而独到地发现，如果我们仅仅把这种失败归因于康德在逻辑学上的不熟练，这显然是不适当的，因为康德本身就是一位杰出的逻辑学家。

因此，在思辨层面之外，卡西尔更是深入具体的历史语境中去理解和把握这个问题，他发现：

> 对于康德和他那个时代来说，显而易见的是，科学在牛顿那里找到了它真正的原型，它不应当放弃在他的《自然科学的数学原则》一书中所描述的理念，否则必将遭受遗失它的最宝贵财产的惩罚。这是一种典范性的原型或准则，通过它一切未来的知识都将得到检验：牛顿的科学才是科学（Newton's science was Science）。[②]

康德的这种时代"信仰"本身构成了一个值得深思的问题，因为康德本人就曾经说过："我不同意一个著名人物的说法。这个人告诫说，当人们一旦相信了什么，从此以后就再也不要对此加以怀疑了。在纯粹哲学里，这是行不通的。人们必须……考察命题的各种应用情况，尝试设想相反的情况，进行较长时间的推敲，直到真理全方位地出现为止。"[③] 其原因在于，这里的问题发生在严格合规律的自然领地之内，真理的原则与这种信仰交互性地糅合在一起，构成彼此的根据。

---

① James Van Cleve, *Problems from Kant*, Oxford: Oxford University Press, 1999, p. 216.

② Ernst Cassirer, *The Problem of Knowledge: Philosophy, Science and History since Hegel*, trans. William H. Woglom and Charles W. Hendel, London: Oxford University Press, 1950, p. 211.

③ 转引自［德］卡西尔《康德与形而上学问题——评海德格尔对康德的解释》，张继选译，《世界哲学》2007 年第 3 期。

但是，这种交互性关系，在今天应当更多地被视为一种悖谬性的循环：真理的唯一性原则确立和加强了他对牛顿的无批判的信任，而牛顿反过来构成真理原则在经验知识领域的实现。追本溯源，我们不难理解为什么卡西尔明确地将“物”界定为一个保守的与限制性的因素。

从思想史的角度来看，物的观念是导向近代科学主义思潮的源头，将科学领域——虽然对它的界定本身并不是严格和固定的——以外的一切认知排除在“真理”之外：“自然科学的方法，或者在自然科学中被认识到的范畴与物，构成了在任何哲学的或其他探索中唯一合理的因素。”[①] 虽然这对于卡西尔来说并不成为难题，正如其著作《人文科学的逻辑》（*Zur Logik der Kulturwissenschaften*）的英译者克拉伦斯·豪（Clarence Smith Howe）所指明的那样，与英语世界将“science”一词严格局限于精确自然科学相反，德语中的“Wissenschaften”则囊括了一切具有严格系统性的概念构架，即便人文科学没有获得与精确自然科学同等的地位和权利，但它们仍然现实地在人的世界中产生着应有的影响与作用。

但是，由此而延伸出的两种社会现象却是致命性的。其一是社会达尔文主义。这是自然科学对人文领域的侵占的一种必然结果——正如在康德身上所显现的那样，当唯一性的真理观被移植到精神生活领域，对真理的追求很容易变质为一种盲目的信仰。其二则是技术（technology）对社会生活及人的支配，以及由此而导致的人本身的异化（alienation）。异化这个概念是从马克思那里借来的，但是完全与马克思所强调的在资本主义生产关系下劳动者与其劳动产品之间的割裂这一内涵不同的是，卡西尔使用这个术语主要是用来意指人在世界中独立人格的缺失，或者说，自我的失落（the loss of self）。在卡西尔看来，技术的核心特征是“服务于某种目的”[②]，它的理论渊源可以追溯到自然科学的因果律，因此，这些“目的”只对合规律性提出诉求，

① ［英］布莱克波恩编：《牛津哲学词典》（英文版），上海外语教育出版社 2000 年版，第 344 页。

② Ernst Cassirer, *Symbol*, *Technik*, *Sprache*: *Aufsätze aus den Jahren 1927 – 1933*, ed. Ernst Wolfgan Orth & Jonh Micheal Krois, Hamburg: Felix Meiner Verlag, 1985, p. 89.

而几乎没有任何伦理的意谓。整个社会生活被简化为这样一幅画面:“给出一个目的，技术提供手段。”[①] 社会异化为一部大机器，而人与人之间的交往则成为命定的:

> 优先于一种真正自由的意志的交往，技术在所有那些勤于它的工作的人们之间，创造一种命定的交往。[②]

其后果，一方面是拜物教（fetishism）与快乐主义（hedonistic）的盛行，伴随着一个“目的”的满足的是许多新的目的和欲求的产生，人被局限在技术所生产的产品的怪圈之内，“以一种永不止息的狂热，在从需求到满足，又从满足到需求之间被抛来抛去”[③]；另一方面，也是更重要的，如克罗伊斯所精到地总结的那样：“技术性的组织总是没有人情味的。当社会置于技术的影响之下时，生活变得愈来愈去人格化（depersonalized）了。”[④]

可见，不论是在科学领域，还是在社会生活中，物的中心性与支配性地位都构成了一种桎梏。由于它本身就是实体化思维模式的直接结果，因此，实体化思维不可能解除因其自身而生的这种枷锁。同时，康德的调和道路也宣告堵塞。反之，知识的发展要成为可能，它必然要求挣脱和超越“被给予的”感官世界的限制，使新知识的生产成为可能。因此，问题在于，这样一种超越是否可能以及如何可能?

在实体化思维模式下，感官世界中的物构成了一切认知的起点（terminus a quo），对这一起点的任何偏离都被视为一种谬误或者必然导向谬误。自然科学拒斥柏拉图式的实体化模式，一个重要原因就是

① John Michael Krois, *Cassirer: Symbolic Forms and History*, New Haven: Yale University Press, 1987, p. 202.

② Ernst Cassirer, *Symbol*, *Technik*, *Sprache*: *Aufsätze aus den Jahren 1927 – 1933*, ed. Ernst Wolfgan Orth & Jonh Micheal Krois, Hamburg: Felix Meiner Verlag, 1985, p. 89.

③ Ernst Cassirer, *Symbol*, *Technik*, *Sprache*: *Aufsätze aus den Jahren 1927 – 1933*, ed. Ernst Wolfgan Orth & Jonh Micheal Krois, Hamburg: Felix Meiner Verlag, 1985, p. 88.

④ John Michael Krois, *Cassirer: Symbolic Forms and History*, New Haven: Yale University Press, 1987, p. 203.

在这一模式下认知起点的缺失。这样一个起点构成了我们认知之可能性的根据和衡量真理与谬误的标尺。

三　知识生产的盲人摸象模式与人类思维的本性

当这样一种人类的认知模型被宣告破产后，人类在其认知活动之初，实际上是处于一种无知的语境之下，其认知活动实际上犹如“盲人摸象”：

> 善男子！譬如有王告一大臣：“汝牵一象以示盲者。”尔时大臣受王敕已，多集众盲以象示之，时彼众盲各以手触，大臣还而白王言：“臣已示竟。”尔时大王即唤众盲，各各问言：“汝见象耶?”众盲各言：“我已得见。”王言：“象为何类?”其触牙者，即言象形如卢菔根；其触耳者，言象如箕；其触头者，言象如石；其触鼻者，言象如杵；其触脚者，言象如木臼；其触脊者，言象如床；其触腹者，言象如瓮；其触尾者，言象如绳。
>
> 善男子！如彼众盲不说象体，亦非不说，若是众相，悉非象者，离是之外，更无别象。善男子，王喻如来，正遍知也；臣喻方等《大涅槃经》，象喻佛性，盲喻一切无明众生。……①

这则寓言是极富启发性的，它实际上形象而生动地指明了人类在认知过程中所处的“无明”状态。

如果从叙事学的层面来分析，这则寓言存在双重视角：一是作为全知的如来的视角，一是作为无明众生的盲人的视角。从前者来看，因其全知，所以象对他来说是某种具有确定属性的存在，等待着后者去认识；后者的认识是“说象”还是“非象”皆有赖于他的全知为判

① 谈锡永主编：《传统文化典籍导读》16《大般涅槃经导读》，屈大成导读，中国书店2006年版，第369—370页。另参照了《大般涅槃经》，国学大师网（https：//www. guoxuedashi. net/a/62527/）。

断标准。对于后者而言，则有赖于前者的告知才能知道他们将要认识的不是任何其他东西，而是象。但是，如果一旦移除这个全知者，那么，整个认知过程就呈现为一种完全不同的情景：对于众盲人来说，首先并不知道有所谓的“象”，而只能知道他们正在认识“某个东西”（a something），然后才能有耳如箕、头如石等特征，最后将这诸多特征组合起来，得到一幅象的形象（image）。

如此看来，人类的整个认知程序和模型实际上是完全与实体化思维模式所认为的恰好相反的，其中，一个重要的转变是，传统上被作为认知起点的认知对象，在此则是以认知的结果和目标的身份出现的。这一点，正是卡西尔的对象化思维模式在认识论上带来的颠覆性的变革，即他称之为功能性的认知理论（the functional view of knowledge），其要旨在于：

> 在这里，思想和对象的关系仍是中心点，但是，这一理论是以另一种方式来建立这种关系的可能性，以及如它所显现的那样，从相反的方向来设计它。**对象不再被当作一个被给定的事实，而是当作一个问题；它充当着知识的目标的角色，而不是作为它的起点。**这早就存在于那立即通达知识的领域，存在于它自身的活动领域。无论我们是关注于那些观念性的还是实在性的、数学性的还是经验性的、抑或不可感知的还是可感知的对象，首要性的问题始终不是有什么是它们的绝对本质或实质，而是通过何种媒介它们得以传达给我们；通过何种知识的工具性，对它们的认知才成为可能并被实现。这种认知是分阶段地建筑起来的；随着进程的推移，对象得到愈来愈清晰清楚的界定。①

可见，传统认识论背后潜藏着的正是康德所谓的具有“智性直观”能力的上帝般的存在。虽然神学很早就从科学与哲学领域中被驱除

① Ernst Cassirer, *The Problem of Knowledge: Philosophy, Science and History since Hegel*, trans. William H. Woglom and Charles W. Hendel, London: Oxford University Press, 1950, p. 62.

了出去，但是，人们似乎并不愿意承认自身的窘迫，而实际上以另一种方式将自身神化了。当这一新的“神话”又被破除，人与世界之间的关系必然要以新的方式来重新建构——我们不再是世界的“囚徒”，而是世界的“构造者”；世界不再是一个“属物的”世界，而是一个“属人的”世界。我们赋予对象以一个确定的“名字”，不断赋予对象以各种“属性”。与传统的那个独立自存的物观念相比，“名字”具有一种绝对的开放性特征，它可以被无限地填充进去新的内容；且填充的内容愈丰富，对象就显现为更加生动而丰满的。更重要的是，这一新的知识理论彻底解决了传统认识论的内在矛盾，逻辑上圆满地回答了人类认知如何可能的问题。随之而来的问题是，我们向对象所填充的内容是如何产生的？它是否完全属于一种个人意志的任意妄为？

因此，进一步分析，对这种新的功能性的认知理论最常见的一种反对理由是：无论是从王的视角，还是从盲人的视角，可以肯定的一个事实是，大象对于二者来说都是某种独立自存的东西，因此，如果说有任何属性可以被归属于它的话，那么，这些属性必然在盲人的认识活动发生之前就已经“天生地”归属于它了。从这个角度来分析先秦名家的“离坚白”这一命题的话，它的问题从根本上说不在于公孙龙将人的视觉、触觉等感官方式割裂开来，而在于他设定了坚与白构成石头的固有属性这样一个潜在的前提性条件，本身就构成对“离坚白”的反动。这一反对理由同时兼具了逻辑思辨和经验知觉的双重特征，因而构成了物的观念的一个“充足理由”。很容易指出的是，这一理由本身就是由物的观念演绎出来的结论，实际上构成一种循环论证。因为在这里被当作是事实的东西，并非不证自明的，而是可以深入追问的，即，我们关于认知对象的“某个东西”的观念是如何可能的？

当盲人以手触象之时，象的实存这一情形或状况本身已成为包含于触摸行为之中的应有之义，因此，对于他来说，触摸的目的并不是验证对象是否现实地呈现在他面前，而在于他“遇见”了对象，并在相遇这一交互性的活动中，不仅通过自我来确证了对面那个“非我”，同时也通过“非我”肯定了自身的主体性。换言之，自我与非我共同构成了一种最原始、最朴素的参照系，在这个参照系内，大象被认识为区别于自我的“某个东西”——这既是它的身份，又是被赋予的最初的“属性”。这构成了对象化认知活动的第一步。正如卡西尔在语言中发现的那样，“我”和“你”、“这儿”和“那儿”、“左”和“右”，都属于人类对象化活动的最朴素的范例。其后，盲人将“某个东西”与芦菔根、箕、石、杵等全部已知的对象——对这些对象的认知同样经历过和遵循着与“摸象”相同的方法和程序——置于一起，构成一些新的参照系，它因此而获得了新的、具体的“属性”，并因此而形成了关于它的形象或图式。随后，盲人给这个“某个东西”命名，并把那些“属性”与“象”这个名字结合在一起，才有了对于“象”的认识。更重要的是，至此，并不意味着对“象”的认知活动的完成与终结，相反，除了从形状这一参照系来赋予象以属性之外，还可以从动物学的角度将其定义为哺乳动物，将其区分为是亚洲象还是非洲象，等等，甚至还可以赋予它譬如憨厚、忠诚、勇敢等情感性的“属性”，简言之，对它的认知过程表现为一种不断丰富的意义累积。在这一认知活动的全部进程中，实存问题无足轻重，重要的是对象被置于何种参照系内、在参照系内居于何种位置；正是基于此，卡西尔又将这种对象化思维模式下的认知活动称为“功能性的认知理性”。这里的象，与其说是物，毋宁说是符号。

此外，富有意味的是，在这则寓言中，象虽然是一个可知觉的对象，但作为喻体，它的本体是一个抽象的、不可知觉的“佛性”。这个佛性不具有任何具体的规定性，所以在不同的人看来，它表现为种种不同的东西，如受、想、行、识。最重要的是，它肯定了这种种不同的认识虽然不能等同于对佛性本身的认识，但都是具有合理性的；正如盲人对大象的认识虽不正确，但都是在说象（“如彼盲人各各说象。虽不得实非不说象”）。同时，在这多种认识之间，任何一者都不能以绝对真理自居并据之以排斥他者，佛性本身只对全知的如来显现自身（“佛性者即是如来”）。对不具有“神性直观”或“原型性直观”的人类来说，他的认知必定是现象性的认知，而本真性的存在必定显现出现象性的特征，使人的认知得以可能。在西方哲学史上，是康德第一次明确地把现象世界与自在世界区分而来，并把人类认识的基地奠立在现象世界。虽然卡西尔对“现象”和“自在之物”的理解与康德存在重大的差异，但对于卡西尔来说，这一二元划分构成了由物的存在论向对象的功能性立场转变的开端。

在人类“盲人摸象”式的认知进程中，符号的开放性特征几乎以一种直观的方式鲜明地显现了出来。具体来说，这种开放性表现为以下几个方面：

首先，它集中地体现为参照系选择的自由性。这是关系逻辑的一个基本的规定性，更是被卡西尔上升为人类本性中的最突出特质：

> 他并不受制于某个特定的和单一的通向现实的途径，而是能够选择它的角度，并由此穿透物的某个方面而通达其他方面，这是人类本性的特质。①

正是这种选择的自由，使得科学不会“病变”为某种排他性的权威和独裁，而是向着无限多的可能性开放，使得哥白尼革命的悲剧命运彻底化为历史的尘埃，使得知识的永恒革新成为一种常态。同时，这种选择的自由突破了技术的支配，使得我们居住的世界不再是冷冰冰的灰色，而是富于色彩和情感的，使得人与人之间的交往不再是命运轨道的交叉，而是心灵之间的碰撞与交流。我们看到，技术性的时间被规定为钟表式的连续性，精确但机械；而在马塞尔·普鲁斯特的《追忆似水年华》中，它显现为某种永恒的流淌和绵延，或平静或汹涌，生动而多彩；它跨越了过去、现在与将来之间的樊篱，使之成为一个有机的整体；它不再是一个个瞬间即逝的点，而是永恒的和活生生的事件。自然科学与人文科学之间的壁垒被拆除，无论是科学主义还是人文主义，从“主义”这个语词的表面意义来看，其破坏性的结果远

---

① Ernst Cassirer, *An Essay on Man: An Introduction to a Philosophy of Human Culture*, New Haven: Yale University Press, 1944, p. 217.

甚于其建设性的价值。卡西尔并不是“刻意”[①] 去抹平符号种类之间的差异，而是一种关系逻辑的必然和现实的需要。

其次，它超越了经验或被给予者的有限性，开辟了由已知通向未知的道路。在对大象的认识过程中，盲人的认知并不是源于象的直接在场和可感知性，而在于他们将这个被给予的“某个东西”与不在场的一系列事实（知识）联结在一起，这一认知活动才成为可能：

> 记号最根本的优越性之一——如莱布尼茨在他的“普遍语言”中指出的那样，它并不仅仅起着表象的作用，而根本是去发现某些逻辑性的关系——在于它并不仅仅为已知的东西提供一个符号性的缩写，而在于打开了进入未知的新的道路。[②]

卡西尔在自然科学的历史中、在它的各个学科领域，都发现了被给予者（the given）对未被给予者（the not-given）的依赖性，以及更重要的在此依赖性之上生发的生产性。

在化学中，一个更生动的范例是，一旦我们知道了次氯酸、氯酸和高氯酸的化学分子式 $HClO$、$HClO_3$ 和 $HClO_4$，那么，我们甚至不需要亚氯酸被给予出来，就可以从中直接推断出 $HClO_2$ 存在的可能性，从而为在实验中现实地发现它指明了方向。[③] 甚至，我们可以完全脱离对任何感官性对象的依赖，而构建起整个完全概念性的数学体系。

卡西尔与海德格尔的达沃斯辩论在哲学领域引起了广泛的讨论，学者们从各个不同的角度进行了分析。其中，鲁巴赫（Micheal Roubach）选择了有限（Finitude）和无限（Infinitude）这样一对范畴作为

① 石福祁：《卡西尔符号形式哲学中的“符号性孕义”概念》，博士学位论文，北京大学，2009 年，第 40 页。

② Ernst Cassirer, *The Philosophy of Symbolic Forms. Vol. 1: Language*, trans. Ralph Manheim, New Haven: Yale University Press, 1955, p. 109.

③ 详参 Ernst Cassirer, *Substance and Function*, *and Einstein's Theory of Relativity*, trans. William Curtis Swabey and Marie Collins Swabey, New York: Dover Publications INC., 1953, p. 440。在其中，这些化学分子式被写作 $ClOH$、ClO_2H、ClO_3H 和 ClO_4H，疑误。

深入这场辩论的核心的路径，笔者以为，这是对卡西尔哲学方法最集中的领会和把握。[①] 用卡西尔自己的话来说：

> 人类的符号能力敢于超越他的有限性存在的全部桎梏。[②]

但这并不是对符号能力的随心所欲的夸张，而是因为在“盲人摸象”模式的深层，隐含着的是对人类思维的本真性价值的还原与回归。

前文所述符号理论的两种优越性主要集中于它的方法论维度，卡西尔本人也反复强调过关系逻辑及符号理论的方法论（methodology）特质，但是，我们不难理解，这种方法论的优越性本身就天然地附着一种价值维度的优越性。凭借符号理论，卡西尔虽然未对科学的价值有任何贬低，但是，在科学主义思潮占据支配地位的历史语境下提升人文科学的价值地位的做法，本身导向一种反科学主义的现实效应和精神价值。

无疑，强调神话、宗教、艺术、语言、历史等全部人类文化活动（cultural activities）的认识论地位和价值是符号形式哲学的要旨之一。就神话思维本身来说，卡西尔的理论先驱是哲学家谢林和神学家大卫·斯特劳斯（David Friedrich Strauss，1808—1874）。谢林首先对传统神话学研究中一种普遍的观点——神话是少数占据优势的人或集团为了维持对大众的统治而创造的，是个人的有意识的虚构——表示强烈的不满。他认为，如果在二者之间如果没有一种更深的意识层面的纽带，这种对思想的统治是根本不可能维持的。这一崭新的观点在大卫·斯特劳斯对耶稣生平的历史研究中得到了具体的支持。他批判和解构了神迹观念，将神话解释为一个民族或宗教圈的共同意识（common consciousness）：

① 详参 Micheal Roubach，“The Limits of Order：Cassirer and Heidegger on Finitude and Infinitude”，in Jeffery Andrew Barash（ed.），*The Symbolic Construction of Reality：The Legacy of Ernst Cassirer*，Chicago：The University of Chicago Press，2008。

② Ernst Cassirer，*An Essay on Man：An Introduction to a Philosophy of Human Culture*，New Haven：Yale University Press，1944，p. 79.

> 其实，近代神话学科学的成就正在于它把神话的原始形式理解为不是由某一个人有意识的产物，尽管在起头它是由某一个人陈述的，但它所以得到信仰，其理由正是因为这些个人仅是表达这种普遍信念的喉舌。[①]

正是这种严格地从历史角度对“基督的人格”的祛妄与还原，奠立了神话学作为一门真正的科学（science of mythology）的合法性。这又进而构成了卡西尔提出“宗教的”真理（“religious”truth）这一概念，并将之与“事实的”真理（“factual”truth）相提并论的理论根据。而在卡西尔之后，列维-斯特劳斯对神话的人类学研究成果亦与之相呼应，使得“一种超越科学认知至上论的趣向”和“昭示科学思维之外的‘另一种思维’的价值应然”的印象更加强烈地凸显出来和深入人心。[②]

然而，这样一种对价值的观照显然失于表浅。正如卡西尔坚持从人类意识本身中去寻找和确定神话学的主题那样——“如果不把谢林的思想贯彻到底，去到人类意识本身而不是在它之外的某个地方，寻找神话学的有效主体，那么，这些圣经故事的历史批判还能做些什么呢?”[③] 同样，符号化作为人类思维的模式，其本真的价值亦应返回到思维本身，而不是在其之外去寻找。

列维-斯特劳斯的“野性思维”开启了通向思维的本真价值的线索，因为“事物的‘开端’，往往也是事物的‘本质’所在”。[④] 列维-斯特劳斯将野性思维界定为“未驯化状态的思维方式”，无论是“野性的”还是“未驯化的”，对他来说都不包含有任何贬低的色彩，它们与“文明的”和“驯化的”构成一种简单的结构化关系。他肯定了

① ［德］大卫·弗里德里希·施特劳斯:《耶稣传》第1卷，吴永泉译，商务印书馆1981年版，第215页。

② 刘建辉:《走出困境的另一种思维——神话思维与野性思维的发现意味着什么?》，《福建论坛》（人文社会科学版）2009年第2期。

③ Ernst Cassirer, *The Problem of Knowledge: Philosophy, Science and History since Hegel*, trans. William H. Woglom and Charles W. Hendel, London: Oxford University Press, 1950, p. 304.

④ 叶秀山等:《西方哲学史》（学术版）第1卷，江苏人民出版社2004年版，第30页。

原始巫术思维与现代科学思维之间的同构性，同样也指明了二者之间的异趣性[①]，但是，他的全部兴趣集中在了思维的配置活动的原则和方法上，以致忽略了“驯化的”一词本身实际上就已经表明了这样一层含义：虽然现代科学仍不失其作为一种结构化活动的特质，但是，它已经失去了思维活动应有的本真性，是对本真性思维活动的间离与异化。换言之，思维活动的本真性应当向这种未被驯化的野性思维中去寻找，应当向它与现代科学思维的异趣性之中，而不是同构性中去寻找。

事实上，列维－斯特劳斯清楚而直接地指明了这种异趣性：

> 它首先是为了满足理智的需要，而不是为了满足生活的需要。[②]

他立场鲜明地反对马林诺夫斯基认为原始人对图腾动物的兴趣是出于满足食欲的观点，指出在美国东北部和加拿大的印第安人是如何煞费苦心地观察并系统地整理有关低动物的科学事实，然而他们不吃任何蛇类或蛙类的肉，材料庞博地指明了这样一种结论：“动植物不是由于有用才被认识的，它们之所以被看作有用或有益的，正是因为它们首先已经被认识了。”[③] 野性思维的这一自律性的——在康德的意义上来说，排除一切外在因素的控制，包括自身的欲求[④]——特征，直接显现的是自身的本真性，它不为任何主观的或客观的目的而去认知，而是为思维本身而认知。野性思维的这种非功利性特质，与亚里士多德的著名命题——“古今来人们开始哲理探索，都应起于对自然万物的惊异”[⑤] ——有着相同的旨趣，它们在源头处揭示了原初性的认知活动的自由本质。

---

① 参见胡亚敏《重构原始思维之图——读列维－斯特劳斯〈野性的思维〉》，《外国文学研究》1997 年第 1 期。

② ［法］列维－斯特劳斯：《野性的思维》，李幼蒸译，商务印书馆 1987 年版，第 13 页。

③ ［法］列维－斯特劳斯：《野性的思维》，李幼蒸译，商务印书馆 1987 年版，第 13 页。

④ Nichilas Bunnin and Jiyuan Yu（eds.），*The Blackwell Dictionary of Western Philosophy*，Oxford：Blackwell Publishing，2004，p. 63.

⑤ ［古希腊］亚里士多德：《形而上学》，吴寿彭译，商务印书馆 1959 年版，第 5 页。

卡西尔并没有明确提出对符号化思维的非功利性诉求，这一诉求的提出本身就是一种冗赘：列维－斯特劳斯的结论就包含了认知成为有用的逻辑可能性，认知本身的非功利性并不等同于排除了它在实践中成为实用的现实可能性。事实上，人居住于世界之中，必然对有用性提出合理的诉求，但是，颠倒了在认知的非功利性与有用性之间的逻辑先后关系，这一行为并不具有任何的合法性。

与列维－斯特劳斯对“科学”一词的理解不同的是，科学作为卡西尔的重要思想渊源之一，它是本真性的、“未驯化的”。他经常使用“理论科学”（theoretical science）这一术语来替代传统意义上的“自然科学”，一方面凸显了与颠倒的、异化的认知的区别，另一方面则显现出它的非实用性的特征。而卡西尔对技术的批判正是从否定性的维度对这一点的强调与深化——科学与技术的分裂和对立，正是在符号化思维的语境下列维－斯特劳斯的野性思维与科学思维之间的分裂和对立的变化形态和表现形式。技术的破坏性力量并不仅仅止于表面上的拜物教和快乐主义，而在于它摧毁了人类认知活动的最本真的特质和力量——自由。诚如叶秀山先生所指出的：

> 在人类历史上，古希腊人使得一种科学性的思想方式得到了自觉的运用和发展。这种思想方式，并不完全受眼前的实用功利所支配，在形式上采取了客观的态度，使世界成为“对象”，对它进行观察、思考和研究。相对于那种狭隘的功利态度言，它是“自由”的态度，“静观—客观”的态度。在这种态度的自觉运用下，使得“科学—知识”成为不同于受制于眼下功利的“技术—知识”。在这个意义上，人类精神第一次摆脱了狭隘功利态度，成为“自由”的精神。①

但是，卡西尔不会认同，是古希腊人第一次使认知的自由的精神本性摆脱了狭隘的功利性。对他来说，一切符号化认知活动本身都不可或

① 叶秀山等：《西方哲学史》（学术版）第1卷，江苏人民出版社2004年版，第5页。

缺地凝聚着这种自由的精神。古希腊人虽然看到了这种自由，但缺乏相应的方法论。而在卡西尔这里，符号化的自由精神与构造方法融为了一个整体。

然而，优越性本身并不构成为符号与符号形式哲学本身的合法性的可靠根据，在哲学上，认识论从来都不是单纯地作为一种关于知识的理论而独立存在的，相反，任何一种认识论都必然是基于某种形而上学理论才成为可能。因此，对符号的形而上学分析就成为我们的阐释中一个不可或缺的环节。

第四节　意义论的而非存在论的世界理解

克罗伊斯记载了一项关于卡西尔的逸事：1906 年，卡西尔完成在柏林大学的教授入职试讲后，在非正式座谈会上，新康德主义现实主义者里尔（Alois Riehl，1844—1924）指责他“否定了物理对象的存在”。[①] 无论这一指责是否成立，都确实合理地提出了一个要求，即，对关系逻辑以及符号的一个形而上学分析，是确定它们的合法性的必要前提。

一　世界理解作为符号论形而上学的切入点

然而，这项工作的开展无疑是十分困难的，因为今大对“形而上学”这一概念本身的界定是十分模糊和争论不休的。《布莱克威尔西方哲学辞典》给它下了一个定义：“现在，形而上学一般指称的是对现实的最根本的项或特征（本体论）的研究，或者是在对现实的解释中所使用的最根本的概念的研究。”[②] 但它同时还指出，这样一个定义仍是有争议的，因此，它列举了亚里士多德、理性主义者（如笛卡尔

① John Michael Krois, *Cassirer: Symbolic Forms and History*, New Haven: Yale University Press, 1987, p. 18.

② Nicholas Bunnin and Jiyuan Yu (eds.), *The Blackwell Dictionary of Western Philosophy*, Oxford: Blackwell Publishing, 2004, p. 429.

等）、康德、海德格尔等多位哲学家对形而上学的不同看法。这就使得我们对符号的形而上学分析一开始就奠立于“地震带”之上。

同时，卡西尔并没有像康德和海德格尔那样，明确地对形而上学问题予以集中的论述，虽然在1995年克罗伊斯和费尔纳将卡西尔的一部分遗稿结集为册，出版《符号形式的形而上学》（*Zur Metaphysik der Symbolischen Formen*），其英译本更是增添了一个主标题“符号形式哲学（第4卷）”，笔者以为，这一编辑法和标题法都是颇可商榷的，它辑入的手稿包括了1928年和1940年两个不同的时期，虽然都关系到形而上学问题，但这一标题法实际上趋向于一种误导与遮蔽，人为地降低了卡西尔在其他著作中关于这一问题零散但关键的表述的重要性，更毋论这一辑中的两部分本身就是零散的。因此，相较于这一编辑本，对符号的形而上学分析应当广泛从卡西尔的全部著作，尤其是《实体与功能》及三卷本《符号形式哲学》中去寻找线索。

在卡西尔那里，甚至没有一个与“存在”或“本体”相近似的概念，因此，从什么概念切入他的形而上学思想，在研究者当中是有争论的。但综合来看，有两个概念得到了较广泛的重视与讨论：一是“世界理解”（Weltverstehen），二是“原现象”（Basisphänomene）。就后者来说，克罗伊斯和费尔纳都着重强调了原现象作为符号形式哲学的形而上学基石。笔者对此并不赞同：首先，从“原现象”的语义来看，它意谓的是“解释者不可僭越的最后界限，是解释的最后归宿，而非其中的一个环节和站点，是‘无限倒退’式的解释活动中不可倒退者”。[①] 不难理解，这个“不可倒退者”应当是一而非多，但在克罗伊斯和费尔纳那里，“原现象”都是以复数形式出现的。其次，卡西尔在使用“原现象”时，“使用多个不同的术语来指称它，包括‘我’、‘行动’和‘作为’”[②]；同时，在克罗伊斯的阐释中，又把“生活”（Leben）、“表达性意义”（expressive meaning）

① 石福祁：《卡西尔符号形式哲学中的“符号性孕义”概念》，博士学位论文，北京大学，2009年，第44页。

② Thora Ilin Bayer, *Cassirer's Metaphysics of Symbolic Forms: A Philosophical Commentary*, New Heaven: Yale University Press, 2001, p. 5.

和“符号性孕义”（symbolic pregnance）[①] 这三个概念视作原现象。基于对“原现象”的表达与理解上的差异甚至混乱局面，以此作为符号的形而上学的切入点，只可能会造成更大的混乱，而无助于问题的澄清。

如果从关系逻辑的建构与其对物的逻辑的解构来看，它颠覆了一种对世界的通常的或天真的世界理解（ordinary/naive view of the world），而同时展现了一种新的世界理解——符号宇宙（symbolic universe），其逻辑脉络清晰可辨；且如石福祁所指出的，“从学科属性来说，卡西尔的符号理论是一个文化哲学或者人类学，它的最终目的在于‘世界理解’以及对于‘人是什么?’这个终极问题的回答”。[②] 因此，笔者选择“世界理解”这一概念作为统摄和领会整个符号形式哲学的核心和枢纽，其根据便在于此。

从空间、时间与数作为智性的先天关系这一规定中，我们不难看出，不存在一个独立于人类而自存的“外部世界”，我们的直观世界以及这个世界内的一切“经验”对象，本身就已经是一种被构造的“内部世界”。换言之，卡西尔的哲学实质上是一种一元论。然而，人类语言在其本质上就是二元的，这就给我们的论述造成了进一步的困难，用二元论的语言去领会和阐释一元论的哲学，更毋论二元论的传统已经渗透到日常生活和科学、哲学的方方面面，误解是在所难免的。因此，这里须首先明确提出以作为讨论的一个重要前提且应时时谨记和提醒自己的就是：

> 卡西尔非常明确地说，不论是感性和意义，还是形式与质料，它们都不是两个实在的部分，而是两个不同的因素，它们的二分性属于知觉自身不可歪曲的事实，属于它自己的现象学特征。按照卡西尔的说明，这两个因素之间的区分实际是一种“思想的区分”或

① 参见 John Michael Krois, *Cassirer: Symbolic Forms and History*, New Haven: Yale University Press, 1987, pp. xii, 61, 140。

② 石福祁：《卡西尔符号形式哲学中的“符号性孕义”概念》，博士学位论文，北京大学，2009年，第31页。

者“观念的区分”、是 distinctio rationis（“理性的区分”）。[①]

在此，我们才能开始进入卡西尔的“认知现象学”（Phänomenologie der Erkenntnis）——他以此作为《符号形式哲学》第三卷的副标题。笔者以为，在“认知现象学”这一表达中，已经包含着符号形式哲学的全部形而上学奥秘。

但是，“现象学”这一概念在哲学领域中被如此广泛地使用，因此，一个先行的辨析是必要和有益的，以便将卡西尔的现象学与其他哲学家的现象学观念区别开来。这里主要将他与康德和胡塞尔区别开来——后者使现象学真正成为一个完整的思想系统和哲学学派，前者的“现象”观念则孕生了现象学思想的萌芽，因此，选择他们是具有典型性的意义的。

二　卡西尔的现象观念及其认知现象学的要义

如果仅仅从知识——狭义的自然科学意义上的知识——来说，康德肯定了我们的知识仅仅是关于现象的知识，这就意味着自在之物只是一个纯粹方法上的逻辑对象，一个纯粹消极性的概念，它本身不具有也不应该具有任何确定的规定——虽然康德实际上不自觉地跨越了自己所设立的界限，否则，必然是趋向一种理性的幻象。

自在之物这一概念是有其积极的意义（significance）的：“这样一个概念能够作为一个限制性的概念来规制感觉（虽然它给我们这样一种印象，即可感知对象的领地与一般意义上可思维的对象的领地之间并不是完全相一致的）。”[②] 因此，正如罗素所指出的，我们应当把全部的重心和关注放在我们所能亲知的感觉经验之上，以此作为一切知识与哲学的根据地和出发点；甚至，虽然这样一个设定有着自身的天

① 石福祁：《卡西尔符号形式哲学中的“符号性孕义”概念》，博士学位论文，北京大学，2009 年，第 59 页。

② Ernst Cassirer, *Kant's Life and Thought*, trans. James Haden, New Haven: Yale University Press, 1981, p. 215.

然合理性，但是从思想的经济原则来看，我们可以将它完全"悬搁"。就这一点来说，卡西尔的立场应当是与罗素一致的，在他的《康德的生活与思想》中，他反复强调了自在之物作为一种观念的存在而非实体的存在的特征，强调它的消极的而非积极的意义。当然，卡西尔也反对罗素在经验的基础上重新建立起一种新的事实本体论。

此外，在康德来说，自在之物这一设定并不仅仅关涉到他的认识论，而且同样紧密地与其伦理学联系在一起，并在事实上构成了人类道德意识如何可能的理论根据。克莱夫清楚地指出，康德认为，"道德律令只能对自由的、理性的人作出命令，而被道德所预设的自由仅能在一个本体的世界中找到"。[①] 如此，自在之物这一概念在康德哲学中事实上居于一种模糊的地位，相应地，自在之物与现象之间的界限不仅模糊化了，甚至要求且应当被打破。虽然康德通过划分领地的方法似乎调和了它们之间的对立与矛盾，但这只不过同时意味着人自身的分裂，意味着人类知识与道德的分离，意味着康德对卢梭的自然主义立场的认同，正如后者在著名的论文《论科学与艺术的复兴是否有助于使风俗日趋纯朴》中所表明的否定立场那样，对人类科学进步与艺术发展全面否定。[②] 可见，康德的"现象学"立场并不坚定。

相较于康德，就"现象学"这一立场本身来说，不难看出，首先，卡西尔的一元论立场使他严格地坚持一个世界、坚持一个现象的世界的立场；其次，对现象世界的坚持，应当从其字面意义和日常意义，从世界作为显现（appearance）这一本义的角度去理解，而不是将它转变为一种新的本体论。这应当构成"认知现象学"的第一重要义。

就"现象"本身的立场而言，卡西尔与胡塞尔之间有着直接的统一性。胡塞尔抛弃了 Phänomen 在其词源上的动词性属性，而凸显其名

---

① James Van Cleve, *Problems from Kant*, Oxford: Oxford University Press, 1999, p. 133.

② 严格来说，卢梭并没有否定与拒绝科学与艺术本身，而是斥责假科学、假艺术。但同时，他把迄至目前人类科学与艺术所取得的一切成果几乎全部归为假科学、假艺术，因此，从实质上和效果上来看，他是否定了科学与艺术本身的。参见［法］卢梭《论科学与艺术的复兴是否有助于使风俗日趋纯朴》，李平沤译，商务印书馆 2011 年版。

词性属性："［Phänomen］源自希腊文的'现象'概念和德文中的'显现'（Erscheinung）概念都具有动名词的双重含义。在胡塞尔的术语中，它们和在日常用语中一样是同义词。但与'显现'不同，胡塞尔在其表述中只是将'现象'作为名词使用。"① 这一转变的核心并不是语义学的，而是形而上学的，它意味着胡塞尔对自在之物的彻底悬搁，在现象背后不再有或需要一个使其显现为当下所是的东西，现象即现象本身，是构成其自身客观性的根据。但是，这并不意味着现象学是一种新的本体论，而是要通过悬搁和解构那个原本被认作本体的世界，来确立新的"属人的"世界的合法性与唯一性。

因此，无论是对卡西尔还是胡塞尔来说，一个根本性的问题是：世界是如何成为"我的世界"的？在这一点上，"认知现象学"与"意向性现象学"完全区别开来。

对于胡塞尔来说，一方面，"意识的基本特征是意向性，即一种意向的指向，它由空泛意向、空泛'意指'出发而指向充实，亦即指向'自身具有'＝明见性。意识的意向性这个概念因此也就是意识的成就的概念，胡塞尔将这种成就称之为构造。在构造中，我思的被思者、意识的'对象'不是作为个别的对象，而是作为世界之中的对象构造起自身，世界在这里是指围绕在周围的整个视域。意向性的成就就是综合，而且是作为主动的和被动的构造的综合"。另一方面，则通过交互主体性来建构与保障世界的客观性："世界的客观性在根本上意识着交互主体性，即在现实的和可能的共通化了的主体之间的相互关系。"②

卡西尔看到，在胡塞尔那里，他把意识给绝对化了③，这种绝对

① 倪梁康：《胡塞尔现象学概念通释》，生活·读书·新知三联书店 2007 年版，第 337 页。

② 倪梁康：《胡塞尔现象学概念通释》，生活·读书·新知三联书店 2007 年版，第 339、342 页。

③ 倪梁康先生指出："先验主体性作为绝对直观的基本状态是绝对的主体性。它本身连同其本质结构在历史的目的论进程中揭示出自身，这是一个事实。这个事实的事实性以及历史的意义问题是形而上学的课题。胡塞尔没有完成对这门被现象学所要求的并且产生于现象学之中的形而上学的构想。因此，对主体性的绝对性的释义在解释者那里始终受到争议。"参见倪梁康《胡塞尔现象学概念通释》，生活·读书·新知三联书店 2007 年版，第 348 页。

化意味着意识本身是空泛的、无内容或意义的，意味着意识与其意向性的对象之间完全居于不同的层面，来自两个不同的世界。如此，世界与认识的客观性事实上并不能建立在交互主体性之上——交互主体性并没有改变意识与意向性对象之间的分裂问题，而必然具有两个居于不同层面的来源，才能使得这个意向性的对象成为充实的和富有意义的。因此，现象学意义上的现实在胡塞尔那里不得不被区分为“原质层”（hyletic stratum）和“纯智层”（noetic stratum），区分为本身不具有意向性的感官经验和意向性的意识本身。但是，意向性的经验从非意向性的感官经验中产生出来，这一产生又如何能得到“现象学的”阐明呢？

卡西尔看到，在哲学史上，一旦设定了某种二元论，那么，任何企图重新将二者统一起来的努力最终都是徒劳无功的：一个设定的前提怎么可能在这个设定的前提下得到解决呢？这本身就是一种不可解决的逻辑矛盾，是一种自我悖谬。

从形而上学的维度来看，卡西尔的“认知”与胡塞尔的“意识”似乎在本质上并无二致，它们都共同指向一种积极的、构造性的主体性。因此，如果说胡塞尔把意识置于远离尘世的天堂，那么，卡西尔又是如何能够将认知置于尘世之中呢？事实上，对卡西尔来说，这一提问法本身就是错误的，因为它实际上将他置于同样的二元论立场上，这是对他的哲学思想最大的误解与歪曲，是解释者将自身桎梏于形而上学二元论传统的表现。

在卡西尔的哲学中，原质层与纯智层从一开始就是融为一体的。这一阐述看上去似乎是一种语言的诡辩术，因此，在这里，我们必须重申在前面确定下来的讨论的前提条件，必须让自身超出语言自身的二元论特质和形而上学二元论传统的双重枷锁。卡西尔指出，长久以来，人们对康德所提出的先验主义哲学路向、对其哥白尼式革命的真正内涵的理解都是错误的，都没有意识和领会到它真正的革命性与创造性之所在：

康德的体系被他的阐释者们描绘为一个纯粹的形而上学体系，

> 这与被描绘为一个纯粹经验的体系、一个批判经验主义甚至实证主义的一样常见。但是，所有这些描画都没有表述出康德的立场的核心以及最重要、最根本的意图。因为，在康德对问题的阐述中，其独到之处在于，它在经验与思想这两个对立的极点之间设定了一个完全不同的关系。一种纯粹的相关性取代了对立的位置。①

应该说，这是卡西尔对康德哲学的独到理解与阐释，因为甚至康德本人在其哲学体系中也未曾设想过一元论的世界图景。不难看出，康德与胡塞尔的这种二元论立场，本身就是物的逻辑在形而上学层面的必然延伸。但是，就卡西尔的哲学来说，这就造成我们除了认可世界就是一个认知的世界、一个符号的世界这一点之外，再也无法对它作进一步的论述与阐释的必要和可能。事实上，虽然我们不应该把作为统一体的生活世界割裂开来，但显然，这并不妨碍我们在思想领域去如此思维它，正如康德就超验对象问题所指出的，虽然我们不能认识它，但这并不会阻止我们去思维它。

在卡西尔的著作中，这一问题显现出两种可能的思维方法与路径。一是借助逻辑推论去设想一个“不属人的”世界的图景，二是将人的世界与动物的世界相比较。若假设一种二元论，就必然要求先找出与主体性——它作为二元的一极是显而易见的——相对立的另一极是什么。康德设想了一个自在的世界，胡塞尔则是一个不具有意向性的感官世界，在卡西尔这里，他选择的同样是感官世界。

当卡西尔将康德的被动性与接受性的空间与时间改造为积极性与构造性的、改造为既是直观的又是综合的之时，他实际上已经彻底放弃了自在世界这一设定，否则必然会走向理性的僭越。所谓构造世界，对于他来说，实则意味着赋秩序予世界，而不是在存在论意义上的创造世界——

① Ernst Cassirer, *Symbol, Myth and Culture: Essays and Lectures of Ernst Cassirer, 1935 – 1945*, ed. Donald Phillip Verene, New Haven: Yale University Press, 1979, p. 52.

> 自我、个体的心灵无法创造现实。人是被现实所环绕着的，这一现实不是他所创造的，而是他不得不接受为一个最终的事实的。①

当排除了自在世界之后，所剩的也仅有感官世界这一可能。在这里，我们必须将直观世界与感官世界区别开来，虽然卡西尔本人有时并没有在很严格的意义上来使用这两种，但这种不严格仅仅意味着对一元论哲学来说，这种区分并无现实的意义，甚至本身就是一种歪曲。

因此，卡西尔的现象学思想的第二重要义是，从思辨的角度来看，现象世界的“对立面”不再是自在的世界，而是感官的世界。以此为前提，如果没有空间、时间和数这些先天关系，或者说它们是感官对象本身所固有的属性，那么，这个感官世界是一种怎样的图景？在卡西尔的时代，感觉主义以恩斯特·马赫为著名代表，他坚定地反对有任何意义和程度上的理性主义和先天观念——“综而言之，感觉主义可以用一句话来概括：‘世界就是我的感觉’。”② 卡西尔将其称为“武断的感觉主义”（dogmatic sensationlism），并指出：

> 武断的感觉主义低估纯粹智性因素的重要性，并且，尽管它坚持以感觉作为精神生活的基本因素，但它根本上既不能涵括感觉概念的全部，也无法涵括它的全部效果。武断的感觉主义呈现出一幅不充分和扭曲的感觉画面，它局限于“印象”，局限于单纯感觉的瞬间被予性。③

换言之，如果排除智性的构造功能，感觉只会呈现为混乱的瞬间印象，

① Ernst Cassirer, *Symbol, Myth and Culture: Essays and Lectures of Ernst Cassirer, 1935 – 1945*, ed. Donald Phillip Verene, New Haven: Yale University Press, 1979, p. 195.

② Nicholas Bunnin and Jiyuan Yu (eds.), *The Blackwell Dictionary of Western Philosophy*, Oxford: Blackwell Publishing, 2004, p. 634.

③ Ernst Cassirer, *The Philosophy of Symbolic Forms. Vol. 1: Language*, trans. Ralph Manheim, New Haven: Yale University Press, 1955, p. 87.

更确切地说，是纯粹的无序与混乱（chaos）。因此，“属人的”世界与“不属人的”世界之间的区别就在于有序与无序，但是，作为混乱本身的感觉，是不可能使自身有序化的。卡西尔发现，这种对秩序的诉求，不仅是现代文明，同样也是原始文明，是一切民族所共有的特征。在诸多民族的神话与宗教中，“他们一致地赋予创世主以双重的责任和任务——作为宇宙的和道德的秩序的创建者，并从混沌的武力下拯救它们”。[①] 然而，人类必须承认和正视自身的有限性，他不可能像创世主一样无中生有地创造一个世界，而只可能是赋某种秩序予世界。因此，世界的真正本质是秩序，而不是个体性的对象，对象在世界中的位置和身份仅仅是秩序的承载者和显现者。

似乎感觉到这样一种抽象的逻辑思辨仍不够充分和富于说服力，在其后期思想中，卡西尔开始将人的世界与动物的世界相比较，以更直观地说明问题，这主要表述在《人论》及同时期的一些讲稿中。在《人论》中，卡西尔通过与动物的信号世界的比较来凸显人的符号世界的智性特征；而在1942年一篇关于语言与艺术的讲稿中，则更鲜明地强调了两个世界在无常与有常之间的差异性：

> 一个不会说话的存在、一个动物生活于其中的现实，与人的现实是有着极大的差异的。它领会、认知或辨别的方式，不能用我们人类的标准来衡量。通过动物心理学我们所了解的事实告诉我们，动物的经验较之于我们的经验，可以说是处于一种更不稳定的、起伏不定的、不确定的状态中。现代比较心理学为描述这种状态已生造出一个特殊的术语。我们被告知，动物还不是生活在一个经验的“物”的环境中，它生活在一个混杂的、离散的环境中。它不知道这些确定的和泾渭分明的、稳定的和持久的对象——这些是我们人的世界的显著标志。我们赋予这些对象以一个始终如一的“本质”。它们可以在极其不同的条件下被证实为

---

① Ernst Cassirer, *Language and Myth*, trans. Susanne K. Langer, New York: Dover Publications Inc., 1953, p. 42.

同一的和可辨认的。[①]

从二元论的角度来看，人和动物是生活在"同一个世界"之中的，但同样具有五官感觉甚至更加敏锐的动物，其世界理解与人呈现出如此显著的差异性。对动物来说，它们仅仅生活在瞬间的当下，遵循着"刺激—反应"的生活模式；但对于人来说，"不能两次踏进同一条河流"却使得人不成其为人。这就证实了感觉主义的谬误，证实了这种差异性不可能来自这个"同一个世界"本身，而只可能来自人之于动物本身所具有的某种差异，或者说，人具有某种动物所不具有的能力或功能，使得世界成其为人的。证实这一点，在此就已经足够了，至于这种能力或功能，在术语学上被称作理性、意识还是精神、智性，其本质是不变的。

而一旦我们确认了这"同一个世界"本身还不是一个属人的世界，它对于人类而言并不等于现实（reality），那么，一个迫切的要求就是对"现实"的重新描述与界定。但是，如果这同一个世界是由外部给予我们的，我们又能对它做些什么？我们所赋予它的秩序本身又意味着什么？在与动物的比较中，不难看出，存在论意义上的"存在"于人类是无足轻重的，无论这"同一个世界"是如唯物主义者所认为的自始就客观地存在着的，还是如唯心主义者所以为的是另一个真实世界的投影，抑或甚至是某个创世主的作品，人对此都是无能为力的，对他来说这不是真实反而是幻象。那么，与其徒劳地去操心自身存在的真实或虚幻，毋宁让自身脚踏实地于这个人所可能拥有和唯一拥有的、看上去不那么真实的现象世界，这反而是一种真正的人的现实。

但这个现象的世界，不再是康德眼中自在世界的显现（就"显现"一词的动名词双重意义来说），不再是胡塞尔的由不具有意向性的感官世界产生出的意向性世界；它是完全割断了与存在论意义上的感官世界或实在世界的任何关联性的现象世界本身，或者更确切地说，

① Ernst Cassirer, *Symbol, Myth and Culture: Essays and Lectures of Ernst Cassirer, 1935 - 1945*, ed. Donald Phillip Verene, New Haven: Yale University Press, 1979, p. 150.

它自始至终和它们并不处于同一个层面之上：

> 我们确实发现，在这个**知觉世界之外和之上**，所有一切领域都自由地产生出它们自身的符号世界，它是它们（感觉——引者注）内在发展的真正媒介——这个世界的内在质性仍然完全是感觉的，但已经展现出一种被赋有形式的感觉，也就是说，被精神所规制的感觉。在这里，我们不再迫不得已地与一个单纯被给予的和当下的感觉世界打交道，而是一个通过自由创造某些形式而产生出的一个不同的感觉因素的系统打交道。[1]

必须说明的是，所谓在“知觉世界之外和之上”并不意味着人生活在双重的世界里，而仅仅是出于阐释问题的需要。甚至，在某种程度上，卡西尔使用“现象”这个极易引起误解的术语更多的是出于既有哲学术语系统的无奈选择。

重要的是，无论是亚里士多德的可直接面对和亲历的“这某物”还是康德的不可认识只可思维的“超验之物”，无论是一个我们触手可及的木偶还是科洛迪笔下的匹诺曹，在这个现象的世界里，它们具有同等地位与身份。换言之，传统哲学将自身束缚在存在问题上，这本就是思想定向上的桎梏，面对现象世界，我们能且仅能把全部关注集中于世界的秩序层面，即从存在论转向意义论（a level of meaning）——这构成卡西尔“现象学”的第三重要义。卡西尔用关系逻辑取代物的逻辑，正是这一变革在认识论层面的具体表现和必然要求。

三　精神的能动性与意义论的世界理解的确立

只有在存在论的层面，我们才有可能追问“它是什么?”，而在意义论的层面，我们应当追问的是“它具有什么意义?”。但是，这似乎

---

① Ernst Cassirer, *The Philosophy of Symbolic Forms. Vol. 1*: *Language*, trans. Ralph Manheim, New Haven: Yale University Press, 1955, p. 87.

将人类世界推向相对化的危险境地。然而，细加辨析的话，这种误解只是出于将人类功能性的认知活动与个人意识简单等同的结果。在丧失了客观存在的物作为秩序的保障之后，这并不妨碍在关系的基础上重建秩序的客观性——虽然并不是绝对意义上的客观性。然而，这种相对的客观性恰恰是人类认知活动的本质特征和优越性所在。如果我们的知识建立在一个刚性的、不变的基础之上，那么，一切发展或进步的可能性都将丧失；而在关系的基础上，对象之意义的客观性在这一关系之内得到了保障，但并不排除我们将这对象置于另一关系之中，赋予其新的意义。

在对象身上，知识显现为一个无限的意义累积过程，我们发现和构造出的不同关系愈多，这个对象就显现出更丰富的、更充实的意义。因此，一方面：

> 既然单纯性与系统的完整性总是相对的，总是有着一种可能，我们可以通过对原生性的假设作恰当的改变来达到另一个更加满意的结果。但是，对绝对有效性的拒绝并没有对数学和精确科学的符号之客观意义产生任何剥夺。因此，它们并不是从它们背后的超验的客体或它们所拷贝的客体上获得其意义的，而是从它们的成果本身、它们的对象化功能中获得自身的意义。①

另一方面，在对关系或结构的选择与构造中：

> 只有第一步行动——对某些经验元素的选择以使它们对应于某个构造性的形式——是自由的，而在第二步及接下来的全部活动中我们只是奴隶，除非思想通过一个新的行动，将这整个推论体系搁置起来而开始一个新的假设。②

① Ernst Cassirer, *The Philosophy of Symbolic Forms. Vol. 3*: *The Phenomenology of Knowledge*, trans. Ralph Manheim, New Haven: Yale University Press, 1957, p. 421.

② Ernst Cassirer, *The Philosophy of Symbolic Forms. Vol. 3*: *The Phenomenology of Knowledge*, trans. Ralph Manheim, New Haven: Yale University Press, 1957, p. 421.

因此，在卡西尔看来，世界不是由一个个孤立的物构成的世界，而是一个结构化的世界[①]，这个结构化的世界使知识在其客观性与革新性之间获得辩证的统一。

我们看到，胡塞尔也表现出这种结构化世界的观念，“视域”概念正是集中地凸显了任何意向性对象本身都不可能是完全孤立和封闭的，都是在世界之中的对象。但是，他对“内视域”与“外视域”的区分，使其哲学立场在某种程度上可归于罗素的折中主义，正如后者坚持内部关系与外部关系并存一样。[②] 并且，这一保守的折中主义，使他不得不将世界的客观性保证奠立于交互主体性之上。但是，交互主体性如果不求助于他们之外的第三种标准的话，那么，这种交互主体性最终只会沦为一种集体性的“同意”，不可能构成客观性的真正保障；同时，这种交互主体性的要求实则意味着对世界的同一性与单纯性的诉求，必然使人的生活世界转变为机械而单纯的世界。

因此，虽然卡西尔是从胡塞尔那里借用来“生活世界”（the life world）这一术语，但胡塞尔显然并未真正摆脱自然科学世界的束缚，并没有真正看到生活世界应然的丰富性与多样性。但对于纯粹的结构化世界观念来说，交互主体性并不是决定性的。矿物商人看不到矿石之美并不妨碍和排除我对这种美的欣赏，两者之间并不强求任何同意，只是不可否认的是，他们都从不同的方面使我们对于矿石的认识更加丰富和多样。

究其根源，胡塞尔显然还不能完全挣脱存在论哲学和物的逻辑的束缚，没有在最彻底的意义上悬搁存在问题，而表现出更多的犹疑不决。对于卡西尔来说，一个既能彻底地消解存在论的色彩，又能恰当地表现这一结构化世界观念的术语，符号显然是再适合不过了。在这

---

① 邓晓芒先生提到了“结构自然观”这一概念，较准确地表达了这一思想。但是，除他之外，笔者未见有国内学者直接谈论过这一概念。参见邓晓芒《古希腊哲学中结构自然观的形成》，《湖南社会科学》2000年第3期。

② 参见倪梁康《胡塞尔现象学概念通释》，生活·读书·新知三联书店2007年版，第216—217页。

个符号的世界里，一切符号形式，都从不同的关系与结构来赋予在世界中的对象以意义，就此来说，“不仅自然科学，而且语言、神话、艺术和宗教都提供了建筑材料，由此，一个‘现实’的世界和一个人类精神的世界为我们构造出来，一言以蔽之，一个我的世界（the World-of-the-I）”①。因此，当我们说卡西尔的“现象学”导向一个符号的世界、是一个意义充实的世界时，必须在充分地把握上述区别的基础上才能真正把握和领会。

不难看出，这个结构化的现象世界之所以可能，最终都指向一种构造性和能动性的思想或精神（spirit）。在卡西尔哲学中，能够在真正意义上称之为“原现象”的，有且仅有精神。在精神中内蕴着，或者说精神本身就是“一种原生性的和自律性的活动”②。但是，“精神”这个在哲学史上被哲学家们广泛使用，且在不同的语境和意义上使用的概念，对理解卡西尔的哲学很难产生积极性的作用，反而构成一种妨碍；当它与“原现象”这一表述结合起来，一种几乎必然的误读——将它与黑格尔的“绝对精神”相提并论——并不奇怪。亨德尔认为：

> 从感官知觉到物理科学，到生物知识，到精神在艺术和伦理生活、哲学和宗教中的文化表达，这种辩证法引领着人们不可抵挡地趋向歌德的所谓“最高之物”、趋向在差异之中且包含着差异的那个绝对同一性、趋向精神的现实实现。③

在他看来，卡西尔与黑格尔的区别仅仅在于“卡西尔想要发现迄今为止人类所实现的现实形式，而黑格尔给人的印象是他知道它

① Ernst Cassirer, *The Philosophy of Symbolic Forms. Vol. 1: Language*, trans. Ralph Manheim, New Haven: Yale University Press, 1955, p. 91.

② Ernst Cassirer, *The Philosophy of Symbolic Forms. Vol. 1: Language*, trans. Ralph Manheim, New Haven: Yale University Press, 1955, p. 90.

③ Ernst Cassirer, *The Philosophy of Symbolic Forms. Vol. 1: Language*, trans. Ralph Manheim, New Haven: Yale University Press, 1955, p. 33.

的全部”。[①] 笔者不能赞同这种理解和阐释，而认为它有断章取义之嫌，将卡西尔哲学强扭向一个完全不属于他的方向。

确实，在《符号形式哲学》第一卷中，卡西尔曾这样表述过：

> 只有通过追寻它的原生的、想象性的力量所选取的不同的方向，我们才能达至一个心灵的多样显现的系统。在它们当中，我们看到映射出的人类精神的最重要的质性——它仅能通过对感觉材料的塑形才向我们展现其自身。[②]

无疑，这一表述容易使人联想到通过否定之否定的进程达到最终的主客观相统一的绝对精神。兼且，在第三卷前言中，卡西尔对“认知现象学”这一副标题作了解释：“说到认知现象学，我在使用‘现象学’一词时，并不是就其现代意义来说的，而是就其基本的意义来使用的，就如同黑格尔所展现和系统地奠基的那样。”[③] 这似乎进一步确证了亨德尔对精神的黑格尔式解读的合理性。但是，联系这两段表述的上下文，正如在第一卷中紧邻的段落，卡西尔直接表明了他所要论述和阐释的目标——“感觉符号的不同体系的创建，确实是一种纯粹的心灵活动”。[④] 而在第三卷前言中，更是清楚地说明了，对于知识的理解与领会，重要的并不是某一学科所取得的具体的成果，而是知识生产的模式与程序；之前，卡西尔发现和形成了“规律之于物在认识论上的优先性”这一观念，因此，在第三卷这一部被他作为对符号形式哲学作一总结的著作中，有必要进一步去“澄清和确证这一观念”。[⑤] 基于

① Ernst Cassirer, *The Philosophy of Symbolic Forms. Vol. 1: Language*, trans. Ralph Manheim, New Haven: Yale University Press, 1955, p. 34.

② Ernst Cassirer, *The Philosophy of Symbolic Forms. Vol. 1: Language*, trans. Ralph Manheim, New Haven: Yale University Press, 1955, p. 88.

③ Ernst Cassirer, *The Philosophy of Symbolic Forms. Vol. 3: The Phenomenology of Knowledge*, trans. Ralph Manheim, New Haven: Yale University Press, 1957, p. xiv.

④ Ernst Cassirer, *The Philosophy of Symbolic Forms. Vol. 1: Language*, trans. Ralph Manheim, New Haven: Yale University Press, 1955, p. 88.

⑤ Ernst Cassirer, *The Philosophy of Symbolic Forms. Vol. 3: The Phenomenology of Knowledge*, trans. Ralph Manheim, New Haven: Yale University Press, 1957, p. xv.

卡西尔的实证精神与黑格尔的纯粹思辨之间的巨大鸿沟，二者对“精神”的规定很难有任何一致性的可能。

因此，笔者以为，卡西尔从黑格尔那里学习的仅仅是其在阐明自身的思想时那种系统化的方法，无论现代哲学对黑格尔的“绝对精神”表现出如何激烈的批评，但不可否认的是，黑格尔在《精神现象学》中用来说明与阐释绝对精神的系统化方法，对于问题本身的澄清有着显著的优越性。因为在《符号形式哲学》前两卷中，卡西尔仅仅分别讨论了语言与神话这两种符号体系，对于任何想要真正理解和把握他的哲学思想的人来说，这种“零散工作”必然造成极大的困难，因此有必要将它们置于一个“系统工程”之下。毋庸置疑，能动性的精神关系到卡西尔整个符号形式哲学的合法性，关系逻辑、概念、意义、符号及符号形式，等等，最终都建立于其上，但对于它，我们只能通过分析单纯的感觉材料与系统知识之间的差异、通过确定知识相较于感觉材料所多出来的东西、通过对人的世界与动物世界的比较来确证这多出来的东西并不能归因于感觉本身，通过这样一种迂回的方法我们才能肯定它的能动性及其现实性。在此不难看出，划清卡西尔的“精神”与黑格尔的“绝对精神”之间的绝对界限，是重要的。

另一种较典型的看法则在石福祁那里得到了集中的表述：

> 意识作为一个圆满自足的整体，总是在自身之内包含着一个意义构造的能动性。由于这个能动性，意义从来不是由某个外在的东西所给予的，而始终是在意识之中生成并在意识中被直接地展示的。也就是说，意识本身并非单纯的、由某种超越于它的意义所整理和综合的东西；相反，意识是具有自我生成意义、自我综合的能动性的。正因为如此，每个意识也就是意义饱满的。作为意义整体的意识本身就是先验的存在，它自己赋予自己意义，也是对它的分析和理解的先验前提。我们看到，这样的思想的确贯穿于卡西尔的哲学发展之中，从他对功能优先于实体这一原则的论证，到对歌德原现象思想的情有独钟，再到这里的符号性孕义，无不体现出对意识、对知觉的能动性的重视，而这个能动性

也就是卡西尔所说的“精神作为的自由”。①

应当说，一方面，将对卡西尔的精神理解集中到它的能动性上，且无论对这种能动性如何强调，都是再适当不过的。但另一方面，本书并不赞同将意识本身理解为“意识整体”、理解为“先验的存在”，这一解释事实上仍是将卡西尔的精神与黑格尔的绝对精神在某种程度上等同起来。无疑，精神构成了符号形式哲学的形而上学根基，但这并不意味着它应当如在传统形而上学中一样，应当是某种“存在”，无论是经验的、先验的抑或超验的。如果我们能理解卡西尔何以一定要用关系逻辑来取代物的逻辑、用符号来取代物、用意义论取代存在论的目的与意图，那么就不可能志在这样一种存在论意义上的“解释”。

卡西尔看到，自然与精神、知识与生活的分裂与对立，是一个贯穿哲学史始终和任何哲学派别都无可回避的问题。他指出，从总体上来看，对这一二元对立的解决，浪漫主义借助于同一性哲学，通过一种美学的和谐化来消解这一传统；而现代哲学则只是直接撕裂一切掩饰，将这一断裂与鸿沟向我们血淋淋地展现出来。当然，这并不意味着现代哲学和哲学家对这一问题已失去兴趣，譬如马克斯·舍勒，仍秉承着一种康德式的哲学精神，试图从一种新的角度重建自然与精神之间的谐和。舍勒首先肯定了精神在其原生性上的毫无力量（powerless，impotent），肯定了自然的单纯的生物刺激性，在此意义上，人并不是一开始就区别于动物而成其为人的，而只有将自身从生物性本能的束缚中解放出来，通过在解放活动中与自身的生物性本能相搏斗，从而使自身获得了新的力量与内容。然而，如果人的精神从一开始就不具有任何积极的力量，那么，它是从何处获得指导与方向，将自身的目标置于对生物性本能的反抗之上，从而使得自身挣脱本能的束缚而不是永远沉沦在这种本能中呢？舍勒试图在设定一种二元论的前提

① 石福祁：《卡西尔符号形式哲学中的“符号性孕义”概念》，博士学位论文，北京大学，2009年，第128页。

下解决这一二元对立必然会归于失败。但同时，他无疑已经把问题的核心给清楚地展现出来，即精神的无力性；换言之，舍勒的失败反证了一点，即人的精神应当是具有某种力量的。舍勒显然谨慎地使自己避免趋向黑格尔式的精神，最终导向一种新式的哲学神学，这两条几乎完全相反的解决途径的失败似乎预示着这一问题的无从解决。

但是，卡西尔看到，"力量"（power）这一概念本身是否就是"一个彻底确定的、逻辑上完全无歧义的概念"这个问题。[①] 舍勒与黑格尔显然没有看到有着两种类型的能量：实效性的能量（efficient energy）和构形性的能量（formative energy），没有看到这两种力量有着本质性的区别：

> 实效性的能量直接针对的是人的环境，无论是为了如其所是地把握它还是占有它，抑或为了在某些确定的方向上改变它的进程。而另一方面，构形性的能量并不直接指向这个外部的环境，而是自足的：它在纯粹"形象"（image）而不是"现实"（actuality）的维度运动。在这里，人的精神并不直接和对象对立，而毋宁是将自己编织进**一个它自己的世界**，**一个记号的**、**符号的和意义的世界**。[②]

对精神自身的力量或能量的承认，并不必然导向理性的僭越和哲学的神学。舍勒的矛盾根源在于他的出发点仍然是传统形而上学意义上的绝对存在，因此，对他来说，解决的途径只可能是"非此即彼"（either-or），而看不到第三种可能性。不难看出，舍勒赋予人的精神实则是一种禁欲主义的力量，但即便这种对力量的否定性规定，也与其设定的精神的无力是相矛盾的——禁欲主义本身包含着一种积极的强力

① Paul Arthur Schilpp（ed.），*The Philosophy of Ernst Cassirer*，Evanston：The Library of Living Philosophers，INC.，1949，p. 868.

② Paul Arthur Schilpp（ed.），*The Philosophy of Ernst Cassirer*，Evanston：The Library of Living Philosophers，INC.，1949，p. 869.

精神。

卡西尔从舍勒的困境中得出的两个结论是：首先，精神自身必然具有一种“已经在手的和基于自身的能量”（energies already at hand and standing on their own）；其次，这种能量不是实体性的，而只是关于外表的（about-face）。“形式”这个在现代哲学中被广泛地认作为贬义性的概念，在卡西尔这里，当它脱离了存在论的束缚而转向意义论的维度时，就恢复了它自身的全部积极性和褒义性的内涵。通过“形式”，人的直观世界与动物的感觉世界完全区别开来，或者更确切地说，世界才成其为人的世界。同时，卡西尔对精神的阐释始终伴随着对它的可能性与现实性的一个证明，缺乏这一“证实”，符号形式哲学难以逃脱独断论的命运。

就精神的“能量”本身来说，笔者以为，它意味着一种纯粹的功能本身，在人的认知活动本身中得到具体的展现。卡西尔采用“功能”这一术语，正是为了与黑格尔式的绝对精神或康德的纯粹先验自我区别开来；“功能”虽然是人这一类或群体的普遍与一般功能，但只有在一个个具体的人身上才能被理解和把握。从“认知现象学”与“精神现象学”的直接对比中不难看出，在卡西尔这里，“认知”与“精神”在语法学上是具有相同的位置的。卡西尔要用“认知”来取代黑格尔的“精神”；而就他自己的哲学来说，“精神”与“认知”是同一性的。在这里值得指出的是，英译本中，曼海姆（Raplph Manheim）将“Phänomenologie der Erkentniss”译为“Phenomenology of Knowledge”，这并不妥切。德语中对 knowledge 有着更恰当的对应词语 Wissen，它们都是单纯名词性的，而 Erkenntniss 的本义是“（通过科研或思索获得的）认识、知识”①，是一个具有突出的动词性特质的名词，这种动词性特质正是对精神的能动性本身的显现，因此，更恰当的译法应当是 recognition 或 knowing。

换言之，对于卡西尔的“精神”概念的理解，应当避免任何形式的具象化，虽然石福祁在使用“先验的存在”这一表述，他实际上是

① 叶本度主编:《朗氏德汉双解大词典》，外语教学与研究出版社 2000 年版，第 519 页。

将它指向符号形式哲学的一般建构原则，但不可否认这一表述本身是极富误导性的。本书认为，一种更恰当的类比物是康德的“能力”（faculty）概念，或者更准确地说，是普鲁罕（Werner S. Pluhar）——《判断力批判》的英译者——所理解的意义上的“能力”：

> 我用“power”而非“faculty”这个词语，是为了将康德（关于认知、欲求等）的理论与传统的官能心理学区分开来，譬如我竭力避免对康德（作为单纯的能力）的能力具体化，换言之，避免将它们转化为心理学上的实体（psychological entities），如“在”心灵之中的层、源或机能。故此，在我的翻译中，像“判断的能力”“思维的能力”“概念的能力”“欲求的能力”，等等，总是指称一种能力（在前述意义上的“faculty”）。在这种表达中，“power”绝不是用来意谓任何像（概念的、欲求的等）力量（strength）或强有力（forcefulness）的东西。①

与这种观念上的、抽象的能力相适应，空间、时间与数都仅仅具有这种观念性的和抽象的特征，而不应当将其具体化。

尤其值得注意的是，在《符号形式哲学》第三卷中，卡西尔花费大量篇幅对“符号意识的病理学”进行讨论，且在给好友库尔特·戈尔茨坦（Kurt Goldstein，1878—1965）的两封信中，明确地提出了对“符号意识”和“感官意识”的区分。通过戈尔茨坦对神经学中对颜色名称的健忘症的临床分析②，卡西尔看到，一方面，患者能清晰地区分他所直接感觉到的任何颜色，亦即他的感官功能本身并不存在任何损伤或缺陷，但却无法在抽象的概念层面上表达某种颜色，由此不难断定，在人的生物感官知觉之外，还应当存在某种区别于感官知觉的知觉方式——这构成对“符号意识”的证实；另一方面，虽然卡西

① Immanuel Kant, *Critique of Judgment*, trans. Pluhar Werner, Cambridge: Hackett Publishing Company, 1984, p. 3.

② Ernst Cassirer, “Two Letters to Kurt Goldstein”, *Science in Context*, No. 4, 1999.

尔清楚地表达了将精神的能动性功能与生理学上的感官功能区别开来的意图，但是，这种区分与比较本身之所以可能，就意味着这二者应当是居于同一个层面的，更加上他在其他地方将人与动物相比较，给人造成的印象是：符号意识本身也是某种生理学上的实在的能力，只不过是人所独有的能力。尤其是现代脑科学的研究成果发现，人类的诸多高等认知功能，如语言及信息处理等，是基于大脑皮质层的各功能区的区划，这就进一步增强了对“功能”的实在性的印象。对于卡西尔所实施的这种比较，仍然应当从方法论的维度上去理解，它本质上是一种间接性的“反证”，虽然符号意识是人所特有的精神能量和功能，但不能将它降低为一种实在性的特殊生理官能，否则，人只会沦为真正意义上的高等“动物”。

综上可见，卡西尔对世界的理解——符号的世界——是建立在由存在论向意义论这一重大思想变革的基础上，这一变革构成了克罗伊斯所试图确立和证明的符号形式哲学的原创性（originality）的根据，虽然它作为一门先验主义路向的哲学与康德哲学有着很大程度上的直接继承关系，但将它直接等同于新康德主义无疑是一种表浅的看法。在世界理解的维度上，卡西尔与马堡学派、与卡尔纳普的分歧就十分清楚地显现出来：“按照马堡学派的看法，对象是永恒的X，给它以规定是一个不可能完成的任务。与此相反，我们必须指出，有限多的规定就足以构造出对象，从而在一般对象范围内明确地描述它。”① 虽然卡西尔的对象也是一个可以无限地被赋予和堆积意义的X，但区别于后两者的作为客体、作为物的X，卡西尔的X是且仅是一个具有意义充实性的符号，而不具有任何程度上的存在论色彩。通过对“现象学”最基本含义的还原，卡西尔深刻地向我们展现了形而上学上对存在论的任何探讨，本质上都应归属于理性的僭越，属于理性的幻象；对于自身具有不可消除的有限性的人类精神来说，世界的全部真实性都建立于意义的层面上，世界的全部丰富性都建立在精神的能动性上、

① ［美］迈克尔·弗里德曼：《分道而行——卡尔纳普、卡西尔和海德格尔》，张卜天、南星译，北京大学出版社2010年版，第73页。

建立在认知的构造功能上。当存在问题以一种比胡塞尔的现象学更加彻底的方式被悬搁后，符号与符号形式哲学，就不再仅仅是停留在认识论层面上、出于对知识理论本身的逻辑一致性的需要，而且在形而上学层面确立了自身的合法性。这就为我们下一步对符号与符号形式理论本身的讨论奠定了一个牢靠的基础。

第三章　符号论：符号的基本规定

虽然“符号形式哲学”一词明显地标示出“符号”概念的重要性，但是，正如我们已经看到和即将进一步看到的，如果不对符号形式哲学进行一个发生学的探究，如果不对符号形式哲学所内蕴的形而上学世界观作一个辨析，直接从“符号”概念开始必然会引发诸多的矛盾和对其理解的不完备。在明确了上述两个问题后，我们才可以来探讨“符号”这个在卡西尔之前已得到广泛的运用的概念，来辨析它在卡西尔的符号形式哲学中具有什么样的规定性。

第一节　符号的基本内涵

就符号本身来说，我们必须首先注意到的是，在卡西尔这里，有着三个相互关联和彼此区分的概念，即符号（symbol）、记号（sign）和信号（signal）。因此，对三者的辨析不仅构成了对符号之内涵的探讨的前提，且这种辨析过程也是对符号之具体内涵的揭示与显现。

一　以关系逻辑为基底的符号

就“记号”来说，卡西尔是从亥姆霍兹那里拿来这一概念的，但是，这种拿来并不意味着全盘照搬，而只能说卡西尔借用了一个现成的术语，启发了他进一步的思考。

究其根源，虽然二者同样反对实体化思维模式和实体概念，但他们对“关系”概念的理解却有着质的区别——亥姆霍兹作为物理学家，最终未能超越因果关系理论的窠臼。亥姆霍兹认为：“记号，与其作为记号所标记的那个对象之间不需要任何的相似性。二者之间的关系仅限于这样一个事实：同样的对象，在同样的环境下行动，将产生相同的记号；不同的记号总是对应于不同的行动。”① 他的这一看法，实际上就是将“关系”狭隘地等同为因果关系（causal relation），从而将真正符号性、指义性的记号（genuinely symbolic，truly significative signs）与单纯的指示性记号（merely indicative signs）混为一谈：

> 在对记号的这种用法中，两种不同的观念和倾向难以察觉地糅合在一起。一方面，我们在它的纯粹“指示的”功能上使用它：即作为指向某个对象、意指和意谓它的某物。但另一方面，这个某物又被转化为一种由这同一个对象所导致（cause）的规定。知觉所关联的和表象的这个意向的对象，由此而变成了一个真正的物——它以某种方式潜藏在对象之后，而知识仅能通过由果溯因的推论来间接地把握它。②

由于“关系”这一术语在一切知识领域被如此广泛地使用，以致当卡西尔提出他的关系逻辑理论时，就直接面临着被误读和混淆的危险。显而易见，亥姆霍兹的这种混淆并非无足轻重的，相反，他实际上颠覆和扼杀了自己提出的记号理论，不自觉地退回到了实体化的思维模式之下。

正是基于此，卡西尔强调指出：“如果我们试图将它设想为一种特殊的因果关系，如果我们寻求使它服从于充足理由律，那么，符号性关系——通过这种方式‘现象’与‘对象’关联起来并在这一关系

① Ernst Cassirer, *The Philosophy of Symbolic Forms. Vol. 3: The Phenomenology of Knowledge*, trans. Ralph Manheim, New Haven: Yale University Press, 1957, p. 324.

② Ernst Cassirer, *The Philosophy of Symbolic Forms. Vol. 3: The Phenomenology of Knowledge*, trans. Ralph Manheim, New Haven: Yale University Press, 1957, p. 325.

中表达对象——的意图就完全落空了。"[①] 正是在这里，笔者才断言，相较于符号概念，关系逻辑理论是更加基础性的，是卡西尔整个思想大厦的奠基石和进入符号形式哲学的敲门砖。简言之，对符号概念的理解与诠释必须建立在关系逻辑之上。毫不夸张地说，卡西尔的鸿篇巨制——《实体与功能》——整个都只是为了确立和阐明关系逻辑这样一个根基性与核心性的理论；虽然此时卡西尔关于"符号"或"记号"的思想尚未完全确立，直到《符号形式哲学》第一卷的问世。

当卡西尔由实体化思维模式转向对象化思维模式时，亦即在《实体与功能》一书中，他最先使用的术语是"记号"而非"符号"。对于两者的区别，在讨论函数关系时，卡西尔使用了两种相互对照的表达："仅仅任意性的符号"（mere arbitrary symbols）和"具有概念上的确定性和区别性的记号"（signs of conceptual determination and differences）。[②]

我们必须将这里的"任意性的符号"这一表述与在其后三卷本《符号形式哲学》中类似的表达法——"任意性的记号"（arbitrary signs）和"人工符号"（artificial symbols）——区别开来。就后者而言，"任意的"和"人工的"这两个定语都不具有任何贬义性，而是导向卡西尔对自然符号和人工符号之区分的重要线索。而在这两种相互对照的表达中，我们能看到索绪尔的身影。

索绪尔将语言符号区分为概念和音响形象、所指和能指两个层面，并在此基础上将符号的任意性规定为其第一个原则："能指和所指的联系是任意的，或者，因为我们所说的符号是指能指和所指相联结所产生的整体，我们可以更简单地说，语言符号是任意的。"[③] 换言之，能指对于其所示的观念，即所指来说，从历史与各民族的情况来看，

---

① Ernst Cassirer, *The Philosophy of Symbolic Forms. Vol. 3: The Phenomenology of Knowledge*, trans. Ralph Manheim, New Haven: Yale University Press, 1957, p. 323.

② Ernst Cassirer, *Substance and Function, and Einstein's Theory of Relativity*, trans. William Curtis Swabey and Marie Collins Swabey, New York: Dover Publications INC., 1953, p. 64.

③ ［瑞士］费尔迪南·德·索绪尔：《普通语言学教程》，高名凯译，商务印书馆 1980 年版，第 100—101 页。

是自由选择的结果，正如数学中所创造的符号那样。但是，值得特别注意的是，卡西尔在使用“任意性的符号”这一概念时，它被赋予了作为一个否定性的概念和参照物的身份，以强调“记号”的确定性与区别性特质。换言之，卡西尔所要强调和表达的是索绪尔那个“能指和所指相联结所产生的整体”，但同时彻底抛弃了他的任意性原则。因为，卡西尔的符号本身就是对世界的具体而现实的理解，而并非索绪尔所理解的用以理解世界的第三方工具。符号就是我们所居住的现象世界之万事万物——包括我们人本身内在——的“客观的”形式，是一个个具有“客观的”意义的“客观的”形式。

卡西尔指出：

> 无论在什么情况下，当一个条件的系统——它可以在不同的内容上被认识——被给出时，我们能够紧紧地把握住这个系统的形式本身，把它当作一个不变量——它不会因内容的不同受到任何影响，并由此演绎地显现它的规律。以这种方式，我们生产出一个新的“客观的”形式，它的结构独立于一切的任意性之外……①

索绪尔在语言的工具性层面，他当然可以认为能指与所指之间关系的确立是出于约定俗成，在对世界之理解上，“索绪尔继承了我们上面提到过的那种传统观点，即世界是由独立存在的客体组成的，我们能够精确地、客观地进行观察和分类。就语言学而言，这种观点产生了如下观念：语言是被称为‘词语’的各个单元的集合物，单元似乎都有附着于它的独立的‘意义’，所有单元都存在于一个历时的或历史的范围内，这就迫使每一个单元服从于一系列可以观察到并且可以记录下来的变化规律”。② 但卡西尔从世界理解的层面来理解符号，将世

① Ernst Cassirer, *Substance and Function, and Einstein's Theory of Relativity*, trans. William Curtis Swabey and Marie Collins Swabey, New York: Dover Publications INC., 1953, p. 40.

② ［英］特伦斯·霍克斯：《结构主义和符号学》，瞿铁鹏译，上海译文出版社1987年版，第10页。

界万物与人理解为一个个具体的、活生生的符号时，则必然拒斥这种任意性。人并非上帝，不是随心所欲地“创造”世界，而是赋予世界以形式。卡西尔在发现数学概念构成的一般程序时，就已经特别强调了符号的整体性和确定性。

将学术研究与对世界的形而上学理解完全区分与割裂开来，这并不奇怪。但是，当关系逻辑并不仅仅涉及知识的构成问题，而是同时作为世界之构成原则时，这种便利的二元划分方法则容易导向误解。索绪尔作为语言学家，他将关系理论限定于语言学领域或者作为“一门研究社会生活中符号生命的科学”的一般符号学，并从作为一种便利的分析方法的角度将能指与所指区分开来。而卡西尔，作为哲学家，则要求对结构化的语言观与实体化的世界观之间作深入的追问与探索，并寻找一种具有内在统一性的解释的可能。严格来说，卡西尔的符号形式哲学与索绪尔的一般符号学之间具有本质性的差别，它应当被称为形而上学符号论或符号论形而上学。因此，卡西尔完全处在当代符号学研究的视野之外，在当代对符号学的历史描述中完全缺席，除了卡西尔哲学本身并未受到广泛的关注这一因素外，也有着更本质性的原因。①

不难看出，在《实体与功能》中，“符号”还仅被用于指称索绪尔意义上的能指，而“记号”则指称着作为整体的符号。但到了《符号形式哲学》第一卷中，这两个术语被完全颠倒了过来，并在其哲学体系中正式固定了下来。在某种意义上，我们可以说，“符号”是“记号”与“概念”（“意义”）相结合的整体。卡西尔对符号的分析，沿袭了索绪尔的方法，将其区分为记号与概念或意义两个层面，分别予以阐明与把握。当然，这种区分对于卡西尔来说，并不仅仅意味着一种简便的分析方法，而有着其更深刻的形而上学原因。石福祁认为卡西尔对“符号”的本质规定在于，“符号乃是体现着普遍意义的具

① 这并不是完全排除索绪尔对卡西尔的影响，至少，卡西尔继承了索绪尔将语言符号理解为“能指和所指相联结所产生的整体”，并将它转化为符号形式哲学的一项基本原则——“符号性孕义”。详见后文。

体载体”。[①] 本书以为，这一表述还没有把握卡西尔符号理论的核心精神。卡西尔用关系逻辑取代物的逻辑、用符号概念取代物概念，并不仅仅意味着知识的方法论上的变革，而必然相应地带来人类整个认知活动的目的的转变。

如前文所述，传统认识论上被视为认知之目标与起点的物，现在应当被理解为认知的完成与终点。由此，整个人类认知活动的目的不再是从特殊存在物中归纳和抽象出普遍性的特征，而是且仅可能是去认识一个个特殊的存在物。在这个意义上，卡西尔与亚里士多德的立场颇相近，把目光集中于“这某物”之上。只不过，对于卡西尔来说，“这某物”不应当被限制于传统意义上的可感知的事物之范围内，而应当将全部观念性的对象同样地包括在内：

> 另一方面我们从一开始就赋予符号概念以另一种、更广泛的意义。我们试图用它来涵括现象之全体；在这些现象中，感性的东西总是被充实着意义，感性的内容以它的此在和如此存在[②]的方式把自己展现为意义的特殊化和具体形象，展现为意义的显现和化身。[③]

卡西尔所谓“涵括现象之全体”的“符号”，不是工具论符号学意义上的普遍性概念，而恰恰是那些具体而特殊的“感性的东西”。换言之，世界就是由一个个“此在和如此存在”的符号构成的。在这里，符号取代了物在世界中原本的地位，符号也不再是传统认识论下那个作为物之共名的身份，而是本身就是一个个特殊的和具体的存在（对象），是一个个的“这某物”。

就此而言，当石福祁从殊相与共相的关系来解释卡西尔的符号

---

① 石福祁：《卡西尔符号形式哲学中的“符号性孕义”概念》，博士学位论文，北京大学，2009年，第46页。

② 英译本将 Dasein und Sosein 译为 esistence and facticity，失去了原文的蕴意，在此选择了石福祁的“此在和如此存在”这一译法。参见石福祁《卡西尔符号形式哲学中的“符号性孕义”概念》，博士学位论文，北京大学，2009年，第46页。

③ Ernst Cassirer, *The Philosophy of Symbolic Forms. Vol. 3: The Phenomenology of Knowledge*, trans. Ralph Manheim, New Haven: Yale University Press, 1957, p. 93.

观念:

> 符号是能动的意义有机体，而非对对象的单纯摹写；符号是我们理解抽象的科学世界和直观世界的必由之路；以及，符号是普遍的意义（或者）精神展开自身的具体载体。同样不难看出的是，卡西尔这里的符号思想显然受到了歌德的影响，当卡西尔从“普遍只有在特殊中才能被直观，特殊只有在普遍的视野中才能被思考”这个认识论原则出发引出他的一般符号概念时，我们应当记得歌德也正是在这个意义上理解符号的，即：符号是“殊相中的共相之洞见”。真正的符号正是在体现了某种普遍意义的特殊的存在，是一切意义世界中的“原现象”——虽然它此时此刻是感性的而彼时彼刻又是非感性的，但是符号作为符号的根本原则是一致的……①

符号当然不是对对象的摹写，因为符号就是对象本身，正如传统存在论哲学将对象理解为物一样。由此不难看出，石福祁的理解实际上仍然基于传统认识论下的知识观念，将卡西尔的符号理论等同于对传统的归纳和抽象方法的改良，将卡西尔的符号等同于索绪尔所理解的工具性符号。

二　符号的感性与智性之统一

从关系逻辑以及建立在关系逻辑上的符号理论来看，首先，我们并不曾拥有一个现成的世界，那么，所谓“共相”这一语词本身就是一个仅仅适用于物的逻辑下的概念。譬如就“苏格拉底是人”这一命题来说，在传统认识论下，“人”是作为苏格拉底以及所有像苏格拉底这样的人之共相，或者说，是对所有这些人的归纳的产物；但对于卡西尔，正好相反，这个“苏格拉底”才是我们的认知活动的中心和

---

① 石福祁：《卡西尔符号形式哲学中的“符号性孕义”概念》，博士学位论文，北京大学，2009年，第46页。

唯一拥有的，“人”本质上仅仅是一个智性构造出来的概念，是一种意义，我们用“人”这个概念来规定苏格拉底以及所有其他的“人”，而不是从他们之中归纳得来的。苏格拉底就是一个“此在和如此存在”的符号，成为“人”这一意义的具体显现。

卡西尔在“符号世界”之外还使用了“生活”“生活世界”的表达，正是为了凸显在传统自然科学观念的支配下，人们将世界理解为殊相与共相的关系，反而将生活的真正中心给遮蔽了，将一个个活生生的人与物给忘却了；只有将目光与焦点集中于现象本身，集中于一个个具体而特殊的“符号”身上，集中于它们的逻辑同一性与意义多元性之上，我们才不会将生活世界转变为一个色彩单调的和机械性的世界。由此来看《秋夜》，鲁迅写道：“在我的后园，可以看见墙外有两株树，一株是枣树，还有一株也是枣树。”虽然阅读者对这句话各有其理解和解释，但本书以为，在某种程度上，这一表达与卡西尔的生活世界观念有着内在的一致性，它不是一种冗言与赘词，相反，它恰恰是对“两棵枣树”这种习以为常的表达的反动，要求将目光从习以为常的共相转移到被共相所遮蔽的每一个具体的对象身上。

如果我们跳出存在论的束缚而单纯从意义论的层面来观照符号世界的话，那么，传统形而上学中被视为截然对立的感官对象与观念性对象之间的差别将不复存在，或者说，我们应当重新界定“感性的”这一概念，即使是观念性对象，也必然表现为某种“音响”或“形象”，这个音响或形象本身就是可感知的，使它具备了成为意义之显现与化身的资格。同时，这种可感知的特征，是就“可感知的”这一本义而言的，而不是索绪尔的相对意义上的可感知。在后者看来，音响形象“不是物质的声音，纯粹物理的东西，而是这声音的心理印迹，我们的感觉给我们证明的声音表象。它是属于感觉的，我们有时把它叫做‘物质的’，那只是在这个意义上说的，而且是跟联想的另一个要素，一般更抽象的概念相对立而言的”。[①] 相较于索绪尔的这种相对立场，卡西尔显然直接

① ［瑞士］费尔迪南·德·索绪尔：《普通语言学教程》，高名凯译，商务印书馆1980年版，第101页。

接受了洪堡的观念，直接肯定了音响与形象的感性特征，因为对他来说，我们只有一个纯粹的现象世界，这个世界中的一切对象都是可感知的，否则，我们不可能对它有任何认识。

如果说卡西尔用符号来指称现象之全体，那么，这些现象之中的"感性的东西"，正是指称的记号。正如他所指出的，人类精神的一个重要特征是，它必须借可感知的东西才能显现出自身，那么，意义作为精神的自由创造物，它的显现同样必须以某种感性的方式表现出来，换言之，符号是"基质层"与"原智层"的有机统一体：

> 记号并不是观念的单纯的、偶然的外壳，而是它的必要的和不可缺少的器官。它并不是单单用来传达一个完整的、现在的思想内容，而是一个工具，思想内容通过它使自身得以彰显出来和成为轮廓分明的。思想内容在概念上的确定性与它在某个独特的记号中的固着化（stabilization）不可分离地携手共进。①

可见，仅仅从一种便利的分析方法上，我们可以暂时地将符号中的基质层与其原智层分离开来，以更充分地说明所要论述的问题。但明显区别于索绪尔的是，卡西尔对"记号"概念的使用，不再是基于其任意性之上，而是突出强调了其作为纯粹的、可感知的形式这一侧面。在这个意义上，我们才能够说世界是一个记号的世界，因为所谓的现象，其本质就是显现的记号。概念，或者说意义，因其不再是对经验对象的归纳与抽象，不再与经验世界具有某种一一对应的关系，而是归因于认知主体的自由构造活动，这种构造活动的根本目的是规定与描述现象世界中的对象，它必然且唯有通过对象才使自身被意识到。

另外，对于一切人类文化活动来说，记号的唯一性与意义的多元性之间具有一种非对称的和不平衡的关系——对于任意一个记号，都存在多种不同的意义赋予方式与途径；只有通过记号，这种多义性才

① Ernst Cassirer, *The Philosophy of Symbolic Forms. Vol. 1: Language*, trans. Ralph Manheim, New Haven: Yale University Press, 1955, p. 86.

显现为一个统一体，或者说一致性。但是，即使是就符号的这种纯粹形式性与一致性来说，它也并不意味着固定不变，在“固着化”与“实体化”之间有着本质上的区别，因为就关系逻辑来看，“观念性的形式的一致性，不再具有一种单纯静态的意义，而是有且特别是具有一种动态的意义；与其说它是存在上的一致性，毋宁说是逻辑用法上的一致性”。①

不难看出，卡西尔“记号”，不仅凸显了符号的可感知性特征，同时更着重强调了符号作为基质层与纯智层的逻辑统一体与同一性。正如我们在语言符号中看到的，单词的词形变化并不会影响我们对单词的逻辑同一性身份的判定，同样地，我们从婴儿变为成人、树木从嫩芽变为参天大树，虽然“面相”有着巨大的变化，但逻辑身份上的同一性却并不因这种变化而改变。

如果说卡西尔将记号与符号并置以突出符号的基质层的一面，那么，他将信号与符号并置则是为了突出符号的纯智层的一面。在其时代，一些动物学家通过试验发现某些动物，如狗、猩猩等，通过训练能改变它们固有的行为习性或对人类的表情与语调加以区别并作出回应，以此来“证明”动物的智性（intelligence of animals）的存在。卡西尔对此并不赞同，但这种不赞同的目的并不是进入一场生物学的理论之争，而是发现，这些试验提供了一个正确理解人类的符号性思维（symbolic thought）的有益参照物。在他看来：

> 所有通常被描述为条件反射的现象，不仅与人的符号性思维的本质特征相去甚远，而且甚至是完全相对立的。符号，就这一术语的本来意义来说，不能被归约为单纯的信号。信号与符号属于两个完全不同的论域（universe of discourse）：信号是物理的存在世界的一部分，而符号则是人类意义世界的一部分。信号是“操作者”，而符号是“指示者”。信号，当其被如此理解和使用

① Ernst Cassirer, *Substance and Function, and Einstein's Theory of Relativity*, trans. William Curtis Swabey and Marie Collins Swabey, New York: Dover Publications INC., 1953, p. 323.

时，不过是具有一种物理的或实体的存在；而符号仅仅具有一种功能性的价值。[①]

卡西尔并没有否认在动物行为中表现出的某种“智性”的特征，而是强调指出，这种“智性”特征并不能构成将动物上升到与人同类的地位的合理根据，之所以出现这种认识，原因在于动物学家们并没有去仔细地思考和辨析“智性”本身的含义。

对于卡西尔来说，人类智性或思想的本质特性在于它是一种主动性与创造性的能量，是一种自由的能动性本身。而在动物的行为中，即便一只狗通过训练能抵制自身的进食本能，在没有听到铃声时对摆放于面前的食物也能无动于衷，但是，它的这种抵制行为，完全是被动的与消极的，它永远也不可能在缺乏铃声这一信号的情况下，自主地判断在这一时刻进食是不是合理的，从而作出拒绝或接受的选择。如果说动物的“智性”在一定程度上构成对传统哲学的“人是理性的动物”这一命题的威胁，那么，当卡西尔进一步对“理性”进行具体化和明晰化，将人界定为“符号的动物”时，这种威胁便不复存在了：“我们可以说动物拥有一种实践的想象力和智性，然而，只有人已经发展出一种新形式：一种符号性的想象力与智性。”[②] 更确切地说，动物的行为被完全束缚与禁锢于当下的具体空间与时间之下，它们缺乏一种纯粹观念性的空间与时间观念，更不能自由地将时间空间化或是将空间时间化，换言之，它们完全生活在一个“当下的瞬间”之中。卡西尔使用“实体的存在”这样一种措辞法，并不是要返回到存在论上去，而是正要阐明现象世界区别于一个存在论世界的特质。对于动物来说，只有实存的才是有意义的，而对于人类来说，一切过去存在过的、现在存在着的以及未来可以出现的事物，具有同等的意义。

对卡西尔来说，有且只有人能在“事实”（facts）与“理想”（ide-

① Ernst Cassirer, *An Essay on Man: An Introduction to a Philosophy of Human Culture*, New Haven: Yale University Press, 1944, p. 51.

② Ernst Cassirer, *An Essay on Man: An Introduction to a Philosophy of Human Culture*, New Haven: Yale University Press, 1944, p. 52.

als）之间作出区分：“在‘真实的’与‘可能的’之间的区别，既不存在于那些比人低级的存在者，也不存在于那些比他高级的存在者。那些低于人的存在者被限制在它们的感官知觉的世界之内，它们对现实的物理刺激非常敏感并对这些刺激作出反应。但是他们形成不了任何‘可能的’事物的观念。”① 可见，通过将符号分别与记号、信号相比较与区分，卡西尔始终强调的是符号作为基质层与纯智层的统一体的内涵。任何一个记号必然在产生的同时就是充实着意义的，同样，任何一个概念在其被构造出来之时必然也是有其承载者的。

虽然卡西尔强调了符号之记号与意义（概念）两个层面的不可分割性，但是，作为阐释与分析的需要，我们仍然需要将它们暂时地割裂开来。我们知道，概念产生于智性的自由构造，那么，记号是如何生成或构造出来的？更准确地说，当卡西尔在意义论的层面消解了传统存在论意义下对感官性的对象与观念性的对象之间的差别，那么，当它们作为共同的记号身份出现时，这两者之间的关系又应当如何调和呢？在这里，卡西尔引入了一个不太成熟的区分，即自然符号（natural symbol）与人工符号（artificial symbol）。之所以称其为“不太成熟的”，是由于卡西尔似乎将这两个概念当作自明性的术语来使用，而并未深入解释他是基于何种角度与考虑而提出和使用它们：

> 如果我们想要理解在语言、艺术和神话中，由意识所创造的人工符号、“任意性”记号，那么，我们必须返回到“自然的”符号，返回到作为整体的意识的那个展现——它必然被包含于或至少被纳入意识的每一个瞬间与片断之中。②

显然，这两个概念给人带来一种强烈的印象，即卡西尔对符号的分析与分类最终又返回到存在论的层面上。本书并不赞成对这一对概念的

① Ernst Cassirer, *An Essay on Man: An Introduction to a Philosophy of Human Culture*, New Haven: Yale University Press, 1944, p. 79.

② Ernst Cassirer, *The Philosophy of Symbolic Forms. Vol. 1: Language*, trans. Ralph Manheim, New Haven: Yale University Press, 1955, p. 105.

如此理解与解释，一个稍微细致和深入的分析是必要的。

自然符号与人工符号这对概念，是在《符号形式哲学》第一卷中就提出来的，从引文不难看出，卡西尔将这两者作为彼此的参照物，以期同时阐明与揭示它们各自的及共同的内涵。联系上下文，卡西尔似乎针对的正是索绪尔将符号的能指视为一种心理印迹这一看法。他指出，无论是语言中的“记号”还是神话或艺术中的“形象”（image），我们往往关注的是它们所意指的概念或内涵，即侧重和集中于它们的纯智层的一面，而往往忽略了这记号或形象本身，忽略了它们必然以可视的、可听的或可触的“某物”展现出来，无论这个“某物”是一段音响抑或某种形象。但在自然符号中，这种展现以一种无可置疑的自明性将自身显现出来，如果我们能够抛开存在论传统的束缚，将自然符号与人工符号置于同一层面和作为符号这一共同身份来看，那么，我们就不难理解人工符号的可感知特征，而不会将它视为纯智性的、观念性的“存在”。显然，卡西尔在这里强调的是自然符号与人工符号在构形模态（mode of configuration）上的一致性：

> 意识的某一特定活动，它是区别于即刻的感官或知觉的任何材料（datum）的，而是将这些材料用作媒介物，用作表达的手段，这种独立的构形模态显现无遗。如此，一方面，我们在“自然的”符号化中发现的、植根于其中的意识的一个根本性的特征①得到利

① 笔者以为，这个根本性的特征意指的正是可感知的记号是作为意义和概念的载体与媒介这一点。这句话的英译为：…the “natural” symbolism which we have found embedded as a fundamental characteristic of consciousness…石福祁据德文本将这段话译为“在意识的本质上自我建立起来的精神过程中有其最后的根源”，并据此进一步认为“自然符号比人工符号更具本源性”。就上下文而言，笔者以为，意识的本质或根本性的特征，指的是前文中的“…a spiritual content, which intrinsically points outs, into something visible, audible or tangible”，它强调的是自然符号与人工符号之间的共同性而非差异性，更不可据此认为自然符号更具本源性。参见石福祁《卡西尔符号形式哲学中的“符号性孕义”概念》，博士学位论文，北京大学，2009 年，第 76—77 页。事实上，笔者以为，人工符号应当比自然符号更具本源性，这一点可以在卡西尔对艺术的阐述中得到体现。卡西尔认为，艺术具有一种突出的特征，即它的形式构造与意义赋予这两个层面具有完全的同时性与一致性，或者说，它的能指与所指具有完全的不可分割的统一体的特征。这正是卡西尔所一再强调的符号的根本内涵。

用和保持，而另一方面，它同时得到了超越和提升。①

三　符号的去物质化与可分离性

在对符号与记号的辨析中，我们已经指出和强调了符号的可感知的一面，因此，最值得关注的反而是卡西尔在这里指出的第二个方面，即自然符号作为媒介物和承载物，何以和如何“得到了超越和提升”(on the other hand it is surpassed and refined)?

在《符号形式哲学》第一卷中，这种“超越和提升”意指的是，在符号中，记号与其意义中具有不对称的关系，当我们将某种意义与某个记号联结起来的，这种联结并不具有完全固定化与确定化的特征，相反，意识总是处在永恒的构造关系与概念的活动中，不断地赋予这一记号以新的意义。就此而言，记号在任一时刻总是同时表现为“是其所是”和“非其所是”这种双重性与矛盾性。这也是卡西尔与索绪尔对符号的考察与理解在视角上的一个重要区别——索绪尔的共时性研究方法将语言视为一种现成的、被给予的、静止的研究对象，而卡西尔则关注的是符号之意义如何生发出来和如何把握其意义多元性这一特征。这涉及符号形式哲学的一个基本原则——“符号性孕义”，拟在下一节中予以讨论。

在此，需要注意的是，在第三卷中，卡西尔似乎提出了对自然符号的另一种形式的“超越和提升”。他提出了“物记号”（Thing Signs）与“顺序性记号”（Ordinal Signs）这一对概念，由此将语言问题引入了其符号理论中。显而易见的是，卡西尔的符号理论受到了20世纪出现的语言学转向的深刻影响，但是，他在语言问题上的立场颇为复杂，且存有相当的含混性——公正地说，虽然卡西尔在《符号形式哲学》第一卷中集中地讨论了语言问题，但他并没有成功地将语言

---

① Ernst Cassirer, *The Philosophy of Symbolic Forms. Vol. 1: Language*, trans. Ralph Manheim, New Haven: Yale University Press, 1955, p. 106.

“嵌入”符号形式哲学体系中。虽然卡西尔将语言理解为符号形式之一这一点是确定无疑的，但是，我们应当如何理解作为符号形式的语言？或者说，作为符号形式的语言，与20世纪语言学中的工具性语言是否具有同质性？

毋庸置疑，卡西尔对语言作为认识世界的一种普遍性工具的身份与地位是不加否定的。他以设问的方式指出：“我们能说，这一途径是唯一的，以至于没有了语言，人类将完全迷失于黑暗之中，他的情感、思想及直观都将被混沌与神秘所完全覆盖?”① 本书认为，正是基于卡西尔对语言的工具性的承认与肯定，造成了在卡西尔研究界一种普遍的误解——将他的符号理解为工具性的符号，将具体的符号形式理解为一个个独立的符号系统。不可否认，语言既是人类文化活动的产品之一，又为其他一切文化活动提供必要的工具与手段。但是，如果仅就语言的工具性来看，它是没有自身的独立地位的——当它被运用于描述科学活动时，它就是一种描述性的、科学的语言；当它被运用于诗歌小说时，它就是一种情感性的、诗性的语言。换言之，在语言的工具性运用中，语言本身是处于一种透明的状态，我们在言语中言说的并不是语言本身，而是穿透语言之后的科学或艺术。这样一种语言显然并非卡西尔所说的作为符号形式之一的语言。

那么，作为符号形式的语言应当是一种什么样的语言?

首先，在《符号形式哲学》第一卷中，我们应当把握卡西尔阐述语言问题的一个总的出发点，即他讨论的是语言本身，讨论的是语言的不同意义生成方式——在其中，语言被他区分为“作为情感之表达”“感觉之表达”“直观之表达”和“概念性思想之表达”四种不同的方式或阶段，虽然涉及语言与“外部世界”的关系问题，但这种关系是以“从世界到语言”，而不是“从语言到世界”的形态显现出来的。简言之，卡西尔真正关心的是“语言是如何可能的?”问题，

① Ernst Cassirer, *Symbol, Myth and Culture: Essays and Lectures of Ernst Cassirer, 1935 – 1945*, ed. Donald Phillip Verene, New Haven: Yale University Press, 1979, p. 152.

关心的是具体的语词及其意义的生成问题。

其次，语言促使我们从存在论向意义论的转变。卡西尔指出：

> 尽管无须言语的思维是不可否认地存有的，但相较于语言性的思维，这种思维总是完全被限制于具体的东西之上，限制于在此时此刻被给予的东西之中。在语言性的思维中，概念第一次明显地超出了知觉与直观的范围。①

正是通过语言，使得自然科学进入一个全新的发展阶段与发展模式："在这里，科学概念构造与科学的术语学更向前迈进一步，将记号从其全部限制性的感觉条件中解放出来。随着去物质化和分离的进程的继续，记号使自身从物的范围中自由地撕裂开来，以使自己变成一个纯粹的关系性的和顺序性的记号。现在，它不再直接指向任何单独的物——这个物正是它试图去直接'展现'的，去以其直观的轮廓置于心灵之眼面前的。毋宁说，它试图制定出一个普遍的和确定的形式与结构，这种形式和结构显现在每一个单独的示例中，但却无法被这个示例本身所穷尽。"②

在记号的这种去物质化（dematerialization）和可分离性（detachability）的发展过程中，它所清楚显示的是，卡西尔试图从符号中消解其存在论的特征，将一切人类文化活动从存在论的束缚中解放出来，使得将其完全置于意义论的层面成为可能。正如柏拉图虽已逝去数千年，但作为一种"非存在"或者说"曾经存在"，借助"柏拉图"这个名字，我们实际上是把他置于当下且视为我们的同时代人，使其延续着曾经对古希腊、中世纪、近现代思想文化所产生的作用与影响，并继续对当代发挥着实际的效用，甚至，以一种更充实和更丰富的意义展现给我们。

---

① Ernst Cassirer, *The Philosophy of Symbolic Forms. Vol. 3: The Phenomenology of Knowledge*, trans. Ralph Manheim, New Haven: Yale University Press, 1957, p. 331.

② Ernst Cassirer, *The Philosophy of Symbolic Forms. Vol. 3: The Phenomenology of Knowledge*, trans. Ralph Manheim, New Haven: Yale University Press, 1957, p. 333.

一切自然符号，必然不可避免地被上升为一种纯粹的关系性的记号，转化为一个“名字”（name）。虽然我们就此可以从两个不同的角度来充分地理解与领会内蕴于记号本身的这种超越性，但这显然是对符号的历史性观照，我们的根本问题存在于发生学的维度，即记号是如何产生的。而后者表现出鲜明的基础性，构成我们讨论其发展之可能的基础。

由上述两点不难看出，卡西尔对语言问题的具体阐述，始终没有落到工具论的层面，而是以语言作为一个具体的范例，探讨“记号是如何可能的”。但是，由于语言在人类文化中的特殊地位，导致了将他的符号理论等同为工具性的符号这一普遍的误解。这种误解与卡西尔本人并没有清晰地区分这两个问题有着紧密的关联，其更深层的原因，应归于卡西尔对“符号形式”概念的规定同样是模糊不清的；同时，就语言在什么意义上被理解为符号形式之一种这一问题，卡西尔几乎是完全“跳过”了。本书认为，这个问题应当到洪堡那里寻求答案。

洪堡对语言有着一种独特的理解。在洪堡那里：

> 一个民族所在的生活环境、气候条件，它在宗教、社会建制、风俗习惯等等，一定程度上都可以跟这个民族脱离开来。然而有一样东西性质全然不同，是一个民族无论如何不能舍弃的，那就是它的语言，因为语言是一个民族生存所必需的“呼吸”（Odem），是它的灵魂之所在。通过一种语言，一个人类群体才得以凝聚成民族，一个民族的特性只有在语言中才完整地铸刻下来，所以，要想了解一个民族的特性，若不从语言入手势必会徒劳无功。[1]

换言之，语言具有“一种独立自主的力量，一个相对于使用者的客

[1] ［德］威廉·冯·洪堡特：《论人类语言结构的差异及其对人类精神发展的影响》，姚小平译，商务印书馆1999年版，“译序”第39页。

体，或者说，形成为一种独特的‘世界观’”[①]。只有在这一意义上，语言才具有自身的独立价值与地位，才不至于沦为一种纯粹的工具，我们才能称之为一种符号形式。但是，沿着洪堡的这一语言观念，对语言问题的研究必然趋向他所倡导的“比较语言研究”，以便具体地考察和证实语言本身确实包含了各个民族对生活与世界的不同理解和解释，这一任务和目标是从索绪尔的语言普遍主义立场出发所做的研究无法达到的。

虽然卡西尔在自己的著作中对洪堡多有引证，但他对语言问题的讨论更多地表现出普遍主义的立场，亦未涉及比较语言研究这一方向。我们是否可以认为，卡西尔认为这一问题在洪堡那里已得到解决，故而将其接受为一个既定的事实作为自己讨论的前提？这个问题是值得进一步思考和探讨的。虽然卡西尔对语言问题的讨论无可避免地涉及语言的工具性层面，但可以肯定的是，他所要讨论的是语言本身，是作为具体的世界理解之方式的语言——它与工具性的语言是完全不相容的。

四　命名与名字作为符号的开端

回到“记号如何可能?”这一问题上，对于卡西尔来说，存在两条完全不同的线索和路径，即“直观的轮廓”与“一个普遍的和确定的形式与结构”这两个概念——后者清楚地指向“名字”；而前者，与另一个概念“形象”（image）是关联在一起的。

更确切地说，如果没有语言，我们只能就对象的“直观的轮廓”来谈论对象本身，而伴随着语言的产生，“名字”成为对象的第二重身份。譬如在我们的日常生活中，当我们说“瞧，那个人”和“瞧，张三”时，“那个人”与“张三”所指称的对象具有逻辑的同一性，但是，“那个人”仅限于当他为我们的感觉所觉察时才能如此去指称

① ［德］威廉·冯·洪堡特：《论人类语言结构的差异及其对人类精神发展的影响》，姚小平译，商务印书馆 1999 年版，“译序”第 48—49 页。

他，而一旦知晓了他的名字，我们就能够在任意的时间与地点，完全摆脱他的现实存在去谈论他。

卡西尔用“直观的轮廓”这一措辞法所要表达的是，当关系逻辑解构了世界的现成性与被给予性之后，当世界在根本上呈现为一种永恒的流变因而世界中的一切对象都处于持续的变化时，我们所拥有的，不再是传统物的逻辑下认为的具有完全的独立性与确定性的物，而仅仅是通过时间空间化的方法，将时间之流暂时停止于某一个瞬间，从而仅仅得到对象的一个“直观的轮廓”，或者说“形象”。罗素同样基于经验世界的变化之本质，而以一种折中的方式将物定义为其所呈现的一系列的样相，更准确地说，是样相的一个系列，因为某个样相显然无法代表和涵括这个样相的系列的整体。进而，除非借助于某种媒介，我们甚至无法去描述这个世界。因此，不难理解，罗素在其后期思想中几乎整个地转向语言学，转向一种语言的工具论立场，倡导一种描述的认识论理论。而卡西尔，在很大程度上仍然是沿着康德的先验主义路向来寻求对问题的把握与解决。

就自然记号的发生问题来说，正如费尔纳所一直强调的，与其有着密切关联的是康德的先验图型法，或者说图型（schema）概念。同样地，卡西尔并不是直接和全盘继承康德的这一思想。对于康德来说，在纯粹被动性的直观形式与完全构造性的知性范畴之间存在一条不可弥合的裂缝，或者说，两者是完全不同质的东西，因此直接将范畴应用于经验直观是不具有合法性的。因此，康德设想必然有某种第三者，它本身既是感性的，同时又是知性的，以构成两者之间的桥梁。这个第三者就是图型，康德解释道：“图型在与范畴的一致中本来就只是现象，或只是一个对象的感性概念。”① 显而易见，康德直接赋予图型以感性的与知性的双重特征这一做法本身，表现出强烈的武断性，因此，这一对于康德哲学来说具有根本的重要性和本身极富启发性的概念却是受到研究者批评最多的概念。就此，费尔纳指出：“康德已经触及了这个第三者的必要性——图型——作为概念性的东西与感觉性

① ［德］康德：《纯粹理性批判》，邓晓芒译，人民出版社 2004 年版，第 144 页。

的东西之间的中介因素，但问题仍然是，图型化是如何现实地发生的。康德的回答是，它必须发生且图型就是知性与感性直观之间的坚实的纽带，但他承认他实际上无法解释这是如何运作的。”① 但是，就康德的哲学体系来说，研究者们通常将其归因于另一个概念，即先验想象力或者说生产性的想象力（productive imagination）。

对于卡西尔来说，他在图型概念中看到的启发有两点是根本性的：其一，图型兼具直观性的与概念性的双重特征实际上表明了，虽然康德反对作为有限性的人类本身拥有“智性直观”的可能，但图型的必然性却直接表明了这种智性直观的应当与必然存在，就图型作为现象来说，我们的现象世界本身就是一个图型的世界，就是一个基质层与纯智层相统一的世界。其二，图型之所以可能，必然在其自身之外而有其根据，同时，就将这一根据归因于生产性的想象力来说，这一根据必然具有生产性的，或者说，能动性的和构造性的力量。卡西尔哲学的先验主义思想路向正是集中体现在这两点之上。不过，就前者来说，他把空间、时间和数改造为直观性与综合性相统一的构造能力；就后者而言，直接归结为具有直接构造功能的人类智性本身。

就对世界之理解来说，世界并不是一个“物”的世界，而是一个“图型”的世界；这个图型只不过是“直观的轮廓”，而不是某种实在性的东西。因此，对于卡西尔的这样一种表达：

> 每一单个的、真实的物通过占有空间的一小块并以此排除了其他任何物，从而证实了自身的真实性。物的个体性完全建立于这样一个事实之上：它是空间性的个体——它拥有自身的领域，存在于这一领域中，并在其中对每一他物显现了自身的权利。②

---

① Donald Phillip Verene, *The Origins of the Philosophy of Symbolic Forms*: *Kant*, *Hegel and Cassirer*, Evanston: Northwestern University Press, 2011, p. 4. 另参见陈世放《康德“知性纯粹概念图型法”思想的价值》,《学术研究》2009 年第 4 期。

② Ernst Cassirer, *The Philosophy of Symbolic Forms. Vol. 3*: *The Phenomenology of Knowledge*, trans. Ralph Manheim, New Haven: Yale University Press, 1957, p. 143.

我们不能把这里的“真实的物”理解为传统存在论和物的逻辑下的那个“物”，而应当将其理解为那个“直观的轮廓”，理解为“记号”。它之所以可能完全依赖于人类精神的空间化功能，确切地说，是其将时间空间化的功能：“对于意识来说，符号可以说是客观化的第一个阶段和第一次显露，因为通过它，意识内容的始终如一的流动第一次被暂停前进，因为在它之中，某种持久性的东西得到确定和强调。没有任何意识的单纯内容，一旦它已经经过并被其他的所替代，就绝不会以在严格意义上的同一形式再次出现。一旦它从意识中消失，它作为其曾经所是的就永远地逝去了。但对于内容的这种永不停息的流变，意识现在将它自身的统一性与它的形式的统一性并置一起。它的同一性事实上并不是被展现在它所是的或它所有的之上，而在于它起何作用。”①

但是，这种“暂停”毕竟只是暂时性的。一个人必然由婴儿、幼儿成长至少年、中年及至老年与死亡，这整个过程中，他的“形象”在发生着巨大的变化。然而，当我们将某人的童年的与成年的照片相并置，将他们确定为“同一个人”，所根据的并不是从其相貌中辨认出某些相似之处，而是基于其他的种种关系，譬如他作为某人的儿子、某人的父亲等，诸如此类。但在最初的阶段，毫无疑问，对于任何一个新的事物或人物，我们对他或它首先拥有的只不过一个“形象”，并用这个“形象”来标示这个物或人的同一性，尽管这一“形象”本身是可能和必然发生变化的。康德与索绪尔一样，前者将图型与心理学意义上的“形象”区别开来，后者将语言的可感知的音响形象等同于心理印迹而与物理学意义上的物质区别开来，他们所共同基于的，正是传统意义上的、实体意义上的同一性。

其中的困难并不难看出：就不同时期的不同“形象”来说，哪一个形象能合法地担当起作为其整体之代表的职责？只有从逻辑同一性的角度出发，“形象”（image）本身才可能被“超越和提升”。对于德语民族来说，形象的可变化性似乎比汉语民族更容易得到理解，德语

① Ernst Cassirer, *The Philosophy of Symbolic Forms. Vol. 1: Language*, trans. Ralph Manheim, New Haven: Yale University Press, 1955, p. 89.

单词丰富的词形变化，使同一个单词具有多种多样的外貌或形象。但事实上，对于任何民族的语言符号来说，当它表现为音响或形象时，因声音的粗细尖哑或笔触的工整程度而必然呈现为“非同一的”，但这并不妨碍我们对它们的同一性的判断；同时，我们不难理解，就汉字而言的楷体字或者标准普通话，它们本身不是一种具有本质性或标准性的地位，而仅仅是一种被广泛地运用的示例，是众多音响或形象之一种而已。在符号的视野下：

> ……“形象”概念经历了一种内在的转变。取代了在形象与物之间在内容上的相似性这一含糊不清的要求，我们现在发现一种高度复杂的逻辑关系、一种物理学知识的基本概念必须满足的一般性智性条件被表达出来。它的价值并不在于对一个被给予的存在物的映像，而在于，它在现象的统一中，实现着作为知识的工具的作用，现象必须由自身中将它生产出来。①

因此，对于卡西尔的“符号”之理解，我们不仅应当将自身从传统物的逻辑之中解放出来，同时，也应当摆脱对记号本身的一种“物似”的理解。

无论如何，重要的是，面对任何一个认知对象，我们首先必须构造出一个形象作为其同一性标志，即记号，围绕这一对象的任何可能的认知活动才能得以开展和继续下去。卡西尔在“形象”之外，还经常使用“面相术”（physiognomy）这一更富形象性和鲜明性的概念。同时，这更进一步确证了我们在前文中已指出的，我们的一切认识活动，不再是一种殊相与共相之间的辩证活动，而是能且仅能对“这某物”认知的过程，或者说，意义赋予活动。用卡西尔的话来说：“一切都生活于具体的形象—世界中（image-world）。”② 但无论“这某物”

① Ernst Cassirer, *The Philosophy of Symbolic Forms. Vol. 1*: *Language*, trans. Ralph Manheim, New Haven: Yale University Press, 1955, p. 75.

② Ernst Cassirer, *The Philosophy of Symbolic Forms. Vol. 1*: *Language*, trans. Ralph Manheim, New Haven: Yale University Press, 1955, p. 78.

是感性的抑或观念性的，关于这某物的形象或面相都显现出与经验的直接性关联，虽然在确立这一形象之后，我们无须局限于这个形象是否当下地呈现于我们眼前就可以把各种意义累加到这一形象上，但从其产生方式来说，显然并不“自由”。

当我们把语言引入认知活动中，在图型法与图型之外，一种全新的记号生产方式取得了主导性的地位，即命名法（naming）与名字。卡西尔指出：

> 语言构形的过程作为示例显示了，对我们来说，仅当我们“命名”它并使它浸透着语言思维与表达的功能时，瞬间印象的混沌才获得秩序与清晰性。在这个全新的语言记号的世界里，印象的世界本身获得一种全新的“持久性”，因为它获得了一种新的智性的阐明。通过语词，某些内容的区分与固定，不仅在它们中标示着一种确定的智性的特质，而且是在实际上赋予它们以这样一种特质，通过这种特质，它们现在不再受到所谓感觉的单纯当下性这一特性的影响。如此，语言变成人类精神的基本工具之一，通过它，我们从单纯感觉的世界行进到直观与观念的世界。①

命名活动对于语言世界本身的构造来说是如此重要，以至于构成了语言在发生学上之所以可能的基础。

卡西尔怀着浓厚的兴趣考察了海伦·凯勒这位身罹聋、盲、哑困扰的女孩的整个学习过程。她的老师苏利文夫人记录下在她的教育过程中，一个关键性的进展是在她领会了每一个事物都有一个名字，而字母则构成了她想要了解的这个世界的钥匙。对于卡西尔来说，海伦·凯勒的案例具有典型的价值，她不仅证明了人对世界的认知并非简单地依赖于人体的生理感官功能，而更重要的在于是否能够掌握符号这一全新的思维工具。在这个过程中，“具有一般性、有效性和普

① Ernst Cassirer, *The Philosophy of Symbolic Forms. Vol. 1: Language*, trans. Ralph Manheim, New Haven: Yale University Press, 1955, p. 78.

遍适用性的符号化原则，正是富有魔力的语词（word），它构成了通向这个特别的人类世界、这个人类的文化世界的‘芝麻开门’”。[①] 在命名活动中，人类精神作为能动性和功能性的能量，或者说精神作为的自由这一特征得到更清楚的显现，在语词与其所表现的对象之间，显然不存在任何相似性的可能。

但是，在卡西尔的哲学中，语言具有双重的身份和特征。一方面，它是符号形式之一种，自身构成一个独立于外部世界的、自足的语言世界。在这个世界和体系之中，每一个语词都具有确定的意义与位置，依据一定的语法规则可以进行自由的组合与创作。但另一方面，它又是工具性的，它是用来表现外部世界的。因此，卡西尔指出，语言具有一种强烈的二元论的特征。但是，暂且抛开语言本身的这种二重性，而单就命名法这一记号生产方式来说，或者说，从我们的生活世界和记号世界来说，名字具有和形象同等的逻辑地位，或者说，二者是完全同一的。

从传统存在论的角度来看，柏拉图本人与“柏拉图”这个名字具有质的区别，但在意义论的层面上，在认知活动中，我们完全可以将二者等同起来，每一个名字本身就是一个“这某物”。“柏拉图”这个名字构成了我们的认知活动的起点，然后才能将“《理想国》的作者”“苏格拉底的学生”“亚里士多德的老师”“理式论的创建者”等意义加诸其上。名字不仅具有可以完全脱离感觉世界的限制，我们甚至可以为还未出生的婴儿或根本不存在于感觉世界的东西，如“龙”取名字，而且它相对于在时间的绵延中易变的形象或面相，具有更坚固的“持久性”特征，能更鲜明地显现出被认知对象的同一性。但是，必须注意的是，将名字与形象相比较，并不是说这二者是完全异质的两种东西，相反，名字与形象是完全同一的，它们作为记号的本质与功能是完全同一的。

只有就语言本身来说，我们才能将名字与世界区分开来，或者说，

① Ernst Cassirer, *An Essay on Man: An Introduction to a Philosophy of Human Culture*, New Haven: Yale University Press, 1944, p. 55.

将生活世界与语言世界既相联系又相区分开来。对此，我们必须将从发生学角度来观照的语言与现成的、作为认知工具的语言区别开来。就发生学来说，语言的构形同样起源于空间、时间与数的构造功能。卡西尔在语言学的历史中发现，语词最先产生于最简单的空间或时间关系，譬如“我”和“你”、“这个”和“那个”、“这儿”和“那儿”、“前”与“后”、“过去”与“现在”，等等，都是基于某种相互性的空间或时间关系。对此，国内学者裴文提出的“语言时空论”具有概括性和总结性的意义与价值，她明确指出：“将时间和空间因素介入到语言学的本体研究之中，是为了还语言本来面目，是为了寻找一般、普遍的原，从而证明或接近我们的基本命题。语言时空论旨在寻找支配语言流变现象基本的、恒定的、普遍的法则。时间和空间的交错与集合为我们带来丰富的语言知识信息，而这些知识信息对于我们研究语言的本质存在是至关重要的”，并进一步提出一个一般性的命题：“语言是时间和空间的函数。”①

必须注意的是，当卡西尔将语言作为一种符号形式、视为一个独立性与自足性的世界时，就是从其发生学的维度来理解的。而一旦将语言视为一种现成的工具，视为表现外部世界的手段时，我们才说语言具有二元论的特征。卡西尔将这一意义上的语言称为“陈述性的语言”（propositional language）。自然科学所使用的，正是这种陈述性的语言，它的全部术语具有突出的清晰性与明确性的特征，构成一个互相关联的整体和系统。用这种语言来描述的世界，必然显现为一个机械性的、普遍性的世界。仅就这种描述性的语言，我们才能说语言符号及其概念之间是一种殊相与共相的关系。但是，正如我们已经指出的，这种描述性语言并不是卡西尔的符号形式意义上的语言。这是在理解卡西尔的符号形式哲学与其语言思想时必须加以仔细分辨与区别的。

一方面，从世界作为一个记号的世界来说，我们要想认知这个世界，就需要无数的记号，这对于一种描述性的语言来说在现实中是不

---

① 裴文：《语言时空论》，商务印书馆2012年版，第280页。

可能的，人类语言的语词有限性决定了它必然将许多具有自身的个体性与特殊性的对象用一种“共名”的方式描述出来。显然，随着自然科学的发展，当这种运用语言的方式与其描述所展现的世界理解为支配性的与习惯性的时候，我们不难理解，人类对自身的认知活动的程序与方式的认识何以完全被颠倒过来。就此而言，卡西尔的符号形式哲学只不过是对这一“倒置”的纠正与重置。

另一方面，这种将认知活动的全部重心集中于共性之上的做法，必然导致对原本活生生的、具有无限丰富性与特殊性的生活世界的忽视，或者说，使世界丧失了本身的全部色彩。虽然卡西尔肯定了陈述性语言对于科学发展的重要性与必然性，但他同样强调了“情感性语言”（emotional language）之于人类的生活的应有的重要性。但是，就目前所讨论的问题来说，重要的是，必须将命名法与语言的工具性区别开来，从它作为一种记号生产方法与方式，将它与图型法置于同一层面和同等地位来予以观照和理解。

在理解卡西尔的“符号”时，我们应当注意的是，卡西尔眼中的先驱和典范并不是作为语言学家的索绪尔，而是作为哲学家的莱布尼茨；他并不试图具体地阐释某一门具体的符号是如何可能的，而是从认知的“普遍语言”的层面来说明一切符号形式是如何可能的。无论是就记号的生产还是就概念的生产来说，它们都最终指向人类精神的构造性功能，而就符号本身来说，它就是记号与概念的不可分割的统一体，是基质层与纯智层的完全统一。然而，在这种统一性中，我们清楚地发现了在记号与意义之间的一种不平衡的关系，但是，这种不平衡性并不是一种缺陷或矛盾，相反，它构成了符号的一种本质性的特征。由这种不平衡性，我们进入了卡西尔的“符号性孕义”① 概念及意义赋予方式问题。

---

① Symbolic Pregnance 这一概念颇难在中文中找到一个令人满意的语词来表达。本书采用石福祁的译法，虽然这一译法也未能完整地体现出这一概念应有的内涵。参见石福祁《卡西尔符号形式哲学中的“符号性孕义”概念》，博士学位论文，北京大学，2009 年，第 88 页，注释 288。

第二节 符号性孕义原则

正如“符号形式”概念一样,“符号性孕义”(symbolic pregnance)虽然是由前人常用的两个语词组成的,但当它们组合成一个概念时,就成为卡西尔哲学中一个独特术语。不得不说,这个在《符号形式哲学》第三卷中以一个非常简短的篇章提出的概念,给人留下了突兀的印象,因此,不难理解学者们何以在对它的阐释与领会中存在分歧与争议。

一 符号性孕义与符号的完满性

卡西尔对符号性孕义有着多处侧重面不尽相同的表达,他首先给出的一个定义是:

> 我们用符号性孕义来意谓这样一种方式,一个作为感性经验的知觉同时包含着一个被直接地和具体地展现出来的非直观的意义。①

这样一个定义并不难理解,在前一节对符号内涵的阐释中,我们已经强调了符号作为原质层与纯智层的统一这一特质。在卡西尔看来,意识的任何内容,都不可能在自身中显现出来,或者就它本身来说是表现性的,正如康德的一句名言所指明的,“直观无概念则盲,概念无直观则空”。但康德最大的问题是,他在明确这一点后,却仍然将感性与知性区分为两个不同质的层面或领域。卡西尔提出符号性孕义概念,正是直接针对康德的这种二元论立场:“‘孕义’这个术语所想要意指的,正是这种理想性的密不可分,这种关联性——在此地此刻被

① Ernst Cassirer, *The Philosophy of Symbolic Forms. Vol. 3: The Phenomenology of Knowledge*, trans. Ralph Manheim, New Haven: Yale University Press, 1957, p. 202.

给予的单一的知觉现象与特有的全部意义之间。"①

正是在这个符号性孕义概念中，克罗伊斯看到了"卡西尔的思想如何构成了对先验哲学的一个转变"②，进而，他一方面将这一概念视为"原现象"，另一方面由此断定和确证了卡西尔哲学的原创性地位。本书并不赞同克罗伊斯的观点。首先，我们已经知道，在卡西尔哲学中，真正具备"原现象"之资格的，只有那个精神之能量，只有精神作为的自由。同时，这个自由作为的、能动性的精神才是人类文化活动的真正意义上的先验的因素。正是在这里，卡西尔哲学与康德表现为共同的先验主义哲学路向，但卡西尔无疑将这一思想路向进行了深化和完善。卡西尔哲学的原创性地位并不在于他抛弃了先验主义路向，事实上，他抛弃的仅仅是那个在他看来存在不可化解矛盾的康德先验体系的技术性架构；它的原创性真正体现为形而上学方面的变革，彻底地用意义论取代了存在论。而就符号性孕义本身来说，它一方面应当从符号的基本内涵上来理解，另一方面应从形而上学来理解，即世界中的任何一个对象、任何一种现象，本身就是符号性的，就是知觉与意义的统一体，不存在所谓的"单纯的感觉"（bare sensation）。

事实上，这两点在前文的分析中已经得到充分的阐明，故而不复赘言，相反，卡西尔在其他几处的表述蕴含着一些新的意味。但是，这里不难看出，符号性孕义概念作为一个全新的概念，它的新应当体现在"孕义"之上，正如卡西尔想要用它来表达一种理想性的密不可分和关联性那样。因此，我们首先对"孕义"这一语词本身作一分析是必要的和有益的。

石福祁从语源学的层面对"孕义"作了精到而全面的分析，指出：

> 总起来看，"孕义"这个词语最基本的含义规定性有三个，即：完满的、完美的、精确的、意义充实的（从形容词而来的规

---

① Ernst Cassirer, *The Philosophy of Symbolic Forms. Vol. 3: The Phenomenology of Knowledge*, trans. Ralph Manheim, New Haven: Yale University Press, 1957, p. 202.

② John Michael Krois, *Cassirer: Symbolic Forms and History*, New Haven: Yale University Press, 1987, p. 52.

> 定性)；预先被孕育性、与生俱来性（从它的词根而来的规定性)；塑造活动（从动词而来的规定性)。但是，这种分析并不意味着，我们可以在某个地方按照其中一个规定性来理解它，而在另外的地方按照另一个来理解——恰恰相反，这三个规定性根本上构成的乃是一个含义整体，它们只是一个含义整体的“三重”，而非“三个种类”。[①]

事实上，即便所谓的“三重”，也不是泾渭分明的，而是相互纠缠在一起的。譬如就其动词意义来说，其本义“将一个图案压印在某物上”[②]，恰好形象地说明了符号的纯智层被“压印”于作为基质层的记号上，从而使二者成为一体——这里不难看出索绪尔用一张纸的两面这一比喻对语言符号的能指与所指之形容；另外，在符号形式哲学中，这种塑造活动又意指了，就记号本身来说，它并不是被给予的，而是能动性的精神将变动不居的感觉予以空间化、时间化和数量化这样一种构造活动的产品。这两个方面在前文中均已阐明，故此，笔者将重心置于其完满性与孕育性两重含义之上。

显而易见，符号的完满性与格式塔心理学的完满律（law of pregnancy）有着直接的关联[③]，或者说，卡西尔借用了这个心理学的概念，来显现符号本身的内涵与特质。前述基质层与纯智层的统一性即构成完满性的表现形式。

但是，我们必须追问的是，这一表现形式本身代表了符号的完满性特质的全部，抑或仅仅是其中之一？本书倾向于后者。在对符号意识的病理学研究中，卡西尔提出了另一种完满性观念，即整体性（totality）或统一性（unity）。这一“病理学”的研究对于理解符号形式哲学占据着极其重要的地位。我们看到，如果暂时悬搁康德对于感性与知性的二分法，问题依然未曾有根本性的转变，当卡西尔指出内在

① 石福祁：《卡西尔符号形式哲学中的“符号性孕义”概念》，博士学位论文，北京大学，2009 年，第 87—92 页。

② 叶本度主编：《朗氏德汉双解大词典》，外语教学与研究出版社 2000 年版，第 1323 页。

③ 详参石福祁《浅析卡西尔与格式塔心理学的关系》，《社科纵横》2009 年第 3 期。

于作为符号的现象自身的感性与智性相统一的特征时，他同样面对着二者如何统一的问题。为此，康德不得不设定一个“图型”，而为了图型的合法性又不得不设定一种生产性的先验想象力和一个纯粹先验的自我意识。因此，当卡西尔将这种纯粹先验的自我意识转化为一种功能性的精神活动时，他必然面对的问题是：这种功能性的精神与康德的纯粹先验自我有何种根本性的区别，抑或根本上仅仅是一种术语学上的诡辩法？

通过“病理学”研究，卡西尔确证了，符号意识或符号功能是内在于每一个个体的人本身的“先天”能力，因此，既不需要预设一个先验自我，同时也无须像胡塞尔一样另外寻求交互性主体间的认同。同时，这种能力的“先天性”并不是纯粹的和彻底的意义上的先天性，因为它并不排除在某些个体的人中会出现“病变”的可能。而且，通过这些“病例”，他进一步肯定了，这种能力并非生物学与生理学意义上的、具有实在性的功能，而是一种精神性和思想性的功能。正如在海伦·凯勒这样一个在生物学意义上的功能具有重大缺失的案例中，却发现了完整的符号意识与符号功能，而在另外一些视、听、说等感官功能健全的人身上，其符号意识与功能却存在重大的缺陷，以致无法完整地运用其语言表达。同样重要的是，在这些病例当中，卡西尔发现，一个突出的症状表现为知觉的杂乱性。库尔特·戈尔茨坦记载了一位病人，虽然在他的视域之中，图片上的点同样显现为在位置的高低、远近，本身的粗细、浓淡等方面是相互区别的，但是，这些点对于他来说却只能形成一个混乱的印象，而不是一个统一的整体。

据此，卡西尔将孕义性知觉（pregnant perception）与杂乱性知觉（discursive percetpion）区别开来：

> 孕义性知觉“拥有”这样一种意义上的对象，即对象是以它的全部侧面中的一个确实地向它展现出来的；知识从某个确定的特征而推断“出”这个对象。在符号性知觉中，我们具有一种“视角的统一”，借此，不同的侧面显现为一个对象的不同视角

> 而对象则在这些不同的视角中被如此直观地意识到；在知识中，知觉必须慢慢地和谨慎地摸索着由一种显现通向另一种，以便最终达到所知觉的东西的意义。……前者（孕义性知觉——引者注）在其自身之中包含着对于整体的直观，而后者（指杂乱性直观——引者注），即使在最有利的环境下，导向的只是一个相互区别的特征之间的、符合事实的联合：前者是符号性地意义充实的，后者则仅是症候性地直陈的。①

由于人类感官知觉的有限性，我们对对象的知觉，仅仅是对象的某个侧面而已，但是，对于具有健全的符号意识的人来说，仅仅根据这一个侧面，就能推定或预设一个作为整体的对象，从而将这一侧面归诸这个对象并作为该对象之构成部分。譬如盲人摸象，并不仅仅是孤立、散乱地触摸到其腿、腹、耳等，而是一触及其腿，便将“腿如柱”这一意义归诸大象，即便一时未能完整地把握这大象的方方面面。但是，对于杂乱性知觉来说，它所知觉到的对象并不成其为一个对象，而仅仅是零散的、孤立的片断，换言之，整个经验世界都是呈现为碎片化的。

当然，符号意识的完全缺失将导致人的一切文化活动的不可能，导致人与动物的等同。但在医学实践中，在那些病患者中间，更多地显现为不同程度的缺失而非彻底的缺失。不难看出，这样一个整体观念的存在，实际上是作为记号的现象之生发和可能的前提，而其更深层次的根据与渊源应当追溯至空间、时间与数这三种基本性的关系。换言之，符号意识的病理学的真正症结，在于个体的人的空间、时间与数的意识之上。如果从空间来看符号意识之可能，那么我们必须首先将空间理解为一个观念性的总体，而不是占据一定的体积和广延的实在空间。后者直接导致了知觉的碎片化，而就前者来说，我们才可能自由地选择“原点”和不同的“方向”，以便构建起一个完整的坐

① Ernst Cassirer, *The Philosophy of Symbolic Forms. Vol. 3: The Phenomenology of Knowledge*, trans. Ralph Manheim, New Haven: Yale University Press, 1957, p. 240.

标系——从发生学的层面来看，这个"原点"通常由个体的"我"构成，而只有当空间科学，即几何学发展到一定程度后，我们才能更加自由地选择和设定这个原点，才能构造出更加精密和完善的坐标系。这种发展的开端，其关键在于这个内在于人的思维本身的空间意识，在于这种空间意识能够认识到："空间不再是一个刚性的容器，包纳着事物与事件，如同一个坚实的、实在的外壳，而毋宁如莱布尼茨所称呼的那样，是一个可能性的观念的总体。"[①] 在这一点上，时间与空间亦同。

在此之外，本书认为，符号性孕义所意谓的这种完满性，还应当具有第三种表现形式。所谓符号意识的总体性或统一性，只是一种可能的而非现实的整体，换言之，在任何一个当下，我们所拥有的对象或者说对它的认识永远都只是它的部分。但是，在任何一个当下，我们却能够理所当然地认为，这个对象是当下完满的，它必定是一个"此在和如此存在"的对象，必定"是其所是"。唯有如此，我们才能真正确立对于对象的确定性与统一性的意识。在传统认识论中由"管中窥豹"而导致的"以斑代豹"被视作为一种错误，但由符号性孕义原则来观照这一认知活动与结果的话，这种以斑代豹的片面性却构成了一切人类认知活动内在的和固有的模态，非但无涉于谬误，反而构成真理的必由之路。当然，我们已经清楚，真正的谬误产生于将豹本身实体化，而不将其符号化。

二　完满性与孕义性的辩证统一

应当说，当下的完满性这一含义本身已隐含地被包纳在整体性或统一性之中，是其应有之义。但是，这个"是其所是"同时又构成了"非其所是"的前提。换言之，当下的完满性构成通向符号性孕义另一重含义——孕义性——的基础，因此，将其从整体性中剥离出来予

---

① Ernst Cassirer, *The Philosophy of Symbolic Forms. Vol. 3: The Phenomenology of Knowledge*, trans. Ralph Manheim, New Haven: Yale University Press, 1957, p. 243.

以单独的强调并非不恰当。在前文对“记号”的讨论中，我们已经指出了记号的这种双重性与矛盾性，或者更准确地说，是内在于记号本身的可超越性与可完善性。

具体地说，这种可超越性集中地表现为在意义论的层面上记号本身的纯粹形式性，或者说非时间性，亦即，记号本身是超越时间的，在它之上，过去与未来都与当下的现在结合为一体：

> 未来以一种完全独特的视域模式展现着自身：它从当下的位置被预先设定。这个现在是被未来所充实着和浸透着的，正如莱布尼茨所说的，是一个“孕育着的未来”（praegnans futuri）。[①]

不难看出，这种超越性直接联结于作为符号的基质层的记号之上，当然，这并不意味着基质层与纯智层是可分离的，但是由记号的超越性直接导向了作为统一体的符号的超越性。

因此，当索绪尔说“语言是形式而不是实质”时[②]，这种措辞法并不精准，因为语言作为能指与所指的统一，就不再是纯粹形式的，而是完满的，是意义充实的。事实上，在索绪尔的语言学中，符号的完满性与孕义性的辩证统一对他来说是并不陌生的。对此，弗里德里克·詹姆逊有着深刻的认识：“索绪尔的创新就在于他坚持认为语言是一个有系统的整体，任何时刻都是完整的，不管其内部在片刻之前发生过什么变化。这就是说索绪尔提出的时间模式是一个一系列完整的系统顺时相继出现的模式，也就是说在索绪尔看来，语言永远是此时此刻的存在，每一时刻都蕴涵着产生意义的一切可能。”[③] 研究者们往往囿于索绪尔对语言的共时性和历时性研究方法的两分，而往往忽

---

① Ernst Cassirer, *The Philosophy of Symbolic Forms. Vol. 3: The Phenomenology of Knowledge*, trans. Ralph Manheim, New Haven: Yale University Press, 1957, p. 202.

② ［瑞士］费尔迪南·德·索绪尔：《普通语言学教程》，高名凯译，商务印书馆1980年版，第194页。

③ ［美］弗里德里克·詹姆逊：《语言的牢笼——马克思主义与形式》，钱佼汝译，百花洲文艺出版社1997年版，第4页。

略了这种辩证统一关系。但是，索绪尔的问题在于，他似乎一方面倾向于将语言作为一个自足性的系统，但另一方面又无法割断语言与外部世界的关系，以致他实际上不可能阐释语言的共时性与历时性之间是"如何地"辩证统一的。

在符号形式哲学中，能动性的精神通过自由地在空间、时间或数的轴系中选择原点与方向，使对象展现出不可穷尽的可能性与侧面，不断地丰富和扩充着符号的意义。在此，克罗伊斯用"意义的累积"（accumulation of meanings）集中地阐明了这种辩证统一具体是如何可能的：

> 因为这种被解释的特征，文化作品遭受着双重的危险。它们能够被物理地摧毁或由于遗忘而丧失了它们的意义。但另一方面，新的意义亦能够累积。人类的学习活动具有重新解释、回忆和复活文化作品的无尽任务。①

此外，就完满性与孕义性的这种辩证统一来说，我们可以从另一个角度将它理解为保守性与革新性的辩证统一，这构成了符号形式哲学在认识论上的一种内在优越性。人类认知历史的"进步"，最突出和集中地体现在这两者之间的斗争中。一方面，我们不难看到欧几里得的《几何原本》本身在人类对空间关系之认识及应用中的深刻性和卓有成效性；但另一方面，卡西尔在高斯身上看到了它所产生的巨大束缚作用："高斯，这位先驱者，早在 19 世纪之初就已经拥有了它（非欧几何——笔者注）全部的基本概念，然而最初却根本不敢提及它们。他小心地保守着自己的秘密，因为他并不能期待这些问题能够被理解，因为他惧怕'蠢人们的愤怒抗议'。"② 卡西尔所意指的"保守性"，并不是一种政治的保守主义或其权威与压迫，而是一种根深

① John Michael Krois, *Cassirer: Symbolic Forms and History*, New Haven: Yale University Press, 1987, p. 124.

② Ernst Cassirer, *The Problem of Knowledge: Philosophy, Science and History since Hegel*, trans. William H. Woglom and Charles W. Hendel, London: Oxford University Press, 1950, p. 21.

蒂固的绝对真理观念以及固着于"绝对真理"身上的封闭性与排他性。当某种认知被普遍地接受为"真"时，人们往往不自觉地关闭了真理殿堂的全部门窗。

与此相反，卡西尔对物的逻辑的批判，对世界本质的符号化理解，都是为了将这原本封闭的门窗敞开，使过去与现在向着无限可能的未来敞开。但同时，人类认知活动本身表现一种进步的过程，原有的认识构成了新的认识生发的基础和平台，任何一种新的认识是不可能完全脱离既有的认识而使自身成为可能的。卡西尔在歌德身上看到了这种辩证统一的典型。歌德毫不避讳地指责以语法及词法的严谨著称的德语为"最糟糕的材料"，但又在自身的诗歌中大胆地打破了这种樊篱与束缚，将枯燥的语词转变为富有生气与活力的诗。[①] 除了自身的天才外，应当说，歌德在诗歌上的卓绝成就应同样重要地归因于内在于语言本身的这种完满性与孕义性的辩证统一。

应当说，卡西尔的符号形式哲学本身就是一个有机的统一体，在其中，关系逻辑、符号、符号形式、记号、意义、符号性孕义等核心性的概念都不是孤立地占据着体系的某一位置，而是彼此之间构成一个互相缠绕和辩证统一的整体。在此意义上，我们可以把符号性孕义理解为符号形式哲学的一项基本原则或原理。

第三节　符号形式与文化

当我们厘清了符号形式哲学所由以建筑起来，作为其理论根基之关系逻辑和符号的基本内涵与原则后，对于符号形式的理解与把握就不会成为问题。甚至，本书以为，相较于关系逻辑与符号，符号形式这一概念本身并不如研究者们所普遍认为的那样在卡西尔哲学体系中占据着核心性的重要地位，因为由前两者已经足够我们构建起一幅世界理解之全景图。但是，对符号形式本身或是与其相关的几

---

① 参见 Paul Arthur Schilpp (ed.), *The Philosophy of Ernst Cassirer*, Evanston: The Library of Living Philosophers, INC., 1949, pp. 877 – 878。

个问题作一分析，对于深化我们对卡西尔哲学的理解与把握显然是不无助益的。

一　符号形式概念的模糊性与非中心化

在此，第一个问题是，符号形式概念并不具有关系逻辑与符号这两个概念的清晰性与确定性，反而在很大程度上表现为含糊不清。

在卡西尔那里，对符号形式主要存在三种相互关联但又有着细微差别的表述。

其一，在《实体与功能》中，在对关系逻辑的阐释与说明中，卡西尔特别提到了一种“原生性的关系”（genetic relation），但并没有对这种原生性关系作进一步的解释。卡西尔似乎认为，每一种符号形式都拥有属于自身而区别于其他形式的原生性关系，每一符号形式都以各自的原生性关系为生发点，通过向上和向下两个不同方向的构造活动，创建出可归属于这一原生性概念的下一级概念或该概念所属的上一级概念，逐渐扩展和完善为一个概念体系。

譬如几何学，它就是以空间关系为自身的研究对象，并由欧几里得的平面、立体几何逐渐发展出今天欧氏几何与多样性的非欧几何共存的庞大和复杂的体系：

> 如果我们考虑这样一个系统，如果我们调查，譬如说我们通常联结在欧氏几何的概念中的那些公理的内容，就能看到一个发展着的连续发生的事件，从相对简单的开始，依照一种直观联系和演绎推理的确定形式，达到不断丰富（ever-richer）和更高级的结果。这种进步的方式确保了，没有元素是可能的——如果它按照在先的东西是完全不可定义的话，尽管另一方面每一新的步伐都扩展了此前知识的内容，并且综合地为它增加了一种特别的新的修正。如此，这里占据统治地位的是一种原则的统一，这个原则在一系列的结果中连续地和始终地持守着自身。在这个过程中，一个简单的、直观的种子被概念性地向我们展开并将自身分割为

> 一系列的新形式，它就自身而言是无限的但又是完全可控制和可调查的。①

然而，什么样的原则可称为简单的，可类比为一颗种子？显然，卡西尔没有也无法解释这个问题，但从这一角度对符号形式的区分很容易被理解为是与通常意义上的“学科”相等同的。

确实，卡西尔所明确列举的各门自然科学、神话、宗教、语言、艺术与历史等，本身就是一种通行的学科划分。这种在学科意义上的理解，在《符号形式哲学》第一卷中，似乎可以从卡西尔对它们在使用的工具与标准上的区分的强调中得到进一步确证：

> 譬如科学认知，它们并不是可以嵌入一个被给予的世界的单纯结构，我们必须将它们理解为功能，借此一种特定的形式被给予现实，且在每一种功能中产生着独特的差异性。每一种功能**使用着不同的工具**，每一种都**预设和应用着完全不同的标准**。②

同样地，即便是科学家们自己，譬如物理学家也无法清楚地划分出物理学领域与化学领域之间的明确的界限在哪里。

抛开这种划分是否必要的问题，卡西尔通过“原生性关系”这一概念，起码表明了当我们寻找到一个与已有的概念相较而言的新概念，那么，新概念要么是对一个已有的“简单的”关系的修正与完善，要么可以以之为基础，发展出另一种新的体系来。

其二，在《荷尔德林与德国观念主义》一文中，“卡西尔第一次提出神话与诗意视域作为理解的原初的、独立的形式。它们既不是通向科学的思想之早期阶段，也不是外部的装饰。通过神话与诗，世界

---

① Ernst Cassirer, *Kant's Life and Thought*, trans. James Haden, New Haven: Yale University Press, 1981, p. 288.

② Ernst Cassirer, *The Philosophy of Symbolic Forms. Vol. 1: Language*, trans. Ralph Manheim, New Haven: Yale University Press, 1955, p. 91.

与生活第一次真正得到揭示和解释”[①]。在这里，符号形式不再具有与学科之间的完全对称性，因为诗显然不具有作为一门独立学科的地位，或者说它仅仅是艺术学科下的一个子学科而已。若赋予它以自身所属的原初性与独立性，那么，这是否意味着一切学科的子学科均可能获得这种独立性？

其三，在《人论》中，卡西尔又将符号形式之间的差异归因于结构（scheme）和模型（pattern）：“现实并不是一个独一无二和同质性的物；它是无限地多样化的，具有如不同的有机体同样多的不同的结构和模型。可以说，每一有机体都是一个单子性的存在。它拥有归属于自身的世界，因为它有着归属于自身的经验。”[②] 这种在结构和模型上的理解，用卡西尔本人的另一种表述似乎更容易理解：

> 一切世界把握和世界理解的形式都关系到不同的对象性直观；但是，被直观的对象自身也随着对象化的不同种类和方向而改变。因此符号形式哲学并不想从一开始就树立一个关于对象的本质及其基本属性的特定的教条主义理论；正相反，它要在一个耐心的批判工作中把握和描述对象化的不同各类，如其在艺术、宗教和科学中本己的、对这些［符号形式而言］特征性的所是。[③]

对符号形式作“对象化的不同种类和方向”的理解在卡西尔哲学中应当是占有主导性地位和引人深思的。

我们知道，智性的对象化活动起始于空间、时间与数的构造活动，那么，这种对象化的不同种类和方向，是否意味着符号形式的确立和彼此之间的区分是建立在对空间、时间与数的不同理解与把握之上呢？

---

① John Michael Krois, *Cassirer: Symbolic Forms and History*, New Haven: Yale University Press, 1987, p. 21.

② Ernst Cassirer, *An Essay on Man: An Introduction to a Philosophy of Human Culture*, New Haven: Yale University Press, 1944, p. 41.

③ 转引自石福祁《卡西尔符号形式哲学中的“符号性孕义”概念》，博士学位论文，北京大学，2009 年，第 51 页。

在卡西尔的著作中，这似乎是可以直接找到肯定答案的。在对神话思维的阐述中，卡西尔强调了神话空间“作为一个整体始终深植，或者可以说，浸透在情感之中”[①]，建立在光明与黑暗、正义与邪恶、神圣与世俗的对立之上，从而完全区别于理论科学中作为纯粹逻辑的、纯粹观念的形式意义上的空间。

但是，一方面，卡西尔并没有阐明诸如艺术及艺术下的不同门类对空间与时间的理解有何独特性与原生性；另一方面，“理论科学”本身就是一个涵括多学科的总体性概念，从空间与时间的不同对象化功能的角度，显然无法解决理论科学本身与其内部诸如数学、几何学、物理学与化学等各自的独立性与独特性问题。

恩特里金（Nicholas Entrikin）在地理学领域对“符号形式”提出了新的问题。[②] 这些问题集中表现在三个方面：

首先，地理学家们对地理学科的研究对象已达成的一致看法是，地理学是研究空间观（spatial perspective）的科学，而在卡西尔看来，几何学正是一门纯粹的关于空间关系的科学，那么，这是否意味着地理学是一门应用几何学？

其次，在地理学领域内部，对空间观的理解呈现出理解与意义的多样化，从将欧几里得的平面几何空间运用于地球表面以研究现象间的可测量的空间关系，到行为主义地理学家眼中的主观性空间，再到现象学地理学家对人的直接经验的关注及由此展现出来的情感性的或存在主义的空间。显然，这几种不同的空间观完全是异质性，彼此之间完全是不可调和的。这种发生在学科领域内部的分裂与矛盾，从符号形式的角度又应如何理解与处理呢？

最后，地理学越来越明显地呈现出与生物学、心理学、社会学等学科相互交叉与跨越的趋势，如果说在卡西尔的时代，各学科之间还表现为泾渭分明的，在今天，跨学科的研究已构成几乎一切学科的常

---

① Ernst Cassirer, *The Philosophy of Symbolic Forms. Vol. 2: Mythical Thought*, trans. Ralph Manheim, New Haven: Yale University Press, 1955, p. 95.

② 详参 J. Nicholas Entrikin, “Geography's Spatial Perspective and the Philosophy of Ernst Cassirer”, *Canadian Geographer*, Vol. 21, No. 3, September 1977。

态和共同趋向，不难看出，当他提出“符号形式”概念时，并不能预测和想象科学的这一发展状况。换言之，这些问题都是“符号形式”这一含混不清的概念所无法解答的。

对此，卡西尔似乎也持有一种模棱两可的态度和处理方法，一方面，他坚持符号形式之区分的必要性：

> 我们看到，为了描述一种给定的关系形式在其具体的应用和坚实的意义上的特征，我们必须不仅阐明它就其本身而言的量的属性，也应界定它所居的系统。①

另一方面，这种区分并不是固定的和绝对的，而是依赖于诸种不同的符号之间的相对性，并通过这种交互性各自获得自身的规定性：

> 只有将某种质性作为区别于其他质性的完全统一体来把握时，意识的任一“单纯的”质性才具有确定的内容。这种统一与区分的功能并不是可从意识的内容中移除的，而是构成了它的必要条件之一。相应地，没有“某物”在意识中不是单独地且无需进一步调和就使“他物”和一个他物的系列生发出来的。因为使意识的某一特定内容得到规定的是，在它之中意识之整体以某种形式被安置和显现出来。②

本书以为，最集中与突出地表现出卡西尔哲学是“符号的”而非“符号形式的”，是他对历史的看法。在历史学领域中，蒙森（Christian Matthias Theodor Mommsen，1817—1903）和库朗热（Numa Denis Fustel de Coulanges，1830—1889）代表着两种不同的历史写作法，但同样都招致了严厉的批评。对于前者，人们批评他完全从一个现代人

---

① Ernst Cassirer, *The Philosophy of Symbolic Forms. Vol. 1*: *Language*, trans. Ralph Manheim, New Haven: Yale University Press, 1955, p. 97.

② Ernst Cassirer, *The Philosophy of Symbolic Forms. Vol. 1*: *Language*, trans. Ralph Manheim, New Haven: Yale University Press, 1955, p. 98.

的立场与视角去纂写罗马史，以致将古罗马“现代化”了；而对于后者，则又指责他的风格太“古老”了。卡西尔并不是要介入这种争论，而是从争论中发现，对于历史学家们所坚持的所谓“客观的”历史或历史事件，无论其是否存在，至少我们所现实地拥有的历史是人自己编写的历史，因此，作为两位历史学家的共同主题的古罗马，在他们笔下呈现出不同的面貌并不奇怪。

更重要的是：

> 这两位历史学家之间的差异以无比的说服力和清晰性显现了从历史中获得的答案是如何地由一位作者所由以开始的视角决定的，以及同样的主题通过视角的转变能获得如此地完全不一样的图画。[①]

在这里，卡西尔并没有进一步探讨“视角”本身是否构成历史这一符号形式的原生性关系，但可以肯定的是，历史中的“视角”绝不仅止于这两种，对于同一历史事件，历史学家们可以从经济、政治、宗教、思想、文化、社会等各个角度对之进行分析，并可能描述出完全不同的图画来。卡西尔关注的是，由这多种多样的视角，使得历史从枯燥乏味的平铺直叙变得丰富多彩，变成活生生的生活世界的一部分。

更加值得注意的是，在艺术领域，潘诺夫斯基提出了“透视法作为符号形式”的观点，内尔（Allister Neher）从肯定的立场解释了透视法是如何作为符号形式的。[②] 但本书以为，潘诺夫斯基提出的这一问题，恰恰是说明了透视法本身不具有作为一种符号形式的资格，而是作为一种新的关系或概念。由于这一问题与艺术有着更直接的关联，故在此仅作一简要的结论，拟待下章对卡西尔的艺术观的阐释中再予以详细的分析和讨论。

① Ernst Cassirer, *The Problem of Knowledge: Philosophy, Science and History since Hegel*, trans. William H. Woglom and Charles W. Hendel, London: Oxford University Press, 1950, p. 316.

② 详参 Allister Neher, “Panofshy, Cassirer, and Perspective as Symbolic Form”, Ph. D dissertation, Concordia University, 2000。

综上，既然“符号形式”概念有其自身存在的必要与功用，那么，一种折中的和合理的处理办法是，与其将“符号形式”概念置于卡西尔哲学体系的中心位置，以至于要么不得不面对和承认这一概念本身的无能为力，要么导致将整个符号形式哲学都变得含糊不清和令人费解，毋宁将它从中心移除出去，将其边缘化。

二　符号的辩证法与整体性的文化概念

对于“符号形式”概念，我们仅需注意到和集中于一点即可，即内蕴于这一概念的“多”与“一”的辩证统一关系。作为地理学家的恩特里金对卡西尔哲学的全部兴趣与领会正是集中于符号形式哲学能够调和地理学领域空间观的多义性现象：

> 卡西尔的新康德主义哲学提供了一个认识这种多样性之意义的哲学框架。……他的哲学为赋予空间概念多样性意义提供了秩序，同时却并未使这些意义的多样性有任何减色。①

这种多与一的辩证法在石福祁那里得到更为清晰的表述：一方面，“符号形式的‘一’就在于此：每个符号形式都一方面联系着一个共同世界，同时又联系着其他符号形式构成的个体世界”；另一方面，“符号形式的‘多’把人类此在生存的多样性展示为不同文化类型的多元性。而一门符号形式哲学就是一门先验哲学——它不断地追问人类文化世界的不同维度之所以可能的前提条件，追问每个符号形式何以可能的条件”。② 这种多与一的对立正是传统物的逻辑及其认识论所无法调和与解决的内在矛盾，构造一种新的关系和概念，以便从新的角度赋予生活世界以新的意义，构成了一切人类文化活动的根本目的。

① J. Nicholas Entrikin, “Geography's Spatial Perspective and the Philosophy of Ernst Cassirer”, *Canadian Geographer*, Vol. 21, No. 3, September 1977.

② 石福祁：《卡西尔符号形式哲学中的“符号性孕义”概念》，博士学位论文，北京大学，2009 年，第 85—86 页。

仅此，已足以展现卡西尔哲学本身的优越性。

应当说，卡西尔本人所紧紧把握的正是这一核心，他选取对“线条”（line）这一极富单纯性的记号之可能理解为例，形象地说明了这种辩证关系。这一实例颇翔实却清晰明了，故征引如下：

> 譬如，我们可以根据它的纯粹表达性的意义来观照一个视觉结构，一个简单的线条。当我们使自己沉浸于图样中并为自身而构造它，我们从中感受到一种独特的面相的特征。一种特殊的情绪在这纯粹的空间的确定性中得到表达：空间中线条的上下起伏包含着一种内在的流动性，一种动态的起起落落，一种心灵的生活与存在。在此，我们并不是仅仅将我们内在的状态主观地和任意地附会于这一空间形式中，毋宁说，这种形式将它自身作为一个富有生气的整体、一种独立的生活宣言给予我们。它可以静静地流淌，或是突兀地中断；它可以是丰满圆润而寂然无言的，或是参差不齐和急促陡峭的；它也可以是坚硬的或柔和的：所有这些都有赖于线条本身作为一种现实的确定性、它的客观的性质。但是，一旦我们在另一种情境——当我们将它理解为一种数学的结构，一个几何的图形时——中去考量线段的话，这些特质就减弱和消褪了。现在，它变成了一个单纯的图式，一种表现普遍的几何学原理的工具。在这线条中，任何无助于表达这一原理的东西、任何仅仅显现为个体性的因素，现在都变得完全无足轻重；可以说，它已经从我们的视域中消逝了。在图样中显现出来的明暗与色彩，以及绝对星等（absolute magnitudes），都被涵括在了这一忽略中：对于作为几何结构的线条来说，它们是绝对地不相干的。它的几何学特征并不依赖于这些光度，而仅在于它们的关系与比例。在此前我们邂逅了波浪线的起起伏伏和内蕴于中的内在情绪的韵律的地方，现在却认识到某个三角函数的形象表现，我们所拥有的是一个它的全部意义都在解析公式中彻底耗尽的曲线。这种空间形式不是别的，正是这一公式的范型（paradigm）；它留下的是一个完全非直觉性的数学观念的单纯外衣。且，这个

> 观念并不只是表达自身：在它身上，一个更具综合性的法则——一切空间的法则——得到了表现。在这一法则的基础上，每一个单独的几何学结构与可能的几何形式的整体关联了起来。它属于一个确定的因果系统，一套因果的事实与公理。这个系统揭示出意义的普遍形式，借此它得以构建并成为可理解的。而当我们把线条作为神话的符号或美学的装饰时，我们又一次处于一个完全不同的视域中。神话的符号本身内包着基本的神话对立——神圣的和世俗的。它被构建出来以区分这两个领域，以警告和令人恐惧，以禁止无知的人接近或接触到那神圣的。然而在这里，它并不仅仅作为一个记号、一种神圣的东西借此得到认识的标记，而且也拥有一种真实地固有的、神奇地令人信服或反抗的力量。对于这样一种力量，美学世界是一无所知的。如果视为一种装饰，那么这种图样似乎既与逻辑概念上的、也与神秘神话上的意指相去甚远。它的意义依赖于它自身，并仅仅向纯粹艺术的想象、向美学的眼睛展露自身。在此，空间形式的经验只有通过它和一个整体的视界（a total horizon）的关系得到完成，这个整体的视界通过特定的情境向我们展现出来；在这种情境中，整体的视界不仅仅“在”，甚至可以说，它生活与呼吸于其中。①

借用“线段”一例，卡西尔集中地展示了符号在记号与意义、基质层与纯智层之间的不平衡性和辩证统一性，显现了记号本身作为纯粹形式而非实体的超越性、在任一时刻的完满性及其孕义性，隐含地提出了将一切人类文化活动的重心置于具有无限丰富性的生活世界或者说集中于生活世界的无限丰富性与多样性本身的诉求。这种丰富性与多样性要求彻底地打破和消解传统物的逻辑下那个封闭性的、实体性的对象，注意到现象世界的符号本性；彻底打破和消解传统知识观念的

① Ernst Cassirer, *The Philosophy of Symbolic Forms. Vol. 3: The Phenomenology of Knowledge*, trans. Ralph Manheim, New Haven: Yale University Press, 1957, pp. 200 - 201. 此处翻译可另参考石福祁由德文原版的翻译，见石福祁《卡西尔符号形式哲学中的“符号性孕义”概念》，博士学位论文，北京大学，2009 年，第 114—115 页。

单面性（one-sidedness），以便从一开始就为未来可能的新的意义与规定性留下空间，以便通过持续不断的创造活动使符号世界得到更新和超越。

虽然从几何学、神话学和美学等几个不同的角度对线段的观照表现出截然的区别与差异，但显然，卡西尔的这一示例并不具备充分性。更富有说服力的是韦勒克和沃伦对文学的“本质”的追问，然而，他们的结论却只能是：

> 以上讨论的文学与非文学的所有区别——篇章结构个性表现，对语言媒介的领悟和采用，不求实用的目的，以及虚构性等——都是从语义分析的角度重申一些古老的美学术语，如“变化中的统一性”、“无为的观照”、“美感距离”、“框架”以及“创新”、“想象”、“创造”等。其中每一个术语都只能描述文学作品的一个方面，或表示它在语义上的一个特征；没有单独一个术语本身就能令人满意。由此至少可以得出一个结论：一部文学作品，不是一件简单的东西，而是交织着多层意义和关系的一个极其复杂的组合体。①

在这一表述中，韦勒克和沃伦的困难实际上直接表明对文学的明确与毫不含糊的定义、对文学与非文学的区分是不可能的。同时，在他们的结论中存在一个明显的重心转移与概念偷换，从文学这一概念转向具体的文学作品，而这二者，如果我们不再把文学性视为文学作品的本质属性而从一般性关系与其元素之间的关系来理解和把握它们，它们显然是异质性的存在。韦勒克和沃伦的这一结论实际上清晰地表达的是，我们所能够条理清晰地谈论的只有每一部具体的文学作品，因此，他们对文学研究的内部与外部之分实际上并不能有助于问题的清晰化，反而本身构成了一种混淆与遮蔽。

---

① ［美］雷·韦勒克、奥·沃伦：《文学理论》，刘象愚等译，生活·读书·新知三联书店1984年版，第44页。

"文学"本身，只具有作为关系与概念的身份，当一部作品被认作为"文学作品"时，这实际上构成对该作品的意义赋予活动。对于某一部作品来说，文学与心理学、社会学等并无内外之差别，而节奏、格律、隐喻、象征等也应归于语言在一切应用领域的共通表达手段，显然并不能将之归于文学之内部因素。在"多"与"一"的辩证统一关系中，这种统一性集中地表现在"一"而非"多"之上，"多"只能是"一"之上的"多"。不难看出，符号形式哲学的精神内核完全集中地体现于精神能量的创造性，创造出某种新的关系和概念以赋予符号性的现象以新的规定性；至于这种新的关系和概念是否具备自足性与独立性的地位，实际上无足轻重。

更重要的是，关于这种多与一的辩证统一，我们在关系逻辑以及符号概念本身之上已经得到充分的阐述与展现，因此，符号形式这一概念的在场或缺席并不会对卡西尔的哲学体系带来任何实质性的损害或裂隙。

本书认为，在《人论》中，卡西尔对"文化"（culture）概念的强调，正是为了用这个更具整体性的概念来取代复数性的"符号形式"概念。在一与多的辩证统一中，我们已经看到了作为符号之基质层的记号所负载着的一项特殊任务，即协调不同的关系与意义之间的差异与冲突。

但是，卡西尔提出了另一种协调不同符号形式的途径，即："我们并不是将这些不同的系统彼此直接地予以比较，而是为此构造一个共同的系列，使它们在其中能平等地关联着"，或者说，"为总体上来说的全部变化创建一个最高级的、共通的度量标准"。[①] 相较于复数性的符号形式，文化显然就是这样一个"最高级的、共通的度量标准"。杜普瑞（Louis Dupré）对卡西尔的文化概念的理解显然是基于这一点的：

> 文化，由这些符号表达整合而成的这个整体，建立起一种

① Ernst Cassirer, *Substance and Function, and Einstein's Theory of Relativity*, trans. William Curtis Swabey and Marie Collins Swabey, New York: Dover Publications INC., 1953, pp. 191, 197.

> 精神的共生关系，使得社会成其为一个完全属人的、有机的统一体。①

当然，在此之外，我们还须注意到文化这一概念本身在卡西尔哲学之中及之外的内涵上的区别与联系，以便更深入地理解和把握它。在此，特瑞·伊格尔顿已经对“文化”概念的全部内涵作了全面的分析与阐释。②“文化”概念一开始就是作为“自然”的对立面的身份出现的。当培根提及“心智的栽培与施肥”时，他首先正是将自然置于人的对立面，或者说，将人从自然中剥离出来，而同时，这也暗示了对自然的不满，暗示着人具有某些超出自然本身的东西。这构成了“文化”概念的本义。

在德语中，“人文科学”（Kulturwissenschaft）一词正是直接对立于“自然科学”（Naturwissenschaft），但是，我们切不可将卡西尔在《人文科学的逻辑》中对“人文科学”一词的使用，理解为他要将自然科学与人文科学区分与对立起来。恰恰相反，他正是要抹平原本横亘于二者之间的不可弥合的裂缝，而将之归于在对世界的认知活动中所使用的工具与术语方面的非本质性差别。与培根和伊格尔顿坚持一种中立的和调和的立场——他们看到了自然与文化之间的辩证性，但却仍坚持将传统的笛卡尔式的二元论立场——不同，对于卡西尔来说，文化这一概念表达着一种对世界的整体性的理解与领会，我们并不在外部的自然世界之外而另外拥有一个内部的文化世界，我们所拥有的只有一个世界，这个世界就是自然世界，同时也是文化世界，换言之，

---

① Cyrus Hamlin and John Micheal Krois（eds.）, *Symbolic Forms and Cultural Studies: Ernst Cassirer's Theory of Culture*, New Haven: Yale University Press, 2004, p. 36. 但在此，我们必须注意到路易斯·杜普瑞（Louis Dupré）的另一种理解：“卡西尔领会到，哲学不得不对符号进程的不可化简的多样性作为解释。艺术、宗教与普通语言学作为意义的输送者，丝毫不逊色于科学与哲学。故而，文化哲学的一个重要任务，就是要为这些不同的符号系统自身的权利提供合法性证明，且同时在心灵这一概念中寻求它们的哲学统一性，这一概念是如此地无所不包以至于能将它们的多样性安置在自身之中。”我们对符号的形而上学分析已经表明，心灵这一概念，是符号形式哲学的先验根基，是一个功能性的概念，而非一个整体性的概念。

② 详参［英］特瑞·伊格尔顿《文化的观念》，方杰译，南京大学出版社 2006 年版，具体参见第一章“各种意义的文化”。

自然从来不是一种独立于人的存在，自然就是文化，而文化亦即自然。

另外，就“文化”的引申义来说，它更多地显示为自身作为一种保守性与限制性的力量，同时作为一种反抗性与否定性力量的双重性与矛盾性：“如果‘文化’这个语词的第一个重要的派生意义是反资本主义的批判，第二个是这种概念缩小并对整体生活方式复数化，那么第三个就是逐渐专门用于艺术。”[①] 可以明确的是，第一重派生义标示着文化与文明的分裂并最终趋向对立，当近代资本主义文明背离了人们对“文化”概念应有的礼貌、高雅、教养等天然的而合理的想象，而表现出低劣的掠夺性时，与自然之间的对立就显得无足轻重了。文化从与自然的搏斗中抽身出来，重新站到了文明的对立面，使自身成为一种批判的态度与力量。当启蒙主义以理性的名义提出一种整体性的和同一性的生活方式设想时，虽然这种整体性在最初蕴含着一种理想的与美好的愿望，但当它最终转化为一种糟糕的实践时[②]，文化又一次提出对生活的多样性与鲜活性的诉求。在第三重派生义上的文化则试图将艺术提升为一种反抗和替代政治力量、赋予世界以超越性意义的力量。显然，伊格尔顿更加强调文化的反抗性与否定性的一面，虽然他同样隐含地表达了这种反抗与否定实际是“新”文化与“旧”文化之间的战争。

而在卡西尔看来，文化并不构成一种确定的、独立于人与社会之外的第三种力量，世界在其本质上展现为一种永恒的符号化进程，世界的当下完满性既是对过去的革新，同时也埋下了对自身的革新的种子。世界的单向度与片面性并不能归因于世界自身，而应归因于人本身，归因于人对世界的理解与把握的片面化，正如武断地将艺术提升和塑造为一种新时代的神学本身就是在为自身制造着新的枷锁。任何一种当下的完满性同时又是一种不完满，这是符号世界的本性使然，是人类发展的必然轨迹。因此，重要的并不是为否定而否定，而在于

---

① ［英］特瑞·伊格尔顿：《文化的观念》，方杰译，南京大学出版社2006年版，第12页。

② 详参［美］戴维·哈维《后现代的状况——对文化变迁之缘起的探究》，阎嘉译，商务印书馆2003年版，第5章“现代化”。

在当下的基础上寻求新的意义的可能。更重要的是，将这种对新意义和多样性的寻求活动从一种无意识状态提升到自觉性与自发性的层面，才能将人类精神的能量完全地发挥出来。如此，文化的反抗性与否定性力量就会表现为构建性与主动性的力量。不难看出，卡西尔对人类世界抱着一种乐观主义的态度，但这种乐观要求建立在人类对自身的一切文化活动保持着清醒的认知与积极的作为之前提下。

三　文化活动、符号宇宙与符号性的人

至目前为止，我们已经有了对卡西尔的符号形式哲学的一个轮廓性的把握，我们理解了世界是符号的世界，是意义的世界，是文化的世界。但这个世界还缺少了一个重要的有机部分，正如卡西尔在《人论》一书的标题中直接点明的，即"人是什么"。

正是在《人论》中，卡西尔提出了"人是符号的动物"这一著名的命题。然而，对这一命题究竟应如何理解？张玉能先生作出了集中而清晰的表述，代表着国内学界普遍的甚至可以说是唯一的阐释：

> "人是符号的动物"的论断就是把人的存在方式及其本质归结为符号、符号形式和符号形式创造，而把精神性的符号、符号形式和符号形式创造作为人类、人类社会、人类社会的一切存在的存在方式及其本原……①

这一理解无疑切中卡西尔从符号意识和符号功能出发在类和群体的层

---

① 张玉能：《"人是符号的动物"：符号诗学与西方美学传统》，《学术月刊》2008年第10期。张玉能先生更进一步对"人是符号的动物"这一观念作了批判，认为："这是历史唯心主义的观点。与历史唯心主义相反，历史唯物主义认为，人类、人类社会、人类社会的一切存在的存在方式及其本原最终在于人类的物质生产方式及其所形成的经验基础。因此，符号、符号形式和符号形式创造在最基本的物质生产的经济基础之上产生出来的人的精神性的存在方式和生活方式，它们应该是第二性的，是在物质生产及其所形成的经验基础之上产生出来的。"这一批评关系到对主体性问题的合法性之争，迄今在学界仍未有定论，故仅在此列明观点，而不拟深入辨析。

面对人的理解。由于这几乎成为一种“共识”，已得到广泛而深入的阐释，故本书不拟对此再作重复，而是关注由这一理解所必须延伸出的一个逻辑结论，即“以符号功能和符号活动来理解人及其文化，使得卡西尔带有相当程度的泛符号化色彩。感性的现实的存在的人被完全淹没在抽象的符号之中”[①]，是否确实如此？更进一步来说，“人是符号的动物”这一命题是否还具有其他可能的内涵？

卡西尔在“人”的立场是否构成海德格尔的对立面，由于停留在抽象与思辨的层面而构成对人的现实存在、对人的此在之遗忘呢？本书持否定的立场。正如符号形式哲学在“世界理解”上拒斥和消解了传统形而上学的实体观念一样，卡西尔对“人”或“自我”的认识同样始终坚持着反本质主义的立场，即对一个实体的、自在的人之否定。在认知活动中，自我由于其主体性的地位具有一种区别于单纯的“物”——作为单纯的认知对象——的特殊性：每一个人既是认知主体，同时也是被其他主体认知的对象，甚至构成自我对自身认知的对象。这种特殊性或者说自我问题的这三个不同维度集中地展现了问题本身的复杂性，甚至在某种意义上说，一切哲学对自我问题的解答都是试图调和与统一自我的这三个层面。在自我问题上，传统形而上学本体论早已遭遇到彻底的失败，不是走向神秘主义就是通向宿命论。卡西尔哲学的先驱康德对自我的认识充分体现了问题本身的复杂性，他首先通过现象与自在之物的区分否定了人的自在存在，但在伦理领域又要求将自我理解为独立的存在，这个自在的自我构成道德律令的施号者。同时，康德对自我的认识确实构成了对人的此在之遗忘。这些矛盾与缺憾，都是卡西尔的符号形式哲学所要解决的。

当卡西尔继承康德的先验主义思想路向时，就决定了他同样必须在作为类的存在者这一层面上来解答人的问题，在此，他从康德“人是理性的动物”转向“人是符号的动物”。但是，如果这一命题本身保留了康德的全部矛盾与缺憾，那么，这种转变将是毫无意义的。本

① 韩欲立：《Dasein与Man：海德格尔与卡西尔人学思想辨异》，《西南师范大学学报》（人文社会科学版）2006年第11期。

书认为，在卡西尔哲学中，实际上存在两个不同维度上的人，我们可以分别称之为“大写的人”和“小写的人”。前者是作为具有符号意识与功能的人类，后者是一个个具体的、个体的存在者。但区别于康德，即便大写的人，既不是康德意义上的纯粹先验自我，更不是笛卡尔意义上的实体——前者实质上是将所要演绎的终点颠倒为理论的起点，后者在设定自我的独立性与实在性的同时将自我封闭和囚禁在自身之中。因此，卡西尔独具卓见地用功能的人来取代实体的人，无论是大写的人还是小写的人都不是作为一个独立的、自足的实体性的存在者，毋宁说，大写的人就是一种纯粹的功能本身，它能且仅能通过小写的人才能显现出来。换言之，小写的人才是生活世界的中心。当卡西尔用符号消解和取代物时，在意义论的层面，世界不再被理解为由物组成，而是由符号构成的。小写的人作为现实世界中的存在者，亦应除去“物之幻象”而被理解为符号，亦即，从符号形式哲学来看，每一个个体的人都是一个符号。

本书认为，小写的人①作为符号，这构成“人是符号的动物”这一命题真正核心的内涵，是卡西尔对自我问题的独特解决。他首先面对的是自我的同一性与连续问题：“传统形而上学的主体性概念遭到后结构主义的解构，导致了对是否有任何（道德的，如果不是形而上学的）基地以重建对自我的观念。”② 符号，将实体意义上的同一性转变为逻辑上的同一性。与世界上的万物一样，每一个“我”都同样处于时间之流中，处于永恒的变化之中，正如我们不可能在实在意义上两次走进同一条河流，此时的我亦不同于彼时的我。因此，人并不是因出生而成为具有独立性和同一性的“我”的，同时，根本不可能存在纯粹的“我思”，一切“我思”必然是有其对象的，用胡塞尔的术语来说，“我思”必然是一个意向性的意识。就符号形式哲学来说，自我只有在自身的认知活动中，通过被认知的对象、通过异己的对象

① 下文中若无特别说明，所使用的“我”“自我”“人”等语词，都意指的是小写的我。

② Shaun Gallagher (ed.), *The Oxford Handbook of the Self*, Oxford: Oxford University Press, 2011, p. 1.

来确证自身的独立性与同一性：

> 一种文化的批判哲学不能向任何一种解释屈服。它必须既避免自然主义的怪物，同时也避免形而上学的女妖。只要理解了“我”和“你”并不是完成了的已知数——通过彼此间互相施加影响而创造着文化的诸形式。相反，只有在这些形式中并通过它们，这两个领域，“我”的世界与“你”的世界才得以产生(come into being)。没有定型了的、闭合的“我”，在与一个相似的“你”的关联之中寻求从外部穿透到它的领域之中。再一次，彻底的分析已经显明，如果始于这一假定，目标是不可能达到的。基于这一假定，精神的领地与物质世界是相同的：每个实体都被束缚在它独定的场所中，如此，对于任何其他实体来说，都是不可穿透的。然而，如果我们不再把两个实体性地分开的实体“我”和“你”作为出发点，而是把他们安置在相互影响的交会点上，在言语活动或任何其他文化形式中完成它自己，我们的困惑就会消散。在这一行动的开端：总是在言语的功能、在艺术的创造，在思想和探究的过程中，一种特别的活动被表现出来。且，只有在这种活动中，“我”与“你”才同时性地将彼此区分开来而得以存在。当他们在言语、思想和一切艺术表达方式中维持着自身的统一性，他们才同时在彼此之内又彼此相邻地存在着。①

显然，自我的独立性和同一性仅仅是在相对意义上而言，仅仅是相对于他者的独立性——自我只有通过与世界和他者的交往活动，才能意识到自身的存在。这种独立性与同一性构成了自我最原初的内涵与意义，构成了自我的一切行动的前提与基础，“我”的面相和名字，即是对自身独立性、同一性和连续性的确认和展现。但同时，这个最原

① Ernst Cassirer, *Language and Myth*, trans. Susanne K. Langer, New York: Dover Publications Inc., 1953, p. 109.

初意义上的“我”也展现着自身的贫乏与空洞，因此，迫切地需要汲取意义以丰富自身。面相与名字仅仅构成自我这个符号的基质层，或者说，记号这一层面。对于任何符号来说，更重要的是，获取属于自己的意义。

自我如何获得自身的意义？作为“物”的符号，其意义是作为认知主体的人通过概念的创造赋予的，事实上，在概念当中，其中一部分显然是用来规定和理解人自身的，甚至包括“人”这个概念本身亦是如此。“人”作为符号，其意义的复杂性在于：一方面，“我”对世界和他者的一切认识构成了“我”的意义之所在，换言之，对之具有认知的一切异己的对象实际上构成了“我”的意义之所在。当某个对象成为“我”的对象时，他（它）不再是异己的，而成为“属于”我的对象。就此而言，卡西尔关于自我的认识，与马克思的“人的本质力量对象化”这一根本原则有着很大的相似性，尽管他的著作和学说与马克思并没有什么关联，且卡西尔不是把“劳动”而是把概念的创造、把认知活动理解为人的本质力量或功能。更进一步来说，虽然不同的自我可能与同一个他者同时产生某种关联，亦即，这个他者同时构成“我”与“他”的对象，但这个对象对于“我”和“他”来说，却是可能具有完全不同的内涵。举个通俗的例子来说，“我的妈妈是我表弟的姑妈”，妈妈作为同一个具体的存在者，对于我和表弟来说，却是意味着完全不同的意义。当然，自我的意义问题远比这个事例更加复杂化和多样化，即便是对于同一个“我”，同一个他者也可能具有不同的意义——妈妈可以是慈祥的、善良的、纯朴的、节俭的，等等。卡西尔用复数性的“符号形式”所表达出的符号之多义性，在人身上同样是适用的。另一方面，“我”作为他者的认识对象，他者对“我”的认知和评价，同样构成了“我”的意义之一部分，甚至这个他者与“我”并不生活于同一个时空之下亦是如此。譬如就明朝袁崇焕来说，当时和之后的评价并不相同，从符号形式哲学的立场来看，这种种评价实际上构成了袁崇焕这一符号的意义所在，它揭示和彰显了自我、生活以及世界的复杂性，同时，也是其开放性。

可见，正是在意义层面上，作为认知对象的自我和作为认知主体的自我才真正得到统一。唯有通过持续不断的认识活动，通过意义构造与赋予活动，将异己的对象内化为自身的意义，使自我不断地趋向于意义的充实性与丰富性。这意味着，人越是积极与主动地进行着对包括他者在内的世界的认知，越能使自身获得更加丰富的意义，使自身成为一个更加意义充实的符号，使自身孕育着更多的可能的意义。卡西尔在《符号形式哲学》第三卷用副标题“认知现象学”正是为了直接表明，包括自我在内的意义的本质正在于认知活动本身。

但是，这种对认知活动的高度强调是否意味着他对人的实践活动、对人的道德伦理的完全忽略呢？或如迈克尔·弗里德曼对符号形式哲学感到困惑的是：“符号形式的哲学如何能够将实践原理与理论原理统一在一个共同的原理之下是非常不清楚的。”① 本书以为，在卡西尔的“认知”概念中，内蕴着与“实践”的辩证统一。首先，我们必须看到，卡西尔所说的“认知”并不等同于通常意义上的静观，而是本身就是一种富有全部积极性与创造性品格的人类实践活动之一。其次，就狭义的实践活动、就“去做”这一层面来说，重要的根本不在于是否去做——从根本上来说，什么都不做实际上也是一种“去做”，而在于如何去做，在于当面对某一事物或事件时，我是如何去选择自己的行动方向的？在此，匈牙利诗人裴多菲那首脍炙人口的诗事实上极为清楚地表达了卡西尔对人和生活世界的理解：

> 生命诚可贵，爱情价更高。
> 若为自由故，两者皆可抛。

这首诗实际上表明了，实践问题从根本上就是一个关于“选择”的问题。是否参与到1848年欧洲那场浩荡的革命中去，并不是一个简单的

① ［美］迈克尔·弗里德曼：《分道而行——卡尔纳普、卡西尔和海德格尔》，张卜天译，北京大学出版社2010年版，第134页。

“是”或“否”的问题，而是在生命、爱情与自由之间的艰难抉择——卡西尔形象地将选择过程称为“斗争”（struggle）。在诗人这里，个人幸福与世界命运的较量终以后者胜出。但是，如果换作一个以“全生”“尽年”为人生宗旨的人那里，“生命”必然是其不二选择。当然，对于卡西尔来说，可以想象，虽然他会对诗人的选择给予激赏，但决不会视其为唯一“真理性的”选择。自我与生活的全部丰富性与复杂性正在于选择的复杂性与多元性之中，同时，每一个人都有着选择和决定自己的生活之自由和权利，这种自由和权利不能简单地予以“真理”或“谬误”非此即彼式的评判。

然而，这又是否意味着卡西尔哲学必然趋向一种道德的虚无主义立场？毋庸置疑的是，如同在认识论领域中一样，卡西尔在人类伦理领域同样持守着一种相对主义立场，因此，这一问题的更确切的提问法是：道德的相对主义是否必然导致人类道德的沦丧？从符号形式哲学来看，这无疑是在形式逻辑层面对问题的夸张与绝对化，虽然这一推论具有形式逻辑程序上的完善性，但人的现实而具体的生活并不能被归约为单纯的逻辑推论问题。即便一个人并不能在自觉性与自发性的层面和高度来选择自己行动的方向，但他对于生活与世界的认识已经内化为自身的意义之所在，因此，他的选择，无论从表面上来看表现出何种程度的任意性与无规律性，实际上都是受他的“内在意义”所支配的，其中包含着某种程度的“必然性”。同时，随着自我对生活与世界的认知活动的不断推进，随着自我的内在意义的不断丰富和充实，对于同一事件，他的选择必然可能发生变化，选择的这种变动性同时亦是一种“必然性”。因此，在卡西尔看来，在人类道德实践中，并不存在道德认知与道德行动之间的分裂之可能，所谓“虽然我认识到它是不道德的，但出于某种原因我不得不去这样做”这一说法只不过是一种托词和粉饰。至于对道德相对主义立场之虚无主义后果的担忧，实际上不过是杞人忧天罢了。

此外，在相对主义立场之上，卡西尔还提供了一种“真理性的”道德观，即“整体即真理”。复数性的“符号形式”正是要求人们以更加全面的眼光去认知和看待事物与事件，要求人们认识到事物与事件的多义性，唯有如此，当现实而具体地面对某一事物或事件时，我们在选择中才会产生更加激烈与深刻的“斗争”，才不会轻率地做出某一选择，而是深入它的方方面面、前因后果之后才做出自己的选择——即便这一选择本身最终被普遍地认为是“不道德的”或“错误的”，但却无损于选择过程在方法论上的正当性。基于这种斗争的选择法，任何选择的“不道德”或“错误”都只可能停留在个别性的层面上，而不会造成整体性（群体性）的不道德与错误。这对于人类整体的伦理生活才是至关重要的，我们永远不可能期望一个全善的世界，也不可能期望一个全善的人：

> 所有我们称之为生活的，是一种从欢乐与喜爱向厌憎与嫌恶的转变，反之亦然。因此，生活既不是苦难也不是快乐，既非悲剧亦非喜剧。毋宁说，它是二而一的。[①]

与道德的相对主义立场相比，道德的绝对主义不仅在逻辑上而且在现实中被证实为是灾难性的。德国纳粹主义之所以发生的思想根源，在于它把“德意志民族与国家”上升到凌驾于一切个人和一切其他民族之上的唯一“真理”，在于神话思维中正义与邪恶之绝对二元对立模式。这种绝对化意味着彻底的片面性，因此，一旦犹太民族被设定为德意志民族的对立面，种族屠杀这种严重背离文明与人道主义的恶行并不难理解。自我对生活与世界的认知与理解越是片面，他在作出具体的选择时就越是轻易，但行为的结果也越是难于保证其合道德性。因此，卡西尔看到了它作为对世界的一种情感性理解和把握方式在文学与艺术领域中的积极作用，但同时又批判它的这种彻底的绝对性与片面性，警醒人们时刻防范神话思维在人类政治与道德领域以新的面貌和形式复活。虽然随着宗教与科学思想的发展，神话思维越来越被边缘化，从生活世界的中心舞台消失，但它作为人类认知的一种内在

① 转引自 Krois, Jonh Micheal, *Cassirer: Symbolic Forms and History*, New Heaven: Yale University Press, 1987, p. 133。

思想模式，是不可能被消灭的，而被深深地潜藏于思想之最幽暗处，我们无从预料它将何时从何地以何种面目重新出现在我们面前。相较于沉沦在全善的道德乌托邦之中，对于人类道德实践来说，更重要的是要防范一个“全恶”的世界。

在此，符号化的认知活动的另一重更深刻内涵得到展现，即符号化活动总是将对象展现为异己的，在自我与世界之间架设起一道篱笆，使我们在从事认知活动的同时，更要站在一定的距离之外反思它们成为可能。换言之，“我”应当使“我”成为自己的认识对象：

> 远在进入诸［符号的］形式之前，生活总是合目的性在自身之内被形成；它趋向着确定的目标。但这些目标的知识总是暗示着对生活的当下性与内在性的背离。对世界的全部认知，以及所有施于世界之上的严格的精神活动总是要求我把世界从它自身中推回来，要求在静观与行动中获得对它的一定距离。①

因此，人的文化活动总是显现为两种相关联但也相区分的思想路向，即认知的与反思的。对象化本身就具有一种设定距离的力量，但是，人的对象化活动具有多种多样的方向与形式，如果我们不能注意到世界的多样性，狭隘而片面地将自身限定在某一个方向上，那么，一种可能的结果就是自我完全被融化在这单一的意义中，进而，在自我的一切静观和行动中必然呈现出选择的单一性与片面性。简言之，我们在世界中确证了自身，又在世界中丧失了自身。

那么，自我又应当如何才能坚守和维持与世界的距离，以一种反思的、旁观者的姿态去观照“我”自身？对于卡西尔来说，哲学就是一条使自我不断趋向澄明之境的道路，因为哲学正是一条最集中和鲜明地体现着思想的反思路向的道路，甚至，我们可以在某种程度上将哲学等同于反思本身。不难看出，卡西尔对哲学有着双重的理解与期

---

① Ernst Cassirer, *The Philosophy of Symbolic Forms. Vol. 3: The Phenomenology of Knowledge*, trans. Ralph Manheim. New Haven: Yale University Press, 1957, pp. 275 – 276.

望，一方面，他指出：

> 哲学不再期待着将文化作为被给予的来接受，而是使它的根源和规制与指导它的普遍有效标准成为可理解的。①

也就是说，卡西尔将哲学视为对世界的系统认识，它作为知识的知识，作为对知识如何可能的认知，使得我们的认知活动从一种不自觉的状态提升到自觉性与自发性的高度，对认知活动的顺利和有效开展，无疑具有积极的指导作用与现实效果。另一方面，哲学也是人的自我认知之必要途径。就此来说，卡西尔与冯友兰先生在对哲学本身的认识上是相一致的：

> 就我来说，哲学就是对人生的系统的反思。人只要还没有死，他就还是在人生之中。但并不是所有的人都对人生进行反思，至于作系统反思的人就更少。一个哲学家总要进行哲学思考，这就是说，他必须对人生进行反思，并把自己的思想系统地表述出来。②

就自我的道德实践来说，反思之所以重要，在于它能把自我在行动方向选择中的“斗争”转变为思想的一种常态，时刻保持着一种清醒的状态，从而避免随波逐流。

综上所述，我们不难看出，卡西尔的“自我理解”与其独特的“世界理解”是内在地统一的。世界是由一个个符号构成的世界，自我作为世界中的“我”，其本质也应从意义论而非存在论的层面来理解和把握。自我在认知世界的同时获得了自身的意义，获得自身的道德实践之可能。就揭示“世界”与“自我”的符号本性来说，本书的

① Ernst Cassirer, *Kant's Life and Thought*, trans. James Haden, New Haven: Yale University Press, 1981, p. 154.

② 冯友兰：《中国哲学简史》，赵复三译，新世界出版社 2004 年版，第 3 页。

目的已经基本得到完整的实现。虽然卡西尔的哲学确实未得到应有的重视，但是，与其以一种盖棺定论的方式来对他作出一种无力的价值判断，毋宁引用他对康德的一个冷静和客观的评判，来彰显卡西尔哲学的本真性价值：

> 就哲学家来说，并不能向我们提供什么，除了生活的模式。①

有趣的是，卡西尔除了在思想路向上对康德有着继承的关系外，他们对于各自哲学的看法也有着惊人的相似性。正如康德将自己的《纯粹理性批判》仅仅视为一种奠基性工作，将之视为未来作为科学的形而上学的一个导论那样，卡西尔同样将自己的符号形式哲学视为一项未竟的事业，他仅仅是发现和提出了这一事业的"普遍语言"或"语法"，而一个完整的符号形式哲学体系必然需要具体科学作为其建筑石料。卡西尔在《符号形式哲学》第三卷的前言中明确说：

> 为了阐明这一文化纲要，我不得不试图去研究由现象学、心理学、最后到知觉病理学所给出的材料，通过这些材料，在它们全部的多样化与具体的丰富性中去揭示一系列全新的问题。显然，于我而言，我过去所从事的这一工作，这种尝试只不过是一个开端，而期待着我的努力能够被哲学家以及各具体科学的学生们拿起来并进一步推向前进。②

事实上，在卡西尔的"文化纲要"中，关系逻辑作为一种普遍的认识论原理，本身是不具备可操作性的，而符号形式哲学的未来发展之可能性则要求着某种"操作手册"。就可操作性而言，在卡西尔的符号形式哲学中，它表现在作为纯粹形式之记号的构形活动和作为关系或

① Ernst Cassirer, *Kant's Life and Thought*, trans. James Haden, New Haven: Yale University Press, 1981, p. 5.

② Ernst Cassirer, *The Philosophy of Symbolic Forms. Vol. 3: The Phenomenology of Knowledge*, trans. Ralph Manheim, New Haven: Yale University Press, 1957, p. xvi.

概念之意义的构造活动这两个方面。如果说空间、时间与数在记号之构造上发挥着重要的作用，那么，就意义之构造来说，概念化（conceptualization）方法对于一切人类文化活动与领域的普遍适用性和有效性，从而对具体的符号形式的研究奠定了方法论基础。

第四章　艺术论：艺术符号学的建构

一个值得注意和思考的现象是，康德与卡西尔在中国的传播与接受路径恰好相反：前者首先是在纯粹哲学领域引发国人的兴趣进而深入美学的研究之中；后者在中国的接受却首先发生在美学领域，而直到今日对卡西尔哲学的纯粹兴趣仍然是缺乏的。从符号形式哲学的“操作性”来看，我们当然可以去谈它的伦理观、政治观等，但必须肯定的是，艺术较之其他符号形式，具有首要的重要性。

第一节　理解艺术符号学的两种路径

文艺美学工作者有着对人与世界最深厚的人文关怀和对新思想最敏锐的领会，因此，卡西尔的艺术观念较之于其符号形式哲学体系，首先被中国文艺美学工作者接受和吸收，并通过他们得到广泛的传播。不得不承认的是，文艺美学工作者较之形而上学家，更能直接而敏锐地把握卡西尔思想中活的精神，将其从“书斋美学”中解放出来并融入具体的社会实践中去，从而挖掘出它的实践价值与意义。

一　以苏珊·朗格为中心的传统阐释模式

更具体地说，国内对卡西尔的关注与兴趣是由《人论》一书引发的。其中，时代语境构成了关键性的影响因素：

……党的十一届三中全会以后，吹响了“解放思想”和“改革开放”的号角，“人”学理论开始觉醒和反弹，“人性”重获释放，如新时期初期开展的关于人性问题的讨论，随着讨论的深入，人的主观能动性和自由性也开始显露，人的价值和意义也得到了重新认可。正是在这样的背景下，《人论》这本并不好懂的西方哲学著作却销量惊人，可以说，文论界围绕着“人”学问题所展开的一系列反思和讨论构成了整个80年代文学理论的核心主题。①

同时，刘悦笛从美学史的高度对卡西尔的艺术观念作了高度的评价，他认为：

符号论美学思潮的奠基者是德国著名哲学家和观念历史学家恩斯特·卡西尔，其符号理论和文化哲学为整个符号论美学提供了哲学基础，此即“符号形式哲学”。如果再向前追溯，“美学之父”德国哲学家鲍姆嘉通的《美学》就曾在其第一部分“理论美学”中为“符号学”预留了位置，计划这部分用以研究艺术品中使用符号的理论，足见“符号之维”对于美学研究的重要价值。②

同时，他还指出了“符号论美学”由卡西尔至苏珊·朗格的传承这一发展线索，由此，学界将这一美学派系统称为“卡西尔—朗格符号论美学”。这构成了研究卡西尔艺术观念的一种通行和固定的范式，即将卡西尔与苏珊·朗格的艺术理论作合并的研究。

国内最早对卡西尔和苏珊·朗格的艺术哲学进行综合研究的是刘大基，在其《人类文化及生命形式——卡西勒、苏珊·朗格研究》中，他肯定了卡西尔对苏珊·朗格的影响：“朗格的理论完全是在卡

① 靳文娟：《卡西尔文艺思想在中国的传播与影响研究》，硕士学位论文，山东大学，2010年，第9—10页。

② 刘悦笛：《20世纪符号论美学新探——以卡西尔与朗格为考察中心》，《汕头大学学报》（人文社会科学版）2007年第3期。

西勒开创的道路上发展起来的，尽管其中包含了不少新的创造性成分，但就哲学而言，她仍然没有超越自己的老师。我们在朗格议论的精彩处，几乎总能辨别出卡西勒的理论原型”[①]；但同时又指出“与卡西勒相比，朗格关于艺术的论述要更深入、更专门、更广泛，也更成熟。倘若说符号形式的艺术在卡西勒处还是枝条分明、春蕊初绽的小树，那么到了朗格这里，它已长成了根深叶茂蔚成气候的大树”，“这样看来，将研究中心移向朗格就不仅是必要而且必须的了”。[②] 由刘大基先生始，以苏珊·朗格为中心，将卡西尔的艺术观念融入她的艺术理论中，构成中国美学界对卡西尔艺术观念研究的具体范式。谢冬冰的《表现性的符号形式——“卡西尔—朗格美学”的一种解读》出版于2008年，仍然遵循着这一范式。该书以刘大基为例来阐明这一范式下对卡西尔艺术观念的理解。

刘大基先生从符号形式哲学的角度将苏珊·朗格的艺术观念概括为三个方面：（1）“符号是人类把握世界的能动方法”；（2）“艺术是人类情感符号的创造”；（3）“艺术符号创造的基本手段：幻象”。[③] 在对上述观念进行具体阐释的同时，刘大基先生不时返回到卡西尔，对二者进行比较研究，但在第三点上，他只字未提卡西尔。不难看出，艺术幻象论与卡西尔的符号形式哲学以及其具体的艺术观念并无关联，应当被视为苏珊·朗格自己独创的理论。在一定程度上，刘大基更侧重于发掘二者之间的相同点，而甚少去辨析他们之间的差异。但无论如何，他对二者相通处的深入阐明无疑昭显出卡西尔本人的艺术观念，尤其是对艺术作为人类情感符号的创造、艺术直觉和生命形式这几个核心命题的把握。

就艺术作为情感符号来说，刘大基将卡西尔的观点概括为五点：

---

① 刘大基：《人类文化及生命形式——卡西勒、苏珊·朗格研究》，中国社会科学出版社1990年版，“前言”第2页。

② 刘大基：《人类文化及生命形式——卡西勒、苏珊·朗格研究》，中国社会科学出版社1990年版，第228页。

③ 刘大基：《人类文化及生命形式——卡西勒、苏珊·朗格研究》，中国社会科学出版社1990年版，第234—258页。

> 1. 艺术不是经验世界的摹写，而是对实在的发现。
>
> 2. 艺术必须充满情感，然而情感的自然流露却非艺术追求的目的，情感也不是艺术唯一和决定性特征。因为艺术不仅仅是表现，同时还包括再现和解释。
>
> 3. 艺术中的情感已不再是个别情感，而是变化了的情感、形式化了的情感。
>
> 4. 艺术对实在的解释，不是依靠概念而是依靠直观；不是以思想为媒介，而是以感性形式为媒介。
>
> 5. 美感就是对各种形式动态生命力的敏感性，艺术是内在生命的真正显示。①

刘大基指明，上述归纳是基于《人论》中“艺术”一章的，不过，他对这些基本观点的具体展开和论述，却完全基于苏珊·朗格的分析。本书以为，除第二点应归属于苏珊·朗格之个人理解故可商榷而外，其他几点无疑是切中卡西尔艺术观念之核心的。

在卡西尔看来，并不存在一个现成的经验世界，也没有一条人类生活的命定之路；相反，生活世界的意义完全源自人的创造性文化活动本身，艺术就是一条独特的赋予生活以独特意义的符号形式和理解生活世界的独特路径。因此，卡西尔是在最彻底的意义上反对艺术模仿论与再现说的，这是一个根本性的立场与出发点。

第二点则凝聚了卡西尔对克罗齐与柯林伍德的艺术表现说之批判，在强调了艺术符号的情感要素之外，同时以极其强烈的姿态把艺术构型的重要性凸显出来，提供了一种辩证地看待艺术情感与艺术形式的眼光。显然，苏珊·朗格的重要著作《情感与形式》就是对卡西尔这一观点的深度阐发与具体展开。如果抛开更深层的哲学体系与形而上学立场问题，单就艺术层面来说，苏珊·朗格无疑是对卡西尔符号论美学的继承和发展。

① 刘大基：《人类文化及生命形式——卡西勒、苏珊·朗格研究》，中国社会科学出版社1990年版，第244页。

第四点直接涉及艺术直觉的问题。艺术直觉问题的重要性，在于它与卡西尔何以将艺术理解为符号形式之一种这个根本性的问题是直接关联的。艺术的独特性就在于它是通过直观来领会艺术家的内在生活和对世界的独特理解的，不仅艺术家要具有将自身的内在生活世界予以直观化和形式化的天分，同时鉴赏者也应具备直观地领会艺术作品的能力。正是这种直观性，将艺术与科学、语言、神话等区别开来，使其成为理解与把握生活的一种独特形式。

艺术作为一种“生命形式”，则是体现在第五点中。这里首先必须对“life”（德语的 Leben）一词的中译作一简要的说明。它具有“生活”与“生命”两种含义和译法，前者指向个体的人现实而特殊的生存境况，后者则更多地富有生物学的内涵。国内学界通常取后者，其原因，似乎一方面在于“卡西尔的‘生命形式’论是对西方传统关于艺术的‘有机论’和‘生命论’的总结和升华”[①]，另一方面则应归结为中国传统文论的混沌性与模糊性特征，将艺术比喻为一种具有生命的“活物”，颇有言有尽而意无穷之韵味。

无论取何种译法，都直接肯定了这一问题在卡西尔艺术观念中的重要性。刘大基仍然主要是从苏珊·朗格的理解中来阐述“生命形式”问题的，她将其概括为有机统一性、运动性、节奏性和生长性四个更加具体化的特质。应当说，这四个特征是对人的具体生活经验之动态性特质——这种动态性正是卡西尔所着重强调和凸显的——的具体化和细致化。

但是，相较于“生命形式”，“生活形式”似乎是更恰当的译法，因为我们必须充分认识到卡西尔作为一位严谨的哲学家，在对术语的运用中恰恰是与混沌性背道相驰而尽力追求明晰性的；同时，对人之现实生存的关怀是其哲学的一种基本价值诉求。就艺术问题本身来说，他使用“inner life”主要是意指艺术家对生活的独特经验与理解。反过来，如果作“生命”这一理解，那么，何为“艺术家的内

① 洪永稳:《论卡西尔艺术“生命形式”的理论价值——兼及对中国当代文论建设的启示》,《江西社会科学》2011 年第 2 期。

在生命”呢？

二　从哲学而非艺术去理解艺术符号学

与这一“苏珊·朗格式”的阐释路径不同的是，洪永稳从对卡西尔文本的分析出发也对“生命形式”作了重新阐释，解析和厘出它的四重含义，即：艺术是生命的整体，艺术的“生命形式”是个动态的过程，艺术的“生命形式”具有创造性的功能，艺术的“生命形式”具有丰富性和多样化的特征。[①] 应当说，这一重新阐释虽然与前者有着内在的相似性，但无疑更贴合卡西尔本人对艺术问题的直接言说。

同时，这一重新解释实际上隐藏着一种更深刻的姿态，即不再满足于从苏珊·朗格的艺术理论迂回到卡西尔那里，更不能赞同以前者遮蔽和取代后者——虽然二者之间具有深刻的关联。就对卡西尔艺术观念的研究本身来说，显然，差异的重要性远甚于相同点，而要求“还原”卡西尔艺术观念的本来面目。刘建辉正是不满足于当前的研究现状，直接提出了转变的要求：

> 虽说卡西尔—朗格的符号（学）美学作为一个美学流派早已为美学界所认可，但既往的研究多在苏珊·朗格的美学与卡西尔学说的联系中立论，本文就卡西尔的艺术符号学所作的研究着意于揭示创始者的独特思致。[②]

这一研究方法与方向的转变构成了国内美学界对卡西尔艺术观念研究之新的范式，它也确实带来了对卡西尔哲学和艺术观念的新理解。刘建辉摆脱苏珊·朗格的束缚，从不同的维度对“形式”这一概念的分析，深刻地揭示了“形式”概念在卡西尔哲学中的多义性或者说三个

---

① 洪永稳：《论卡西尔艺术“生命形式”的理论价值——兼及对中国当代文论建设的启示》，《江西社会科学》2011 年第 2 期。

② 刘建辉：《符号形式与艺术符号——卡西尔符号学思想解读》，博士学位论文，中国人民大学，2010 年，“前言”。

不同的层面，即：就透视文化现象的基本途径来说，空间、时间与数构成三种最基本的形式；就精神的自我表达与建构来说，知觉、直觉和概念构成三个不同的构型环节；而从“人”本身来说，形式本质上是“人”所创造和为“人”谱成的哲学乐章。应当说，他不仅抓住了卡西尔哲学的一个核心性概念，同时也是对苏珊·朗格“形式”概念的单义性与单向度的反动。但是，刘建辉对苏珊·朗格的完全“悬搁”并不利于他揭示卡西尔的独特思致这一目标的实现，因为就国内研究卡西尔艺术观念的主流范式来说，只有通过直接揭示和展现二者的差异，才能真正体现出卡西尔艺术观念的独特性来。

无论是从卡西尔的符号形式哲学本身，还是现代哲学解释学出发，它们共同肯定的一点是，解释是一个蕴含着无穷可能性和永无止境的过程，阐释之视角或视域的变化都会生发出新的理解和意义。前在的和已有的阐释并不会构成对新的阐释之阻碍，相反，它构成了后者得以可能的前提和基础。就其具体开展来说，有必要作以下几点说明：

其一，本书是从卡西尔的符号形式哲学体系和形而上学立场切入讨论艺术问题的。一方面，符号形式哲学作为一种系统性的哲学，它决定了，无论是对卡西尔的科学、语言、神话、艺术乃至历史的观念之理解和阐释，都必须置于其符号形式哲学体系之中来予以观照，亦即在符号形式哲学体系下，艺术应当是何种样态的艺术。另一方面，正如刘悦笛在分析中国美学三十年的功过得失后指出的那样，“通过对于这三十年来美学学科的历史进程、研究成果、得失问题的考察，我们已经概略地对于1978年到2008年当代中国美学史进行了一种反思性的梳理。美学这门学科，尽管面临着‘跨学科研究’的挑战，但是最重要的历史教训，还是要回到‘哲学本位’上来加以言说”。[①] 就对卡西尔艺术观念研究之现状来说，一种“哲学本位”观照正是目前所缺少和需要的。这正是本书在结构设计时所考虑的。

其二，鉴于目前以苏珊·朗格为中心来阐述卡西尔的艺术观念这

① 刘悦笛：《中国美学三十年的功过得失》，《文艺争鸣》2008年第9期。

一范式的主导性与支配性影响，本书试图从哲学层面来揭示二者之间的差异与分歧，对通行的“卡西尔—朗格符号论美学”这一称谓提出合理的质疑——这并不是要否定苏珊·朗格作为一名杰出艺术理论家的事实，而是为了凸显从她的艺术理论来理解卡西尔艺术观念的不恰当性和从卡西尔的文本本身出发的必要性。基于国内美学界对二者在艺术观念上的相同之处已有了全面而细致的研究，故对此不再作冗文赘述，而将重心集中于其歧异处。

其三，就卡西尔的符号形式哲学对于艺术理论研究的实践作用与意义来说，主要集中于方法论和操作性层面，这与卡西尔对符号形式哲学之方法论特征的一贯强调是相一致的。较之于苏珊·朗格，在艺术史与艺术理论领域，一位未曾注意到卡西尔哲学但引起卡西尔高度关注的艺术史家沃尔夫林，由于其艺术风格概念集中地体现了符号形式哲学的概念化方法在艺术领域的应用与实践，可视为符号形式哲学之具体应用的一种“原型”和典范，由此，从方法论层面对沃尔夫林与卡西尔哲学之间内在一致性进行分析，构成本章的一个重要主题。

第二节　符号形式哲学的艺术观念

虽然卡西尔曾经表示过，要专门写作一本关于艺术的符号形式哲学的著作，但这一意愿并未完成。我们今天所能见到的他对艺术的最集中的阐述，见诸《人论》的一章，其他零散地分布于《人文科学的逻辑》、三卷本《符号形式哲学》以及一些演讲中。然而，这种零散性并没有丝毫减损卡西尔艺术思想的体系性，并没有妨害我们将艺术置于符号形式哲学这一体系之中予以观照的要求。

一　作为符号形式的艺术与直观性

从符号形式哲学来看，卡西尔对于艺术的一个最基本的规定就是，艺术是一种符号形式。艺术和其他一切符号形式一样，在本质上都是精神作为之一种，代表着构造世界活动的一种方向与模式：

> 显然，这个世界并不是作为现在的事物而存在着的。它不得不被构造出来，不得不通过人类心灵持续的努力而被建筑起来。语言、神话、宗教、艺术和科学不是任何别的东西，而是在这一方向迈出的一步。它们并不是对一个现成的物的自然的模仿或再现。应该说，它们是我们通向对象化的道路上不同的站点或停留点。我们所谓的人类文化可以被定义为我们人的经验的渐次的对象化——对我们的感情、我们的情绪、我们的欲求、我们的印象、我们的直观、我们的思想和理念的对象化。①

换言之，艺术活动本身——无论是艺术创造还是艺术鉴赏——就是一种对象化活动。并不存在一个独立于人之外的自然世界，纯粹客观意义上的世界只可能是彻底的混沌，或者说一种永恒的“变化着”；我们的世界的全部确定性与无限丰富性来自精神的作为，来自人的符号化活动，来自人的意义赋予活动。

在此意义上，任何一种可能的观照与理解世界的方式都构成了人的构造活动的有机组成部分：

> 像所有其他的符号形式一样，艺术并不是对一个现成的、被给予的现实的单纯再现。它是导向对事物与人之生活的一种对象性的看法之路。它并非模仿，而是对现实的一种发现。②

如果我们就艺术问题再次将卡西尔与康德作一比较的话，虽然二者在多个方面表现出一种立场的共同性，但却存在本质性的差异。虽然二者对美与艺术给予了同样的关注，但是，在康德那里，从一开始，他

① Ernst Cassirer, *Symbol, Myth and Culture: Essays and Lectures of Ernst Cassirer, 1935 – 1945*, ed. Donald Phillip Verene, New Haven: Yale University Press, 1979, p. 167.

② Ernst Cassirer, *An Essay on Man: An Introduction to a Philosophy of Human Culture*, New Haven: Yale University Press, 1944, p. 183.

只是把《纯粹理性批判》和《实践理性批判》作为一个完整体系来建筑的，在从事对人的理论理性、对自然领地的批判的同时，已经计划了对实践理性、对自由领地的批判，但没有给判断力预留席位。换言之，从自身哲学大厦的体系性与完整性来说，康德不能对遍及生活世界的美与艺术现象视而不见，“被迫”为它在这一大厦中找到落脚点，这使得《判断力批判》看上去更像是一幢主楼的附楼。在康德哲学中，理论理性与实践理性拥有和占据着各自的领地，但对于判断力来说，并不拥有同样的领地，而只能以作为两大领地的沟通桥梁的身份与地位显现出来。这不仅使得我们的生活世界实际上被分割与肢解，更使得康德为美所确立的自律性（autonomy）变得不再稳固和十分可疑。

当卡西尔指出，“再一次，自律性这一概念、精神的自我立法这一概念，将自身展现为康德体系的重心”①，这实际上是一种“六经注我”式的解读，是以自身哲学的精神来阐释康德的文本。② 所谓“精神的自我立法”不过是他自己的“精神作为的自由”的另一种措辞法。当康德将科学、道德与艺术各自的自律性分别建立在自然的合规律性、自由意志之道德律令和自然的形式之无目的的合目的性等原则之上时，卡西尔将它们理解为人类文化活动的不同符号形式，从而肯定了它们的自律性，更重要的是，将它们统一地归属于同一个功能性的精神的支配之下。由此，美与艺术才能真正获得自身的自律性与合法性，而无须成为他者的桥梁或附庸。

同样，就艺术之必要性来说，并非基于它作为一个事实问题，而是基于科学的片面性与世界的整体性本身。卡西尔看到，当科学从日常语言中提炼出一套属于自身的科学语言时，虽然“这是客观化过程中决定性的一步。但是，人不得不为这一收获付出重大的损失。他当下的、他实际的生活经验，随着他所达到的更高的智性目标，以同样

① Ernst Cassirer, *Kant's Life and Thought*, trans. James Haden, New Haven: Yale University Press, 1981, p. 333.

② 我们必须注意到卡西尔的《康德的生活与思想》这一重要著作的“六经注我”的特征，它完成于1919年，已是《实体与功能》一书出版9年之后，因此，他更多的是站立在关系逻辑的立场与角度去理解与阐释康德，而不是站立在康德本人的物的逻辑之立场上。

的程度消逝。所剩下的仅是一个智性符号的世界，而不是一个当下经验的世界”。[①] 卡西尔常常将自然科学这一世界理解的方式称为“没有灵魂的”（soulless），形象而深刻地展现了科学的片面性。但他同样坚定地反对任何形式的“为艺术而艺术”（l'art pour l'art）这种片面地拔高艺术的身份与地位的做法，因为它不仅不能赋予艺术以合法性，甚至将艺术推向毁灭之路，不是走向神学就是形而上学：

> 美由此变成一种宗教性膜拜的对象，但同时它面临着丧失自身根基的危险。它被如此高度地上升到感官世界之上以致我们遗忘了它的尘世性、它的人类之根。它的形而上学合法性预示着对它的特殊本性与质性的拒绝。[②]

一个典型的例证是，在黑格尔的思辨哲学体系中，艺术沦为绝对精神的表现形式之一，且是绝对精神之较低级阶段的表现形式，彻底成为哲学的奴隶。世界的整体性意味着“真理即整体”，因此，无论科学主义还是人文主义都是昭示着一种片面性。卡西尔从未将自己理解和定位为一个人文主义者，如果有人这样做的话，那说明可能存在对他的“文化”这一概念的整体性内涵之领会与把握上的偏私与歪曲。

在艺术作为符号形式这一基本规定性中，我们不难发现，还隐含着一个必然的推论或从属的规定性，或者说，是符号形式哲学作为一门彻底的现象学的必然要求，即，艺术作品是一种符号。在这里，我们必须警惕一种常见的误解与混淆，即在“符号”与“象征”之间的混淆。在西文中，“symbol/Symbol”兼有着符号与象征的双重含义，但在中文里却是两个有着重大差别的概念。在国内早期对卡西尔的研究中，常常将其“符号形式哲学”翻译为“象征形式哲学”，但今天这一译法几乎绝迹，因此可以将它当作一个自明性的事实而无须在二

---

① Ernst Cassirer, *Symbol, Myth and Culture: Essays and Lectures of Ernst Cassirer, 1935–1945*, ed. Donald Phillip Verene, New Haven: Yale University Press, 1979, p. 154.

② Ernst Cassirer, *Symbol, Myth and Culture: Essays and Lectures of Ernst Cassirer, 1935–1945*, ed. Donald Phillip Verene, New Haven: Yale University Press, 1979, p. 155.

者之间再作深入的辨析。但是，一涉及艺术问题，这种“象征”的解释似乎又为自身找到支持和证据而得以复生：“从卡西尔哲学的总体看，他的学说应该是‘符号形式哲学’而非‘象征形式哲学’，但在其谈论艺术时，很多情况下，‘symbol’的意思是‘象征’。”①

这一看法不仅实际上割裂了卡西尔哲学的整体性与系统性，同时也是将修辞手法本身与其产品的等同与混淆，将艺术手法与艺术作品混同起来。就前者而言，“象征活动是从形象的感知开始，经过知觉的抽象作用把形象转化为特征图式，从而激发联想和想象的活动，并在这种活动的催化下，主体生命进入一种体验状态，产生相应的情感反应。这是一种‘感知—抽象—幻觉—联想和想象—情感反应’的连续性心理活动的链条。……因此，象征实际上只是一种激发机制，一种激发主体生命本质力量对象化的机制，它是形象表现活动的中介。”② 而符号，对于卡西尔来说，意味着基质层与纯智层、记号与意义的统一体。更何况，对于艺术创造活动来说，象征仅仅意味着手段之一，而非普遍的和必然的。

在艺术这一符号形式“内部”，任何艺术作品本身都具有人工符号的身份，构成了“符号宇宙”的有机组成部分。艺术作品本身，一旦被创作出来，就获得了与自然符号同等的身份，也可能随着时间的流逝在“面相”上发生变化，甚至因损毁而成为“非在”和“曾在”。而且，我们只有一个世界，一个作为有机整体的世界；在这个世界内部，它是不可能如在传统形而上学中那样被划分成自然的和人的两个对立部分的，无论哪一部分的缺失，都会使这个世界变得“不完整”。这构成了理解卡西尔的艺术观念之必要的“大前提”，或者更准确地说，这种世界理解构成了艺术的形而上学基础，使得卡西尔与一切古典主义的和新古典主义的艺术观念彻底区别开来。

在这一前提下，如果具体地来看艺术问题的话，那么，首先必须

① 谢冬冰：《“符号”还是“象征”？——卡西尔学说中的“symbol”的词义辨析》，《南京师范大学文学院学报》2003年第1期。

② 林兴宅：《象征理论及其审美意义》，《学术月刊》1993年第3期。

对艺术这一“符号形式”本身作出阐释，因为它直接关涉到对艺术的界定或定义。但是，卡西尔对“符号形式”概念本身的界定是很模糊和粗略的，更准确地说，一种符号形式能且仅能通过其他符号形式而使自身得到界定：

> 回顾我们对神话、语言和艺术的一般性分析，我们也许可能被诱导着以一个简短的公式来宣告这一分析的结果。可以说，我们在神话中发现的是想象性的对象化，在艺术中是直观性的或静观性的对象化，在语言和科学中是概念性的对象化。我认为这样一个公式并不是没有价值的，它应当包含着某种真理，当然，我们对它的应用必须小心谨慎。[①]

在这里，卡西尔尝试用想象性、直观性和概念性分别来界定神话、艺术和语言/科学。当然，这一区分与界定并非绝对的，在这些不同的符号形式之中，语言最集中和突出地显现出这种划分的相对性与模糊性。卡西尔将语言的对象化方式归结为与科学同样是概念性的，是仅就陈述性语言来说的，因为在诗歌中，情感性语言以一种自明的确定性向我们展现了它的现实性。

就我们的世界作为一个整体来说，因其构造性的特征，当我们构建出一种新的基本关系来规定它时，这个整体必然会得到扩展和延伸，由此可能引起对不同符号形式之间界限的重新划分和确定。但是，这种可变动性并不会影响到在任何一个确定的当下这种划分的确定性，正如我们在符号性孕义这一原则中已经清楚地阐明。

二　直观—构形—表达：艺术的智性直观

卡西尔在这里实际上给出了艺术的一个具体的规定性，即直观性。

① Ernst Cassirer, *Symbol, Myth and Culture: Essays and Lectures of Ernst Cassirer, 1935 – 1945*, ed. Donald Phillip Verene, New Haven: Yale University Press, 1979, p. 187.

显然，将艺术活动归结为一种直观性的活动，这并不是卡西尔的独创；甚至，更重要的是，这是否意味着，一切人类的直观性文化活动都是艺术活动？答案显然是否定的，因为卡西尔已经看到，譬如表达内心之愤怒或恐惧的号叫，也是直观性的，与艺术是毫无关涉的。但是，如此一来，直观性这一概念本身似乎失去了作为艺术之规定性的作用，显示为一个自相背反的概念。

在这里，不得不再次强调卡西尔哲学所带来的由存在论向意义论的重大哲学转折，并由此所带来的对物与关系的本质的重新定位。在传统存在论意义上，任一概念都表现着某种普遍性，这种普遍性作为“一种属性，它能够同时被不止一个的个体的物（或具体的物）所具象化”。[①] 这一意义上的“概念”，我们可以将它等同于“本质”，近代的经验主义和理性主义都可以归属于这一本质主义范域，两者的区别只不过是在前者而言“本质”不具有唯一性，甚至康德本人的先验哲学亦未能挣脱这一本质主义范域，因为对他来说，除了纯粹先天直观与纯粹知性范畴，一切作为先天综合判断之结果的概念都是对对象的普遍必然性的认识。这种本质主义立场并不仅仅表现在自然科学领域。在艺术领域及其各个“子”领域，尝试对艺术和各艺术门类作出一个准确的定义的尝试几乎贯穿了人类整个艺术史。但这种尝试与努力的结果似乎都归结为一点：“定义什么是艺术或不是艺术，更大程度上成为一个问题。艺术是一定难以定义的现象。”[②]

同样地，在作为艺术之分支的文学领域，“文学性”这一概念本身集中地展现了确定文学与非文学之区分与界限的努力及其困难。俄国结构主义学者罗曼·雅各布森旗帜鲜明地指出：“文学科学的对象并非文学，而是‘文学性’，即使一部既定作品成为文学作品的特性。”[③] 虽然

---

① Robert Audi（ed.），*The Cambridge Dictionary of Philosophy*（2nd Edition），Cambridge：Cambridge University Press，1995，p. 203.

② Robert Layton，*The Anthropology of Art*（2nd edition），Cambridge：Cambridge University Press，1991，p. 4.

③ 转引自［加］马克·昂热诺等编《问题与观点——20世纪文学理论综述》，史忠义等译，百花文艺出版社1989年版，第30页。

围绕着文学性这一概念，存在确立和消解文学与非文学的界限的行动，但是，它始终构成一个无法回避的概念，恰如姚文放所指明的：

> 不管俄国形式主义还是解构主义，虽然在关注“文学性”问题时都搁置了“什么是文学?”这一翻来覆去讨论已经令人厌倦的问题，但实际上他们终究不能绕过这一问题。因为“文学性”问题的提出看似另辟蹊径，但无论是试图将文学从非文学的钳制下剥离出来，还是刻意推动文学对非文学的扩张，都需要对文学与非文学之间的界限做出明确的界定，否则就根本无法确认“文学性”的适用范围和功能限度，讨论也就变得毫无意义。但这样一来，那就势必不能回避“什么是文学?”的问题，从而又回到老路上去了。①

这里，在“什么是文学?”这一提问法中，清楚地揭示出一种存在论的本体论或者说本质主义的文学观念。用卡西尔哲学的术语来说，它代表着一种实体化的思维模式，将原本归属于人类精神的创造物的概念，将“文学”这个概念，转化为某种“存在者”本身，并以此为基础又试图为这个“存在者”作出具体的规定。

换言之，“文学”与“艺术”一样，都只是一个概念，只是某种关系的外壳；它并非某种可以独立存在的对象，而是依赖与之相关联的其他概念而形成一种交互性的关系，并据这种交互性而使各自得到规定；它不是某些物所内在或固有的本质属性，相反，它只是用来描述和规定具体的对象的。这涉及符号形式哲学的现象学本质，它要求将一切人类文化活动的中心都置于具体的对象——“这某物”身上：当我们面对某一“作品”时，我们所作出的判断，并不是直接地断言它是文学作品还是非文学作品，而是判定它是科学的、神话的、语言的、艺术的、历史的，等等，而当一切既有的种种符号形式都不足以

① 姚文放：《“文学性”问题与文学本质再认识——以两种“文学性”为例》，《中国社会科学》2006 年第 5 期。

恰当地描述和规定这一对象时，我们就会进一步探索，它是否代表着一种全新的关系或符号形式，从而需要设立一个新的概念来规定它，抑或是在某一既有的概念之下，开辟出一小块领地，构造一个从属于这一既有概念（“属”）的“种”概念来规定它。无论是作何种选择，都会造成对这一“种属结构”内全部概念的重新界定，导致我们的概念体系的深化或扩张，这种深化或扩张，正是人类文化活动的“进步”本身。因此，无论是乔纳森·卡勒认为“问题的目的不是要寻找文学的定义，而是要描绘文学的特征”①，还是姚文放先生提出“文学与非文学是否有一种恒常的状态、零度状态或理想状态呢？是否有一种不受外部看法、意向和评价左右的本真状态呢？”②，这些提问法本身就代表着一种本质主义的实体化思维倾向。文学不是“这某物”，而仅仅是关系和概念；它与“非文学”之间，是同一层面的不同概念间一种交互性的相互确定关系，而非两个独立的实体之间泾渭分明的划分边界的关系。在此不难看出，艺术的直观性这一规定，是作为对象化这一“属”概念的“种”概念之身份存在着的，从而对艺术作出深度的描述与规定；同时，它本身也可以作为“属”概念，要求通过“种”概念的构造而使自身得到进一步的明晰化。

因此，我们必须进一步追问，卡西尔是如何对直观性这一概念进行深化的。应当说，就直观性这一概念本身来说，一切传统的艺术观念都不否认和拒绝艺术的直观性，因此，事实上，我们的问题应当转变一种形式：艺术是对什么的直观？或者说，艺术直观的对象是什么？如此，问题的真正核心才被显现出来。

对艺术的一个古典主义的定义就是“艺术模仿自然”（ars simia naturae），然而，这也是一个最富争议的定义。模仿说几乎否定了或者说无法合理地解释艺术活动中人的创造性问题，而自然本身也并不是纯粹地“美的”，本身也是充满着瑕疵或者说丑的。因此，新古典主

① ［美］乔纳森·卡勒：《文学性》，见［加］马克·昂热诺等编《问题与观点——20 世纪文学理论综述》，史忠义等译，百花文艺出版社 1989 年版，第 27 页。

② 姚文放：《“文学性”问题与文学本质再认识——以两种“文学性”为例》，《中国社会科学》2006 年第 5 期。

义对模仿说作了一定的修正和改进，认为艺术的目的与任务就是生产“一个美的自然”（la belle nature）。但如此一来，艺术之美的原则与自然之真的原则就处于一种对抗性的关系之中，换言之，艺术就是“一个美丽的错误”（an agreeable falsity）。显然，无论是古典主义还是新古典主义，他们对艺术的定义都是无法令人满意的，因此需要寻找新的契机。

卡西尔是在卢梭与歌德——尤其是后者——那里找到这一新契机的。对于卢梭来说，艺术不是对经验世界的描述或再现，而是“情感与激情的涌动”（an overflow of emotions and passions），从而开辟和生发出一种“个性的艺术”（characteristic art）观念，这一观念在歌德那里得到更为系统与完整的表述。卡西尔征引歌德本人的话来说：

> 艺术在成其为美的之前首先是构形的，然而这是真实的和伟大的艺术，比美的艺术本身更为真实和更为伟大。因为人在自身之内拥有一种构形性的禀性，一旦他的存在得以确立，这种禀性就活跃起来……因此，原始人用古怪的笔触、可怕的形式和粗糙的颜色来重塑他的“cocos”、他父亲的和他自己的身体。即使这种画像是由最任意的样式构成，尽管样式本身不合比例，它的部分与整体还是相协调的，因为一种直观把它们创造为一个富有特色的整体。
>
> 此时，这种个性的艺术才是唯一真实的艺术。当它按照那环绕着它的、内在的、单独的、个人的、原生的、独立的情感行事，而无视和忽略了全部相异于它的东西时，无论它是出于粗鲁的野性抑或出自有修养的敏感性，它都是完整的、活生生的。①

---

① Ernst Cassirer, *An Essay on Man: An Introduction to a Philosophy of Human Culture*, New Haven: Yale University Press, 1944, pp. 180 – 181. 译文参考了范景中主编《美术史的形状》第 1 卷（从瓦萨里到 20 世纪 20 年代），傅新生等译，中国美术出版社 2003 年版，第 154 页。

在传统物的逻辑之基础上，我们可以说，这种“个性的艺术”仍然是一种再现性的艺术，但它不再是对自然的再现，而是对“我们的内在生活”（our inner life）的再现；而进一步从关系逻辑的角度来看，这种“再现”实际上意指着人的一种构造活动。

以此为基础，卡西尔对艺术作出了一个“定义”：

> 艺术确实是表达性的，但如果缺少了构形性，它就不成其为表达性的了。且这种构形的过程就是以某种可感知的媒介付诸实施。

换言之，艺术就是艺术家通过构造可感知的形式，将他的内在生活表达出来的一种文化活动。不难看出，卡西尔通过这一定义所表达和强调的，是艺术这一符号化活动本身的内在统一性，这种统一性也可以说是任何符号本身内在和固有的统一性。

从艺术作品的维度来看，任何一个艺术作品，就其作为一个统一体来说，它是一个符号；如果分别从其基质层与纯智层、从记号与意义双重层面来看的话，它必然同时包含一个可感知的形式、一个单纯物理的此在（sheer physical thereness）和一个不可直接感知和把握的内容、一个符号的值（a symbolic value），二者是不可分割的统一体。

艺术的表达活动本身就是构形活动，而其构形活动本身也就是表达活动，两者是二而一的统一。这构成了艺术活动的典型特征，也是其优越性之所在。这种典型性与优越性可以从两个方面来理解。首先，在艺术活动中，无论是其可感知的形式，还是作为内容的艺术家的内在生活，它们都不是现成的、被给予的东西，而都是被构造出来的——这种构造性，就前者来说不难理解，“艺术”这一语词在其希腊语词源中之本义就是“人工制品”，就是人造物；而就后者来说，艺术家的内在生活源于他对世界的主动性与构造性的经验。这种双重的构造性使得艺术符号相较于自然符号来说，在其记号与内容这两个层面之间不再具有任何的不均衡性，而显现出完美的和谐性：“图形之作用于精神，不再表现为一种独立的物质性的物，而变成为对精神自身的创造性力量的纯粹表达。"[①] 因此，艺术活动在这一意义上被卡西尔视为人类构造世界活动的典型，或者说原型。

其次，也是更重要的，从艺术的直观性这一维度来看，就艺术创作活动来说，就是将艺术家本人的内在生活转化为可直观的形式；而就艺术鉴赏活动来说，则是通过对这些已经外化的形式的直观来领会和把握艺术家的内在生活经验：

> （艺术）是对现实的一种解释，不是通过概念，而是通过直观；不是通过思想的媒介，而是通过可感知的形式的媒介。[②]

卡西尔多次援引达·芬奇的"知道如何看"（saper vedere）这一名言来形容艺术的直观，更准确地说，他所要表达的是"通过看知道"这样一种理解。这种直观的领会与把握本身，毋宁说，就是一种"智性直观"。在此，为更深刻和准确地理解艺术的智性直观这一特质，我们不妨来看一看倪梁康对"智性直观"这一概念在康德哲学中的三种基本内涵的集中而精到的概括：

> 1. 在外直观方向上对某种非对象的、不显现的"先验对象"的"悟性直观"，例如对"世界"或"自在之物"的直观。"智性的"在这里首先意味着"朝向客体本体的"或"与客体本体相关的"；这个意义上的"智性直观"可以简要地诠释为"形而上的直观"。
>
> 2. 在内直观方向上对某种非对象的、不显现的"先验对象"的"悟性直观"，例如对"自我"或"意志自由"的直观；"智性的"在这里首先意味着"朝向主体本体的"或"与主体本体相关的"；这个意义上的"智性直观"可以简要地诠释为"心而上的直观"。
>
> 3. 在"本原直观"意义上的创造性直观或创造性的想象力。

① Ernst Cassirer, *The Philosophy of Symbolic Forms. Vol. 2: Mythical Thought*, trans. Ralph Manheim, New Haven: Yale University Press, 1955, p. 261.

② Ernst Cassirer, *An Essay on Man: An Introduction to a Philosophy of Human Culture*, New Haven: Yale University Press, 1944, p. 188.

> “智性的”在这里被理解为“具有创造能力的”。但原则上只有神才具有它。在人这里，它相当于“想象力”。这个意义上的“智性直观”可以简要地诠释为“创造的直观”。[①]

我们已经看到，在空间、时间与数的观念中，卡西尔通过将它们界定为既是直观的同时又是综合的，实际上是对“形而上的直观”的改造与应用；而在艺术的直观性领会中，“创造的直观”更加鲜明和直接地得到体现。之所以如此突出地强调“智性直观”这一概念，是因为不难看出，卡西尔所撷取的第一种和第三种意义上的智性直观，实际上分别构成了自然符号与人工符号如何可能的形而上学和方法论根据。

就艺术而言，“智性直观”这一概念能鲜明地展现出艺术这一符号形式与科学、语言、神话等之间的区别。因此，当卡西尔说艺术是直观性的时候，他意指的正是这种直观的智性特质。不难看出，卡西尔对艺术的智性直观这种立场，与谢林的“美感直观”有着渊源上的一致性。[②] 同时，这也将他与康德美学的自然态度区别开来：由于康德“不认同心灵在构造世界过程中的绝对权能”[③]，当他试图以自然形式的无目的的合目的性这一原则确立审美判断的合法性与自律性时，一种必然的逻辑结论是：在自然与人之间，必须存在一种先天的一致性与和谐性，才能使审美判断成为可能。这实际上趋向了莱布尼茨的先定和谐论，最终不可避免地走向神秘主义的神正论；否

① 倪梁康：《康德“智性直观”概念的基本含义》，《哲学研究》2001 年第 10 期。

② 关于谢林的“美感直观”，具体参阅倪梁康先生的《“智性直观”在东西方思想中的不同命运（1）》和《“智性直观”在东西方思想中的不同命运（2）》两篇文章，分别载于《哲学研究》2002 年第 1、2 期。

③ 姜韦对康德的“自然态度”作了集中的表述：“康德虽然从先验的角度赋予世界以现象性，但他并未行走在现象学之路上。康德的现象世界是一座四面环水的孤岛，它的界限就是物自体。因为他不认同心灵在构造世界过程的绝对权能，而要部分地将之分配给物自体。心灵既然不能自生出现象界被构造的素材，另外一个源泉就必须被设定下来。虽然靠着现象和物自体的区分康德暂时缓解了知识论的危机，但是，这并没有从根本上摆脱导致知识论危机的思维模式。换言之，自然态度在康德那里仍然存在且扮演着重要的角色。”见姜韦《胡塞尔现象学与时间问题》，载《德国哲学》2012 年卷，中国社会科学出版社 2013 年版，第 290 页。虽然姜韦对康德的自然态度之强调主要集中在狭义的知识论领域，但笔者以为，这种自然态度同样鲜明地表现在其美学思想中。

则，就必然要求如卡西尔一样，彻底抛弃其自然态度，走上一条创造性的美与艺术之路。[①] 因此，艺术之智性直观的第二重意义与价值，实际上就是显现了卡西尔对任何形式的艺术模仿论或再现论的彻底否定与拒绝。

三　表达：情感的一般性表达与创造性表达

在理解了艺术的直观性这一规定性之后，我们才能具体地和深入地对艺术的表达性与构形性这两个层面进行分析。必须注意到，对表达性与构形性的分析，实际上意味着我们已经从作为符号形式的艺术概念这一层面过渡到了作为艺术符号的艺术作品的层面，具体地涉及了艺术作品的内容与形式两个层面。在此，我们必须强调艺术与艺术作品之间的区分，正如关系逻辑中关系本身与关系之元素之间存在质的差异那样，因为对二者的混同，一方面是导致艺术问题之全部困难和矛盾的内在根源，另一方面也导致了对卡西尔的艺术现象学立场的遮蔽。

明确了这一前提，我们才能就卡西尔的艺术定义，对“内在生活”与“形式”两个方面进行分析，而不至于陷入不可解决的困境。当然，就直观性来说，我们可以说，“内在生活”就是艺术直观的内容，而“形式”则构成艺术直观之对象。

我们首先来分析“内在生活”。“内在生活”这一概念，其意指的究竟是什么？对此，卡西尔有着清楚的表述：

确实，一切个性的或表达的艺术都是“强有力的情感的自发

① 苏宏斌认为，康德“强调审美判断虽然不以知性概念为依据，却以理性概念为依据，这意味着审美判断并不是纯粹的反思判断，而是反思判断和规定判断的统一，因而审美鉴赏不仅仅是一种反思能力，同时也是一种客观的认识能力，是一种真正的智性直观”。参见苏宏斌《智性直观与审美判断——康德美学中的直观问题》，《文艺研究》2013 年第 1 期。笔者以为，这一观点是可商榷的，因为康德的“判断力与知性的自由游戏”这一命题本身只具有一种“预设”的身份，并不足以成为立论的坚实和可靠基础。之所以指出这一点，是为了防止在对卡西尔的艺术之智性直观观念的理解与把握时可能的混淆。

性的涌动”。[①]

显然，这种从“情感”的维度来规定内在生活的做法，实际上表明了，就意义赋予的三种方式——表达、表现和纯粹赋义——来说，艺术归属于表达功能。在前文中，我们并没有对“表达”本身作深入的说明，因为卡西尔本人就是在对语言、神话与艺术的阐释中来具体地显现它的含义的。那么，卡西尔对“表达”是如何理解的?

卡西尔首先肯定的是，无论是艺术家还是普通人，情感之表达是作为一项共同的、天然的禀赋存在的：

> 我们当然不能否认这一事实，即最伟大的艺术家具有最深沉的和最丰富的情感。他们的情感拥有着一种我们无法模仿的多样性和强度、广度。但这并不造成一种质性上的差异，而仅仅是一种程度上的区别。**表达他的情感之能力并不是一项特殊的而是一种一般性的人类禀赋**。[②]

我们因兴奋而大呼大叫、因痛苦而呜咽低回，总是不由自主地将自己的情感表达和宣泄出来，但这种呼叫和呜咽并不因此而成为艺术。在卡西尔看来，即便是最普通的人也可能写出一封洋溢着强烈的热情、浸透着炽热的爱意的情书，但这封情书是否能够称为一件艺术作品，仅凭这种情感的炽烈显然是不充分的。甚至，动物的嚎叫同样展现着它们的某种情感。

就这种一般性的表达来说，它首先表现为一种天然的原初性（primacy）。我们知道，卡西尔的哲学立场表现为一种彻底的现象学，他有时也称之为一种“知觉的现象学”（a phenomenology of perception）。就知觉的现象学来说，人类的知觉活动虽然都表现为对象化的知觉，都

① Ernst Cassirer, *An Essay on Man: An Introduction to a Philosophy of Human Culture*, New Haven: Yale University Press, 1944, p. 181.

② Ernst Cassirer, *Symbol, Myth and Culture: Essays and Lectures of Ernst Cassirer, 1935–1945*, ed. Donald Phillip Verene, New Haven: Yale University Press, 1979, p. 192.

暗指着某个对象，但概括和简要地说，知觉活动表现为两种最基本的方向，即朝向“它”（orientation toward the“it”）和朝向“你”（orientation toward the“you”），前者以物为极点，而后者以自我为极点，换言之，前者将世界展现为一个物的世界，后者将世界展现为一个人的世界。我们对科学与人文的区分就是这两种基本方向的集中体现。显然，当我们沿着其中一条路向，走得越远，也就越加偏离了另一条路向。近代以来的科学主义思潮体现了两条路向之间的不平衡状况，展现了物知觉（thing-perception）对于表达知觉（expression-perception）的全面胜利。在《野性的思维》中，列维－斯特劳斯就描述了科学的发展对人类审美感受的弱化和压制。这一现状或“事实”往往使我们忽略了人类文明最初是发源于表达知觉的，我们在神话、在语言、在心理学的研究中，处处都发现和“证实”着表达之于物的原初性。

在此，我们不难看到维柯对于卡西尔的影响。维柯将人类神学划分为诗性的神学、自然的神学和基督教的神学，这实际上也就是对人类智慧的区分，并认为：“天神意旨已把人类制度安排成这样：从诗性神学开始，这种神学调节人类制度，是用某种可感觉到的符号来象征由天神遣送给人们的神旨，至于自然神学则用不在各种感官范围之内的一些永恒的道理；各民族都被安排好，去接受由神启示的神学则是凭一种超自然的信仰，这种信仰不仅比感觉要高一层，比人类理智本身也要高一层。”① 抛开他的宗教信仰因素，维柯所清楚展现的是，诗性智慧是人类智慧最原初的肇端和阶段。在原始民族中，伦理、政治、经济、物理、宇宙、时间和地理都表现为诗性的。维柯的诗性智慧观念在德国浪漫主义哲学家哈曼、赫尔德等人身上得到重新发现，其影响自然地延续到卡西尔这里。不难看到，维柯的诗性智慧，以其强烈的情感性特征，实际上与卡西尔哲学中精神的表达能力或功能有着本质上的同一性。

一般性表达的另一个特征就是对象性的。对于卡西尔来说，对象性这一特征是一切人类文化活动所必然具备的内在的和本质的特征，

① ［意］维柯：《新科学》，朱光潜译，人民文学出版社 1986 年版，第 152 页。

但是，由于他有时也将表达称为“原现象”，因此，譬如在克罗伊斯那里，将它理解为形而上学意义上的原现象：“对表达性意义的审问将卡西尔带至现象学调查的界限。为了确保表达现象如其所是地生存，他拒绝对它的一切主观性的解释——综合、意向性，甚至‘操心’的存在主义结构。然而，他又当如何解释表达性意义？卡西尔的回答是，它无须解释。如符号性孕义一样，表达性意义是一种原现象（an Urphänomen），一种原初的现象（a primary phenomenon）。”① 克罗伊斯的阐释中存在明显的概念偷换，一方面，他已经接受了费尔纳的观点，将原现象作为切入卡西尔哲学之形而上学根基的突破点，作为卡西尔哲学的那个不可解释的终极因；但另一方面，在这里，他又将原现象理解为“原初的现象”，理解为维柯的历史学与发生学意义上的起源。这种混同必然不可避免地造成对卡西尔哲学理解上的混乱与矛盾。对符号形式哲学来说，只有能动性的精神才是唯一的原现象，才是那个不可解释和无须解释者。对卡西尔在写作中所使用的术语或语词，区分其本义与引申义，区别其作为描述性的还是修辞性的，显然是十分必要的。甚至，“原现象”这个源自歌德的语词，不论在歌德本人还是在卡西尔这里，都不具备作为形而上学的专门术语的身份，其譬喻性的色彩才是根本性的。因此，强调表达的对象性特征，就是为了澄清这一可能的混淆；同时，也是为了进一步表明，人类情感本身并不是天生的，而是生成的，从而与生物学意义上的本能有着质的区别。

在《剑桥哲学辞典》中，“情感”（emotion）被定义为“被哲学家和心理学家用来指称一些一般性的心理状态的类型，大致上等同于那些被早期哲学家，如笛卡尔和休谟称为‘激情’（passions）的东西。譬如，愤怒是一种情感，恐惧是第二种，快乐是第三种。一种情感也应当是一种内容具体化的类型，譬如对地震的恐惧；抑或是一种情感类型的表征，譬如，玛丽当下的恐惧昭示着地震正在迫近。”② 就

---

① John Michael Krois, *Cassirer: Symbolic Forms and History*, New Haven: Yale University Press, 1987, p. 61.

② Robert Audi (ed.), *The Cambridge Dictionary of Philosophy* (2nd Edition), Cambridge: Cambridge University Press, 1995, p. 259.

此，我们可以说，动物虽然亦有情感，但它们的情感是一种非对象性的，亦即处于一种未区分的状态，因而，动物的情感完全是被动性的。但对人类而言，情感本身就是人类文化活动的生成物与结果，譬如原始人类对雷电的恐惧，是奠立在首先将雷电理解和确立为一个异己的、超越人类自身的对象，才能产生对它的恐惧、敬畏和膜拜等种种情感。同时，一旦这种情感滋生，它一方面促进了人类对雷电这一对象之认识的深化和丰富，此时，雷电不再仅仅作为一个异己的“他者”存在，而是一个可恐惧、可敬畏和应膜拜的存在；且人类又可用这种恐惧、敬畏和膜拜去描述和规定其他对象，譬如熊。另一方面，这种情感也是促进人自身生成的途径，构成人自身的内容之一部分。只有当语言产生后且向着逻辑化与描述性的方向不断发展，才造成了今天我们对情感之认识的“去对象化”，使情感变为无内容的，使情感失去了其活生生的特征而更多地表现为平淡乏味和无灵魂的。

虽然情感的这种原初性与对象性，还只停留在一般性情感的层面上，但显然，我们对卡西尔艺术的情感之理解如果离开了这两个基本特征，必然会导向偏失甚至歪曲。正是以此为基础，卡西尔针对艺术提出了单纯的表达（mere expression）与创造性的表达（creative expression），将艺术的表达界定为创造性的表达：

> **不是表达本身，而是创造性的表达，构成了艺术的最根本的特质**。表达，在一种非特定的和未区分的意义上，只是一种一般性的生物学现象。达尔文就此写了一本专门的书，《人与动物的情感表达》。在这本书中，他试图表明，我们在动物领域所发现的表达的不同模式具有一种生物学的意义和主旨。它们是过去的残余物或对未来生物学行动的准备。例如，猴子呲牙咧齿意味着动物试图向它的敌人展示这种可怕的武器。在此我并不想进入对达尔文的理论的详细探讨。但它清楚地向我们显现了，在表达的生物学方面与美学方面有着一条明显的分割线。即便在人类领域，我们也能发现无数表达的活动仅具有实践的或生物学的相关性而

不具有任何美学的意味。①

艺术创造性，如果我们将艺术作品在技术上区分为内容与形式两个方面的话，它在表达与形式两个层面同样地表现为创造性的。就表达来说，我们对一般性表达的对象性特征的阐释正是突出和强调了作为表达之内容的情感的创造性。不难看出，通过对象性这一特征，卡西尔实际上与笛卡尔和休谟等人完全区别开来，人类情感不再是某种单纯的"激情"，不再是狄奥尼索斯式的狂热与疯癫，而恰恰相反，这情感，凝聚着人对世界及自身的具体认知与理解。

由此，我们可以看到卡西尔评判艺术之优劣的第一重标准，即艺术所表达之情感是否为我们展现和提供了一种对世界与人的新的理解与把握：

> 确实，如果艺术所能做的，不过是对一个外在事实或一个内在事件的单纯重复，那么，它所能保留的只有一种最值得怀疑的，或者无论如何都是一种可怜的成就。如果艺术是这一意义上对存在的拷贝，那么，柏拉图对它的全部反对都将被证明为合理的：我们将被迫否认它具有任何尺度上的"理式的"重要性。因为真正的理想性——无论是直观性构形的还是理论性概念的——总是导向一种生产性的而非单纯接受性的或模仿性的［主客体间的］关系。它发现新的东西，而不是以一种不同的形式重复着陈词滥调。如果它不是指向这个基本的任务，那么，艺术只不过是心灵的一种无聊的娱乐，一种空洞的游戏。②

在这段话中，凝练地表达了卡西尔的人类知识的进步观念，因此不仅构成评判好的艺术（fine art）的标准，对自然科学来说也有着同等的

① Ernst Cassirer, *Symbol, Myth and Culture: Essays and Lectures of Ernst Cassirer, 1935 – 1945*, ed. Donald Phillip Verene, New Haven: Yale University Press, 1979, p. 208.

② Ernst Cassirer, *The Logic of the Humanities*, trans. Clarence Smith Howe, New Haven: Yale University Press, 1961, p. 83.

效力。他实际上反对和修正了一直以来在人类生活中占据着统治地位的功利主义的科学观与艺术观，要求人类将自身的目光从狭隘的“现实性”中挣脱和解放出来，而放眼于更广阔的未来之可能性上。艺术与科学事实上并不存在质的差异，它们都是理解与把握世界的方式，只不过后者着眼于对世界的简化（simplification）与缩略（abbreviation），使用的手段是规律，而艺术则要求展现出世界的无限的丰富性可能性，使用的手段则是直观。

不难看出，“情感”（emotion）这个具有太过深厚的心理学与主观性色彩的概念，实际上是无法表达出卡西尔对艺术所要表现的世界理解之广度与深度的。卡西尔本人更是经常地使用“内在生活”这一概念，其中不乏避免和打破对艺术之狭隘理解的目的。在某种程度上，卡西尔正是实践着尼采提出的那个使命：“用艺术家的透镜看科学，而用生命的透镜看艺术。”[①] 在现代艺术领域，杜尚的《泉》给艺术理论带来了巨大的争论与困难，但却与卡西尔的符号论艺术观正相契合，因为“这件作品的意义，杜尚自己后来在一篇文章中解释得很明白：这件东西是不是莫特先生自己动手做的并不重要，关键只在于他选择了它，他把一件生活中普通的东西放在一个新的地方，给了它一个新的名字和新的观看的角度”。[②] 正是因为这种“新的观看的角度”，使得那个外观难看的现成品具备了好的艺术的资格。

从美学史来看，克罗齐与卡西尔对艺术都持有情感之表达这一理解，而二者之间的争论，集中地体现在克罗齐过分地强调艺术之情感表达这一方面而导致对艺术之形式本身的一种忽视或弱化。研究者对二者之间关系的理解与把握也是基于这一争论[③]，但本书以为，恰恰是在表面上显现为共同点的地方，却构成了二者的艺术观念最深刻的差异。

艺术表达的第二个重要特征是私人性（personality）：

---

① ［德］尼采：《悲剧的诞生》，孙周兴译，商务印书馆2012年版，第6页。

② 王瑞芸：《论杜尚（二）》，《美术观察》1997年第2期。

③ 参见谢冬冰《互补与悖立——克罗齐、卡西尔表现论的共时观照》，《江苏社会科学》2004年第4期。

> 没有艺术家能够将自然展现出来而没有在其中和通过这种表现来揭示自身。[①]

正是这种私人性构成了艺术与科学之间的对立与互补。卡西尔经常通过两者之间作相互比较来直接地展现艺术之于世界理解的完整性与必要性。他说：“物的世界内在地是无灵魂的（soulless）。一切对自我的‘个人的’经验的回归，无论以何种方式，不仅被压制，甚至被移除和毁灭。”[②]

卡西尔的私人性概念与罗素的“亲知的知识”有着很大程度上的相似性。罗素将知识区分为亲知的知识（knowledge by acquaintance）和摹状的知识（knowledge by description）两种。[③] 就前者来说，“在感觉中，我们亲知着外部感觉所提供的材料，在内省中，我们亲知着所谓内部的感觉——思想、感情、欲望等所提供的材料；在记忆中，我们亲知着外部感觉或者内部感觉所曾经提供的材料。此外，我们还亲知着那察觉到事物或者对于事物具有愿望的‘自我’，这一点虽然并不能肯定，却是可能的”。[④] 以此为基础，罗素指出了所谓共相的世界不过是数学物理学所构筑起来的，而我们实际上所拥有的是“属于我们私的世界”。[⑤] 从卡西尔哲学的角度来观照罗素的亲知的知识和私的世界，艺术表达就是艺术家对自身亲知的知识的表达，就是对自身的私的世界的表达。在对艺术表达创造性的阐释中，我们实际上已经揭示了，好的艺术所表达的内容是对世界新的理解与领会，这种“新

---

① Ernst Cassirer, *The Logic of the Humanities*, trans. Clarence Smith Howe, New Haven: Yale University Press, 1961, p. 82.

② Ernst Cassirer, *The Logic of the Humanities*, trans. Clarence Smith Howe, New Haven: Yale University Press, 1961, p. 143.

③ 在何兆武先生的译本中，将这两种知识分别翻译为“认知的知识”和“描述的知识”，就“acquaintance”一词而言，“亲知”这一译法比“认知”更精致和传神，故采之。参见郁振华《再论亲知——从罗素到凯农》，《华东师范大学学报》（哲学社会科学版）2010 年第 4 期。

④ Bertrand Russell, *The Problem of Philosophy*, Oxford: Oxford University Press, 1912, p. 51. 此处译文实际上直接援引了何兆武先生的译法，而将其中的“acquaintance”置换为“亲知”，参见［英］罗素《哲学问题》，何兆武译，商务印书馆 2007 年版，第 39 页。

⑤ ［英］罗素：《我的哲学的发展》，温锡增译，商务印书馆 1982 年版，第 21 页。

的”就昭示着它不可能是所谓共同的或普遍的。如果用一种数学的方式来表达这种“新的”特性的话，可以说，用我们亲知的知识减去描述的知识，所余的差就是真正亲知的且新的知识。

当然，这并不排除某些艺术家在作品中表达着一些“陈词滥调”的可能。在此，有两种相对的理论与观点是值得注意的。

首先，苏珊·朗格将艺术情感理解为人类的普遍情感或情感概念，显然正与卡西尔完全背道而驰，她实际上是通过将艺术家人为地神化以达到拔高艺术本身的目的。然而，艺术家不是上帝，“人”本身虽然是一个类概念，但每一个个体的人都诉求着自身的独立性与独特性，不必也不可能成为普遍的。虽然众多研究者对所谓普遍情感或情感概念并不赞同，但同时却试图以一种迂回的方式调和在艺术表达中私人性与普遍性的关系，譬如：“任何艺术家的任何作品从来都不能脱离他们所处的时代，不能脱离他们的社会生活以及整个社会的精神风貌。绘画艺术中的普遍情感，正是在绘画艺术活动与社会生活的联系中产生并表现出来的。艺术家本身连同他所创作的全部作品，都不是孤立的，没有一位画家的创作能够脱离他所处的时代的影响。”[①] 然而，艺术家的个人体验要成为“新的”，必然要求突破时代的桎梏，就此来说，后现代主义文化理论将艺术提升和理解为一种批判性的力量，在一定程度上体现了艺术的私人性对时代与传统的反抗。

其次，有研究者认为，某些艺术作品是可以不具有私人性的。譬如，王瑞芸认为：“使得杜尚的作品显得不可思议的特点之一是：他的作品里找不到他的自我，他是无我的。他的‘我’不是组成他这个人的成分，仿佛倒像是为了需要临时拿来用一用的一个外在的东西。”[②] 事实上，这一看法是建立在对艺术所表达之“情感”的狭义理解、传统的主观与客观二分之基础上的。因此，当杜尚用《泉》来表达对艺术和生活的一种新的观看方式时，这种显然“个人的”认识被等同为非情

① 马广海、马滟宁：《普遍情感还是自我表达——绘画艺术中的情感问题探析》，《山东社会科学》2013 年第 12 期。

② 王瑞芸：《论杜尚（一）》，《美术观察》1997 年第 1 期。

感性与非表达性的，进而将之归属为“非个人的”。同时，这种私人性，这种艺术家对生活的独特经验本身，直接证伪了一种对卡西尔艺术观念的不恰当看法与评价：“卡西尔和朗格指出了艺术符号的功能是构制情感的表现形式，但情感在艺术中起的作用是什么，他们没有说明，只把审美产生的过程归结为艺术符号构制情感形式的过程。这样，符号美学就把艺术与美的中介的根基建立在符号的功能上面，否定了艺术来自实践。”① 与此恰恰相反，卡西尔的“情感”不是空洞无物的激情，而是具体而生动的生活经验本身。必须注意到，卡西尔所使用的概念与术语，即便在日常生活中如何被普遍地运用以至于被视作自明的，在他这里，往往被重新赋予了新的内涵与规定，不深入卡西尔哲学深处，表浅地将日常语义作为事实与前提来理解与评判卡西尔，最终只能归于一种不严谨的和任意性的猜度。不得不说，卡西尔的“形式”概念遭遇着与“情感”概念同样的对待。

艺术表达的第三个特征是其整体性（wholeness）与动态性（dynamicity），应当说，这二者是辩证地统一的。艺术表达对整体性与动态性的诉求，既是艺术表达的内在特征，同时也鲜明地体现了卡西尔对几种片面性的艺术观的反动，后者集中地体现在康德的美学思想和19世纪德国浪漫主义艺术观念中。

对康德来说，当他以无利害的快感为核心来界定审美判断和美感时，他实际上将艺术之情感与表达束缚在人类全部情感之一块狭小的部分之下。而且，他又以自然美为原型来理解和把握艺术美——“艺术只有当我们意识到它是艺术而在我们看来它又像是自然时，才能被称为美的”②，从而同样将艺术活动拘囿于一种快乐主义的立场上。如果说将自然美的意义主要地理解为其陶冶功能并无不当的话，那么，对艺术的这种限制则显然将导致艺术的贫乏化。

针对康德把好的艺术等同于美的艺术，当代艺术批评家阿瑟·丹托不仅坚定地予以回应：好的艺术不一定是美的；且进一步认为：

---

① 马国柱：《卡西尔符号论美学思想述评》，《社会科学辑刊》1992年第6期。

② ［德］康德：《判断力批判》，邓晓芒译，人民出版社2002年版，第149页。

"把艺术视为仅是与愉快相称的，是企图使艺术成为短命的"，是"哲学发动的针对艺术的两种剥夺运动、侵犯"之一。① 如果说丹托的批评过于苛刻的话，至少可以肯定的是，康德的美学与艺术理论仅仅能容纳部分艺术，仅仅阐明了艺术的部分意义。就美与艺术理论本身而言，显然无法满足和停留于康德美学上，而自身合法地提出了发展与变革的权利要求。而在 19 世纪德国浪漫主义运动中，生发出另一种更加具体而片面的艺术观念："那些不可思议的、非同寻常的和神秘的东西，才是真正的诗性处理所能认可的唯一主题。"②

相较于这两种典型的片面性艺术观念，符号论美学与艺术观则要求无限扩大与延伸艺术的视野，赋予一切人类经验以成为审美经验与艺术活动的对象的可能性：

> 艺术能够包括与涉足人类经验的全部领域。在物理的或道德的世界中，没有任何事物，没有任何自然物和人类活动，在其本质上是排除于艺术的领域之外的，因为没有任何事物能抵抗它的构形性与创造性的进程。③

这就意味着，我们的审美经验既应当包含美与崇高，也应当囊括丑与卑劣，有伟大亦不可使平庸缺位，因为正是在这些相互对立与对抗的不同情感之间的张力与动态，才能真正把握和展现生活世界本身的全部丰富性与复杂性。

卡西尔继而指出：

> 我们在艺术中所体会到的，不是一种简单的或单一的情感特

---

① Arthur C. Danto, *The Philosophical Disenfranchisement of Art*, New York: Columbia University Press, 1986, p. xiv.

② Ernst Cassirer, *An Essay on Man: An Introduction to a Philosophy of Human Culture*, New Haven: Yale University Press, 1944, p. 200.

③ Ernst Cassirer, *An Essay on Man: An Introduction to a Philosophy of Human Culture*, New Haven: Yale University Press, 1944, p. 201.

> 质。它是生活本身的动态过程——在对立的极点间，在欢乐与失望、希望与恐惧、狂喜与绝望间的永不止息的摆动。①

我们很容易理解，一声悲怆的呼号或一串欢快的笑声，都远不具有艺术的资格。我们也不难理解，仅仅充溢和浸透着爱情的炽烈的情书，无论其辞藻如何华丽，如何令读者感同身受，都无法掩饰这一表达活动本身的片面性与贫乏性，因此，即便勉强称之为文学作品，亦无法跨入好的艺术的范域。以喜剧为例，在塞万提斯的《堂吉诃德》、狄更斯的《匹克威克外传》中，我们能看到这个世界的狭隘、琐碎、荒谬，看到这个世界的最微妙的细节，此时，我们发出的笑声就不再是笑声，而是在笑声中融入了对这个世界的批判，融入了对自身自由的期望。因此，当柯林伍德提出“我们任何一个人所产生的每一个发音和每一个手势，都是一个艺术作品”② 时，遭遇到卡西尔的强烈批评并不是一种偶然，因为他实际上消解了艺术独特的生命力，不仅不足以使日常生活审美化，反而使得审美活动贫困化和庸俗化了，换言之，与他试图建立一种合理的艺术理论（art proper）之愿望恰相背反，他亲手埋葬了艺术。

卡西尔在谈论艺术问题时，他有着一个伟大的原型——歌德。譬如，在《少年维特之烦恼》中，艺术表达的整体性与动态性之特征表露无遗。卢卡奇评论说：“青年歌德所提问题的深刻性和广博性的基础是，他不仅联系到德国半封建的小国专制主义，而且联系到一般的资产阶级社会来看待个性与资产阶级社会之间的对立。不言而喻，青年歌德的斗争是针对当时德国表现出来的对人个性的压迫和侵犯的具体形式的。但是他的观点的深度就表现在，他没有停止在对一种个别的病态的批判上，没有停止在对一种短暂的现象的论战性的叙述上；而是以对运动着的各种力量和对基本矛盾的极其深刻的理解，描述了

---

① Ernst Cassirer, *An Essay on Man: An Introduction to a Philosophy of Human Culture*, New Haven: Yale University Press, 1944, p. 190.

② R. G. Collingwood, *The Principle of Art*, Oxford: Oxford University Press, 1938, p. 285.

他那个时代的日常生活，以致他的批判的意义远远走出了对落后的德国的状态的批判。”①

以这种整体性与动态性为基础，卡西尔实际上重新界定和扩展了康德狭隘的美感观念，使艺术得以奠立在生活世界这一坚实而广阔的基地上：

> 美感就是对形式之生活的动态性的敏锐性（susceptibility），这种生活除了通过在我们自身之内的一个相应的动态过程是无法被领会的。②

只有在澄清了艺术符号的内容这一层面，领会和把握了“情感”或“内在生活”的全部内涵之后，我们才能转向艺术的形式，才能不至于将卡西尔的艺术形式简单地理解和等同于一种空洞而贫乏的“形式主义”。

四　构形：艺术形式的构建及其多重功能

一旦我们进入艺术之“形式”层面，首先遭遇到的是卡西尔对克罗齐和柯林伍德的猛烈批评，但在这种争论性中，无疑敞开了一条理解卡西尔的“艺术形式”的道路。

形式之于艺术本身，在卡西尔这里，概括来说，有着四重最基本的功能。首先，形式使艺术家的内在生活得以外化（externalization），使得我们对它的直观成为可能，换言之，它将表达转化为了表现（representation）：

> 如果抒情诗人成功地给予痛苦以“旋律与声音”，借此，他

① ［匈］卢卡契：《论〈少年维特之烦恼〉》，申文林译，《文艺理论研究》1983年第4期。

② Ernst Cassirer, *An Essay on Man: An Introduction to a Philosophy of Human Culture*, New Haven: Yale University Press, 1944, p. 193.

> 并不是仅仅将它封装在一种新的外壳中；他已经改变了它的内在质性。通过这些情感的媒介，他使得我们能够窥见精神的深度，它直至此刻对他和我们来说都是封闭的和不可进入的。
>
> …………
>
> 除了以其成型性和对象性展现于我们面前之外，没有任何自我的艺术表达是可能的……①

就此来说，克罗齐和柯林伍德与卡西尔并不存在分歧，因为即便是动物的情感，也必须以某种姿态或声音表现出来。形式，使得艺术家的内在生活成为对于鉴赏者们来说是可见的和可认知的（visible and recognizable），它构成了艺术作品的可感知的物理此在（the sensuous physical thereness）——从存在论的角度来说，它就是某种现实地存在着的东西，因此，如同人的生长与死亡一样，也同样可能产生如风化、褪色等形象的变化以及被完全毁损的可能。

就此，我们可以看到卡西尔所理解的形式与那种被普遍地认为是空洞的、抽象的“形式”之间的根本性差异。当然，卡西尔并没有更加深入地讨论，譬如在中国书画传统中的装裱，西方美术中的画框等，是否构成艺术作品之形式的一部分？它们只是一种物理性的添加物，抑或本身具有美学价值，构成对艺术作品的二次创作？我们不可能知道卡西尔会如何回答，但可以肯定的是，这个问题即便对卡西尔本人来说也是极富趣味和引人深思的。

形式的第二重功能是其创造性的构形。在某种程度上，我们可以说，艺术创作是一个无中生有的过程，是可媲美创世记一般的创造，这意味着艺术的构形活动较之情感表达，更为集中地体现了艺术的创造性特质，因为情感之表达由于其整体性与动态性，其中必然包含有我们日常生活所熟知的东西。但同时，所谓的创造性，并不仅仅意谓着“人工制作的”，而是在于所要表达的情感与这一形式本身之间的

① Ernst Cassirer, *The Logic of the Humanities*, trans. Clarence Smith Howe, New Haven: Yale University Press, 1961, pp. 84, 82.

契合性，换言之，这一形式是否能将艺术家的情感集中和显明地表现出来。

正是从这里开始，卡西尔才真正与克罗齐与柯林伍德区别开来。柯林伍德也直接地谈到了情感表达之实现问题，但区别在于他把艺术创造的实现完全寄托于想象力之上，似乎认为只要具有丰富和强烈的情感以及创造性的想象力，就必然能够创作出艺术作品来。对他来说，“艺术家所试图去做的，就是表达一个现成的情感。表达它和很好地表达它，它们是一回事”。[①] 然而，在艺术史上，达·芬奇以其传奇的一生证实了艺术活动在想象力与创作力之间的断裂，孜孜寻找弥合这一断裂的技术与方法，为此而写下了丰富的艺术笔记。在其身后被结集成书出版时，麦克尔·怀特指出：“列奥那多此书的最初想法是创作一共八部，覆盖所有他关心的主要学科的综合著作。其中包括我们所称的绘画的‘科学方面’；对解剖学重要性的了解、对光学和透视的研究、树木和植物的性质、水的行为方式和对比例的研究。同时，列奥那多还详细论述了绘画的道德、艺术家的生活方式、不同艺术形式之间相对的优点，这些都属于我们可以泛称为‘艺术哲学’的范畴。”[②] 相较于达·芬奇，柯林伍德本人更像是一个满溢着过度的热情与兴奋的艺术家，而非一个冷静的艺术理论家；他急切地想表达自己对艺术的看法与立场，而对这一看法本身的逻辑合理性与完善性漠不关心。

应当说，卡西尔在其著作中总是表现出一种温和与冷静的思考，而极少表现出这种直接而强烈的针锋相对性。他对将艺术片面化以及由此可能带来的后果的担忧，是因为这直接关系到艺术活动本身的合法性及生命力。卡西尔借用了康德的“合目的性”（purposiveness）概念来界定情感表达与形式表现之间的契合性要求，当然，这一概念此时不再具体地指向康德的无目的的合目的性这一审美判断力原则，而

---

① R. G. Collingwood, *The Principle of Art*, Oxford: Oxford University Press, 1938, p. 282.

② ［英］麦克尔·怀特：《列奥那多·达·芬奇——第一个科学家》，阙小宁译，生活·读书·新知三联书店 2001 年版，第 357 页。

是试图表明，好的艺术不再像托尔斯泰所说的那样，应归因于艺术家之情感的感染力程度，而是艺术形式本身所凝聚和展现着的集中性（intensification）与澄明性（illumination）：

> 我们模糊而朦胧地感受着生活无限的潜能性，它静静地等待着一个契机，以便从沉眠中被唤醒，进入意识的清晰而强烈的光亮中。并不是感染力的程度，而是集中与澄明的程度，构成了艺术之卓越性的尺度。①

在毕加索的《格尔尼卡》这部极负盛名但同时又备受批评与争论的作品中，有学者指出：“所有的批评和不解都可以用美国现实主义画家本顿所说‘丑陋的精华’来加以概括，而‘丑陋’以极端的方式直接凝聚了人们对战争恐惧现实的普遍经验及共同感受。……凝炼出简洁、概括、富有表现力的设计语言和图式结构，来契合社会民众的心灵并与之产生精神上的互动与共鸣，凸显和引发主体精神的回归。”② 这一阐释不仅颇为精致——当然这并不意味着它排斥和拒绝其他可能的阐释，而且与卡西尔的艺术观念恰相契合。

在对艺术表达之整体性的阐释中，一切人类生活经验，一切科学的或道德的、一切自然事物或人类活动，都具有成为艺术表达之对象的可能性。但是，当我们将它与形式的创造性关联起来予以观照时，必然面临着一系列新的问题：艺术作品之形式与情感表达之对象之间具有何种关系，换言之，艺术形式是否就是对象之“面相”或外观？艺术形式是如何构造出来的？

对此，我们只能首先从后一问题着手，从卡西尔的艺术想象力（artistic imagination）或艺术知觉力（artistic perception）概念入手。卡西尔曾多次引用同一个例子来说明艺术鉴赏活动的模式：

---

① Ernst Cassirer, *An Essay on Man: An Introduction to a Philosophy of Human Culture*, New Haven: Yale University Press, 1944, p. 189.

② 李军：《再读〈格尔尼卡〉——一种以互动为模式的公共艺术创作观》，《装饰》2009年第10期。

让我用一个具体的例子来说得更清楚一些。一处风景的自然美与它的审美美感并不相同。我可以漫步穿过一处美丽的风景，感受到它全部的天然魅力。我可以享受风之温柔和狂野，色彩之明亮、多变和愉悦，小溪的轻柔低咽或鲜花的醉人芬芳。所有这些都给我一种特别和与众不同的强烈愉悦感。但这种愉悦还不成其为一种审美经验。审美经验始于在我心灵情境中的一个突然转变。我开始不仅以一个单纯的观察者的眼睛，同时也以一位艺术家的眼光来观看这片风景。在我心中，我形成了一幅这片风景的“图画”。在这个图画中，它先前的质性并没有被遗忘或消解。即便最强有力和最强烈的艺术想象力也无法从无中创建一个全新的世界。但是，当艺术家接近自然时，它的全部元素都获得了一种新的形状。艺术的想象力和静观并不是给予我们僵死的实在事物或缄默的感官特质的那一面。它给我们以一个活动着的和活生生的形式的世界——一种光线与阴影、韵律和旋律、线条与轮廓、模型与设计的平衡。①

在对艺术知觉力的说明中，卡西尔更加具体和清楚地指出：

惟有通过它对一个“被给予的”形象所删减的东西，艺术的描绘成其为艺术并区别于单纯的机械的再现。它并不在其感官的全体性上反映这个形象，而毋宁是选择某些“富有意义的”因素，例如那些使被给予的形象在其自身之外得到充实的因素，那些把艺术构造的幻想、综合性的空间想象力导引到某一方向上来的因素。②

在其中，卡西尔将康德美学中未加区分的经验表象与审美表象泾渭分明地区别开来：感性知觉表象的一个内在要求是感官对对象的全部性

---

① Ernst Cassirer, *Symbol, Myth and Culture: Essays and Lectures of Ernst Cassirer, 1935 – 1945*, ed. Donald Phillip Verene, New Haven: Yale University Press, 1979, p. 214.

② Ernst Cassirer, *The Philosophy of Symbolic Forms. Vol. 1: Language*, trans. Ralph Manheim, New Haven: Yale University Press, 1955, p. 108.

状予以接受，而审美表象却表现为对这些性状的选择性接受，它自发地忽略掉了某些性状，而表现为使在场成为不在场。

经验表象由于先天直观的被动接受性和对象的“被给予的”的特性而具有客观性，是同一的。但在经验表象的基础上，艺术知觉力具有进一步构形的功能，从而形成不仅仅是在无功利性和情感性，而且在感性的形象层面上完全区别于经验表象的审美表象。也就是说，审美表象是以经验表象为基础，通过艺术知觉力的自由选择与组合等功能而创造性地构形出来的。诗人王勃的“落霞与孤鹜齐飞，秋水共长天一色”这一佳句，堪称典范性的示例：于滕王阁上远眺，入目远非止于落霞、孤鹜、秋水、长天，但在诗人眼中，其他一切繁色缛景仿若消失，只留下一幅动静相宜、寂然寥廓的画卷。

康德已经模糊地表达了区分审美经验与经验表象的想法，但最终却未能挣脱经验表象，或者更准确地说，自身的自然态度之束缚，从而不得不将人类审美经验建立在自然美之上，实际上将艺术美与自然美等同起来。而卡西尔通过艺术知觉力真正确立了艺术活动的合法性，把自然美与艺术美的关系倒转和纠正过来，甚至，完全可以说，就“自然”这一语词的传统意义来说，根本不存在任何意义上的“自然美”——我们之所以感受到自然之美，是首先已经在内心中对自然进行改造，已经将经验表象转变为审美表象，即艺术形式。通过艺术知觉力，艺术鉴赏活动本身具有一种艺术创作的特质：

> 为了感受到它（美——引者注），我们必须与艺术家合作。我们不仅应与艺术家的情感产生共鸣，同时也应进入他的创造性活动之中。如果艺术家成功地使我们个人的能动性力量陷入沉睡，那么他将使我们对美的感觉瘫痪。对美的领会，对形式之动态性的认识，不可能以这种方式来传达。因为美同时依赖于一种特别的情感和一个判断和静观的行动。①

① Ernst Cassirer, *An Essay on Man: An Introduction to a Philosophy of Human Culture*, New Haven: Yale University Press, 1944, p. 206.

借此，卡西尔实际上指明了，不仅我们对自然美的欣赏，对艺术作品的欣赏，同样要求着一种积极的构形活动；同时，他隐含地表明了，艺术鉴赏活动对于任何人来说都是一种共有的“能力”，只不过，较之于普通人，艺术家不仅具有对生活与形式的高度敏锐性，更重要的是，他能将自身的内在生活以一种鲜活的形式在“实在的”层面上具体而鲜明地实现出来，而普通人则仅能在内心中形成一幅模糊的图画。

就艺术作品来说，卡西尔将它区分为三个维度或元素，从对形式与形式之材料之区分的角度，进一步加深了对形式的理解与把握：

> 这三个维度——物理性的此在，对象的显现，以及一个独特人格的显示——对任何成其为真正的“作品”而不是单纯的“结果”的东西来说是决定性的和必不可少的，在这一意义上，它不仅是归属于“自然”同时也是归属于“文化”的。对这三个维度之任一的排除，拘限于观看的一个单一层面，总是仅仅生发出文化的一种表面的形象，而无法揭示它真正的深度。[①]

因此，我们通常称之为自然的事物或事件的东西，在艺术作品中只是作为形式之元素的身份与地位出现，是作为形式之一部分显现的，而不具有自身的独立性。在这一意义上，卡西尔将艺术之形式理解为“一个结构性的整体”（a structural whole）：

> 每一个伟大的艺术作品都通过一个深度的、结构性的统一被显现出来。我们不能通过将它降低为两种不同的状态，像睡梦状态和沉醉状态——它们完全是混乱和无序的——那样来解释这种统一性。我们不可能从无组织的元素中组合出一个结构性的整体。[②]

① Ernst Cassirer, *The Logic of the Humanities*, trans. Clarence Smith Howe, New Haven: Yale University Press, 1961, p. 99.

② Ernst Cassirer, *An Essay on Man: An Introduction to a Philosophy of Human Culture*, New Haven: Yale University Press, 1944, p. 208.

这样一个结构性的整体，或者说这个整体本身，才是卡西尔所理解的艺术之纯粹形式（pure form）。从根本上来说，卡西尔实际上要求我们把生活世界之具体对象与这一具体对象作为艺术作品的形式之一部分严格地区分开来，任何混淆或等同都将导向对艺术之理解的一种自然态度，导致一种模仿或再现的艺术观念，最终使艺术本身失去了自身的独立性与必要性。

为了更加形象地阐明这一点，卡西尔在其著作中多次引用了诗人华兹华斯的诗歌《序曲》中的几句诗，直观而鲜明地将其观点展现了出来：

> To very natural form, rock, fruits or flower,
> Even the loose stones that cover the highway,
> I gave a moral life: I saw them feel,
> Or linked them to some feeling: the great mass
> Lay imbedded in a quickening soul, and all
> That I beheld respired with inward meaning. ①

艺术形式的第三重功能是沟通（communication）。虽然艺术作品是艺术家对自身内在生活之表达，但是，对于艺术家来说，他将自身对世界与生活的独特理解和经验以对象性的方式表达出来，并非一种盲目的和偶然的冲动。恰恰相反，这种表达本身同时构成一种目的，构成自我与他者的交互与交流的重要途径：

> 艺术家拥有对沟通的最强烈的意愿和最强大的力量。他无法获得休息或安宁，直到他发现了如何将全部生存于自身之内的东西带到其他人的生活中。②

① 笔者无法将诗句翻译出诗的韵味来，故直引于文中，不作翻译。

② Ernst Cassirer, *The Logic of the Humanities*, trans. Clarence Smith Howe, New Haven: Yale University Press, 1961, p. 115.

同样地，对于鉴赏者来说，如果仅仅依赖于自身私人性的生活经验而试图摆脱自身的有限性，这只会构成一种永恒的悖谬，事实上将自己囚禁在了自身的有限性之上。而通过对话与沟通，我们才能将他者的生活经验内化为自身的经验，从而不断地丰富和充实自身。我们很容易理解和接受人类学从某一个角度将人定义为社会性的动物这一观点，甚至将它视为一个自明性的事实问题，排除了对它进行证实的任何必要性。

艺术正是这样一种沟通的方式，但是，唯有通过可观、可感或可触的艺术形式，艺术家与鉴赏者之间才能建立起一种沟通与对话的可能性：

> 作为它最大的成就，我们将这样一个事实归功于艺术，在它的具体性中，它使得我们感受和认识到什么是对象性的，它将它的全部对象性的创造，在其中贯注满生活的力量与热度，以一种具体化且个性化的方式置于我们面前。①

但是，这种沟通与对话仅仅意味着一种可能性，毕竟，表达的外化形式并不能直接等同所要表达的情感本身，正如人们在言语活动中存在误解甚至沟通的意图受阻一样，艺术家通过作品所表达出来的东西必然也存在被误读和误解的可能。因此，在美学领域，人们一方面肯定了艺术表达的私人性，但另一方面又试图将这种私人性转化和升华为一种共同性和普遍性。无论是康德的审美共通感还是胡塞尔的交互主体性，都是这一诉求的集中体现。然而，虽然卡西尔同样要求艺术形式应当具有与情感表达的高度契合性，要求艺术形式具有集中性与澄明性，但是，这仅仅意味着对话与沟通之可能性在程度上的增加，而不可能彻底将这一可能性转变为必然性。显然，康德的审美共通感正是建立在将可能性理解为现实性这一前提之上的，这也注定了他必然

① Ernst Cassirer, *The Logic of the Humanities*, trans. Clarence Smith Howe, New Haven: Yale University Press, 1961, p. 85.

遭遇失败的命运。因为，事实上，共通感这样一个“使每个人都愉悦的根据”只是一种理想化的预设——“审美判断既然是普遍必然的，那么我们就可以假设必定有个什么可以作为其最终基础”。[①] 在对美的主观必然性的演绎中，康德却通过直接的倒置，将这一预设“转化”为某种实在的、共同的人性，实质上不过是一种以未决的结论作为推论之前提的逻辑谬误。

因此，与其遮蔽与掩饰问题，毋宁承认鉴赏者在对艺术作品的鉴赏与认知活动中的主动性与构造性。这种主动性与构造性，无论是在艺术创作中还是艺术鉴赏中，卡西尔都予以同等的强调。简言之，艺术创作寻求着对话与沟通的可能性，但并不试图和期望将这种可能性转变为一种强迫与压制，因为，生活世界本应是多样化和多义性的，这种多样性和多义性才是人类所能拥有的唯一的真。

形式的第四重也是最重要的功能是间离（Verfremdung）。必须说明的是，卡西尔本人并没有使用这一概念，而是本书为了阐述之需要而援引自德国戏剧家布莱希特，因为卡西尔本人使用的“变形”（transubstantiation）概念，是无法准确地表达出他所试图涵括于其内的多重含义的。

艺术和神话一样，都建立在“原初性的”表达功能之基础上，因此，艺术呈现出与神话极大的相似性：一方面，“确实，诗人与神话的创作者生活在相同的世界里。他们都赋有相同的根本性的力量，私人化的力量。他们都无法观照任何对象，除非给予它以一个内在的生命和私人性的形状”[②]；另一方面，“艺术看上去在它的起源和最开端是与神话联系在一起的，甚至在它的发展过程中也从未能彻底地逃脱神话与宗教思维之力量的支配”[③]。但是，在表达性之外，神话思维的

---

① 戴茂堂：《超越自然主义——康德美学的现象学诠释》，武汉大学出版社 2005 年版，第 164 页。

② Ernst Cassirer, *An Essay on Man: An Introduction to a Philosophy of Human Culture*, New Haven: Yale University Press, 1944, p. 196.

③ Ernst Cassirer, *Symbol, Myth and Culture: Essays and Lectures of Ernst Cassirer, 1935 – 1945*, ed. Donald Phillip Verene, New Haven: Yale University Press, 1979, p. 188.

一个重要特征是，神话在将世界和其中的一切对象都予以私人化的同时，人自身的个体性与独立性也被这个充满魔力的神话世界所完全融化了，换言之，在神话思维中，个人的人格是完全缺失的，人完全成为情感的奴隶。那么，艺术与神话的“亲缘”关系，是不是意味着在艺术活动中，艺术家与鉴赏者都同样地沦为情感之奴隶？应当说，卡西尔之所以强烈反对以感染力作为评判艺术作品之优劣的标准，其中不乏对人融化和沉沦于激情或快乐主义之可能性的担忧。

显然，艺术的世界不可能仅仅是一个受激情与冲动支配的世界，艺术活动是一种静观活动（contemplation），使得这种静观成为可能的，不可能是情感表达本身，而只能归因于艺术作品之形式对情感本身的转化与变形功能：

> 悲剧诗人并不是自身情感的奴隶，而是它的主人；而且，他能将这种掌握传输给观众。在他的作品中，我们不是被我们的情感所统治和驱动。审美的自由并不是激情的缺席，不是斯多葛式的漠不关心，而恰恰相反，它意味着我们的情感生活获得了它最强大的力量，意味着在这种力量中它改变了它的形式。因为在这里，我们不再生活在一个当下的物的现实中，而是在一个纯粹的、可感知的形式的世界里。在这个世界里，我们的全部情感在它们的本质和特征方面都经历了某种变形。激情本身被从他们的物质负担中释放出来，我们感受着它们的形式和它们的生命，而不是它们的负担。①

克罗伊斯对此作了更简洁、形象而清晰的表述：“艺术提供了对生活的距离和自觉，而不是单纯地把人浸没于情感的浴池中。”②

形式，在情感表达和鉴赏者之间筑起一道篱笆，使我们得以站在

---

① Ernst Cassirer, *An Essay on Man: An Introduction to a Philosophy of Human Culture*, New Haven: Yale University Press, 1944, p. 190.

② John Michael Krois, *Cassirer: Symbolic Forms and History*, New Haven: Yale University Press, 1987, p. 139.

一定的距离之外观照艺术作品、站在一定的距离之外去体味艺术作品中内蕴着的丰富情感，是以一种阿波罗式的清醒和节制而非狄奥尼索斯式的迷狂与沉醉去理解与把握艺术。简言之，形式使得艺术直观的当下性与艺术领会的距离性之间形成辩证的统一。如果缺少形式的间离功能与效果，那么，柏拉图对于艺术的全部指责都将被证实为合理的，那么，艺术就应当从一切理想国中被驱逐出去。

形式对艺术家的间离效果造成了两者之间的张力，使得艺术创作活动呈现为永恒的自我更新过程：

> 因为没有任何一部他所创作的作品能够完全抓住这种洞察力的全部。总是存在着一种不言自明的和令人烦恼的对立：“外在”与“内在”永远不能完全吻合。但艺术家必须熟知的这些限制，并不能阻止他的努力。他不断地创作着，因为他知道，惟有如此，他才能发现和拥有他自己的自我。他的世界与他真正的自我惟有在他给予它们的外形中被拥有。①

艺术家每创作出一部作品，这一作品一旦被创作出来，他当下内在的生活经验就被凝聚和固化在这部作品的形式和此在中，然而，当艺术家在生活中不断地收获着新的感受与认识时，这部作品就成为“过去”，成了陈词滥调，由此敦促着艺术家创作出新的作品来表达他那新的感受与认识，由此，使得艺术家的创作活动和艺术家本人呈现为永不止息的生成与更新，并且，整个艺术史，也成为诸多艺术家的永不止息的生成和更新。

当然，对于卡西尔来说，仅有形式的这种间离功能与效果就已经足够，而不需要如布莱希特那样趋向于一种极端的立场，要求用各种非艺术性的手段来打破艺术形式的整体性与统一性，以强迫观众进行理性的反思，而不是进行审美鉴赏活动。形式本身能够兼备着制造距

① Ernst Cassirer, *The Logic of the Humanities*, trans. Clarence Smith Howe, New Haven: Yale University Press, 1961, p. 115.

离的功能而同时不至于打破自身的整体性，如此，艺术才成其为艺术，而不是说教。

至此，我们分析与阐释了在符号形式哲学之下的卡西尔艺术观的全部重要特征与内涵。虽然在分析过程中我们把艺术作品的内容与形式暂时地分割开来，但这仅仅是出于一种便利的考虑，在理解艺术活动时，则必须在二者的统一体的层面来理解和把握。

第三节　艺术理论的建构与概念化的赋义方法

在较系统和完整地描述卡西尔的艺术观念之后，那么，必然提出的问题是：我们对它还能说些或做些什么？当卡西尔在《符号形式哲学》第三卷“前言”中邀请各具体学科领域的哲学家与学生们进入对符号形式的研究时，他期待着被邀请者们做些什么？

答案的线索是很清楚的：卡西尔具有一种实证主义的精神，对于自己确立为一般性认识论原则的关系逻辑本身以及由此而建筑起来的符号形式哲学的合法性，要求进行证实，虽然他对数学、物理学、化学、语言学、神话与宗教这些学科领域进行了具体而微的“考古学”发现，但仍有许多领域是他所未能或未有能力进行研究的，因此，他期待着更加充分和广泛的证实。更重要的是，符号形式哲学本身除了作为一种新的世界理解、新的形而上学，它本身还具有方法论的意义，否则，就失去了自身最重要的价值，因此，如何将关系逻辑与符号论方法具体地应用于各学科和符号体系的分析与建构，尤其是在艺术理论建构活动中，才是符号形式哲学的未完成部分中最重要的。

一　苏珊·朗格与卡西尔哲学的表同与根异

虽然卡西尔分析了艺术符号的一般性特征与功能，但几乎没有进入具体的艺术问题中去。显然，剩余的空间几乎是无限的。但是，囿于自身的能力之不足，笔者无法用卡西尔的符号论方法去构建一套具体的艺术理论，因此，不得不采取一种迂回的策略，在艺术理论家中寻找“卡西尔式的”典范与代表。笔者选取的是苏珊·朗格与沃尔夫林，前者自己表明了与卡西尔的某种直接关联，后者则是卡西尔本人已经充分注意到的。同时，必须说明的是，本书并不准备对他们的艺术理论与思想进行全面的论述与分析，而仅仅是撷取与符号形式哲学和符号论艺术观念相关的问题，因此，这种撷取并不意味着一种价值评判，而是为了辨明什么是“卡西尔式的”，什么不是，这只是一个事实问题。

首先来看苏珊·朗格。学术界往往将她与卡西尔并置于一起，并称之为“卡西尔—朗格的符号论美学”。这一归类似乎更多的是出于苏珊·朗格在自己的著作中多次和直接地表明自己的艺术理论是渊源于卡西尔的：“是卡西尔——虽然他本人从不认为自己是美学家——在其广博的没有偏见的对符号形式的研究中，开凿出这座建筑的拱心石；至于我，则将要把这块拱心石放在适当的位置上，以连接并支撑我们迄今所曾建造的工程。”① 然而，声明并不等同于事实，将二者的艺术观念作一比较是必要的，而且，由于我们已经将卡西尔的艺术观念展现在前，这一工作实际上并不困难。

苏珊·朗格说：

> 生命的意味是运用艺术将情感生活客观化的结果，只有通过这种客观化（外化），人们才能对这种情感生活予以理解和把握，正是在这种意义上（而不是在别的意义上），我们才称艺术品为符号。②

就此来看，她对艺术的理解似乎确实是基于符号形式这一大的体系框架的。的确，她将艺术定义为“人类情感的表达形式”，将“情感”

---

① ［美］苏珊·朗格：《情感与形式》，刘大基等译，中国社会科学出版社 1986 年版，第 477 页。此外，在其《哲学新解》中，苏珊·朗格同样直接提及卡西尔对她的影响，见 Susanne K. Langer, *Philosophical Sketches*, Baltimore: The John Hopkins Press, 1962, p. 58。

② ［美］苏珊·朗格：《艺术问题》，滕守尧译，南京出版社 2006 年版，第 76 页。

在最广泛的意义上理解为一切被感知的东西[①]，因而与卡西尔的生活世界与生活经验相衔接，虽然她在情感的私人性与普遍性之争中倾向于后者。

但是，苏珊·朗格紧接着指出：

> 艺术符号是一种有点特殊的符号，因为虽然它具有符号的某些功能，但并不具有符号的全部功能，尤其是不能像纯粹的符号那样，去代替另一件事物，也不能与存在于它本身之外的其他事物发生联系。按照符号的一般定义，一件艺术品就不能被称之为符号。[②]

有时，她又称艺术符号为准符号（quasi-symbol）。显然，由这里开始，初步显现出她与卡西尔之间的分歧与差异。因为卡西尔使用“符号形式”这一虽然表现出较大的模糊性的概念，但正是为了抹平一切不同的符号形式、抹平自然符号与人工符号之间在地位上的高低优劣之分；在它们之间，只可能存在形式构造方式与意义赋予方面的差别，而不会存在功能上的完整或缺失的可能性，因为，符号本身就是一个基质层与纯智层的统一体，离开了这种统一性或整体性，符号就不成其为符号了。但就此，我们必须追问：苏珊·朗格所理解的完整意义上的“符号”是什么？

事实上，苏珊·朗格正是出于对卡西尔符号观念的不满意而试图重新定义符号的。在她看来，卡西尔的符号概念太过广泛，且表现出一种原始性，以致实际上消解了符号本身的合法性与必要性。她指出：

> 他的“符号”观念比共同认可为指称一个相关联的概念的记号观念更加原始。在他看来，语词、声音、标志、对象，或者甚

① 参见 Susanne K. Langer, *Philosophical Sketches*, Baltimore: The John Hopkins Press, 1962, p. 8。

② ［美］苏珊·朗格：《艺术问题》，滕守尧译，南京出版社 2006 年版，第 147 页。

至事件对一个人来说都可以是符号，而无须那个人有意识地从它走向它的意义。这是他的神话理论中最基本的概念。[①]

我们知道，神话在卡西尔看来，一个典型特征就是人的个体意识完全融化于对象性的符号中。在苏珊·朗格看来，这意味着人在其中完全居于消极的和被动的地位，从而在根本上消解了人自身的符号化功能。

苏珊·朗格几乎完全赞同纳格尔（Ernest Nagel）对符号的定义："我将任何存在（或存在的类型）都理解为符号，通常在形态上是语言性的；通过语言的或隐含或公开的约定或规则，它被用来指称别的东西。"[②] 她对符号的看法实际上与20世纪语言学思潮的普遍立场并没有什么差别，只不过确认了在语言之外还存在其他符号体系的可能；任何符号，都可以像索绪尔所指明的那样，区分为能指与所指，能指的确定本身具有一种任意性，它与所指之间的关系是通过一种约定俗成而被固定下来的。而在她本人对符号的定义中，则更加明显地突出和强调了人在符号活动中的主体性与能动性作用："任何我们通过抽象而制作的装置（device）都是一种符号元素，且全部的抽象都关涉到符号化（symbolization）。"[③] 换言之，符号就是一种人工制成品，而我们制作的全部目的就是用它来指称其他的东西。她对符号的定义与纳格尔并不冲突，而是变换了一个角度，因为后者已经很好地定义了"符号是什么"，因此，她的任务就在于说明"符号是如何发生的"，从而使这两种定义形成互补和相互完善，以促进人们对符号概念的更加深入的认识。

抽象，在这里我们必须把它理解为苏珊·朗格本人所有的概念，而将它与卡西尔所批判和解构过的传统认识论上的抽象理论区分开来。抽象，在她看来，是人区别于动物所具有的一种更高级阶段的

---

① Susanne K. Langer, *Philosophical Sketches*, Baltimore: The John Hopkins Press, 1962, p. 59.

② Susanne K. Langer, *Philosophical Sketches*, Baltimore: The John Hopkins Press, 1962, p. 60.

③ Susanne K. Langer, *Philosophical Sketches*, Baltimore: The John Hopkins Press, 1962, p. 63.

符号活动：

> 人类并不在很大程度上依赖于短程的、直接的反应，因为他们的惯用手段是一个惊人的符号的仓库——图象、语词以及零碎不具有清楚的同一性但具有意义的显现——它们能够独立于外部环境的当前的刺激而被操作。在符号活动的高级阶段，这种操作几乎无时无刻不在进行着，无论是反思性的判断、预测、计划或是自由的想象、虚构、戏剧的幻想，以及最富效果的对事实的新的抽象公式化，譬如解释。①

换言之，人同样具有动物对环境的当下的、直接的刺激反应，但同时具有抽象这样一种符号活动，使得人摆脱了当下的束缚。而且，与动物的刺激反应的单一性或单向性不同，抽象活动的高级性（advance）又表现在这一活动本身的多路向与多元化。以抽象活动的多路向性为基础，苏珊·朗格解释了不同种类的符号之间同等的合法性。甚至，她更进一步把这种符号活动之所以成为可能归因于人类的心灵的天然禀赋："抽象通常被视为一种困难的、非自然的过程——确实，柏格森令我们相信，它是一种知觉扭曲的反自然的过程。但从自然主义的观念来看，我发现无论如何都是令人信服的，因为，如果抽象对于人的心灵来说是非自然的话，那么就无从理解何以人能够开始任何抽象的实践。"② 在此意义上，苏珊·朗格所谓"哲学新解"（philosophy in a new key）实际就是试图以此为线索建立一种"心灵哲学"（a philosophy of mind）。其中，她极大地依赖和使用了现代心理学及脑科学所取得的实验成果，尤其是大脑皮质层功能理论。

无论苏珊·朗格建筑其心灵哲学所使用的材料是什么，就此来看，她的哲学大厦与卡西尔颇为相似，正如后者也通过在人与动物之间的比较而将感官意识与符号意识区分开来，同样指向一个能动性的精神

① Susanne K. Langer, *Philosophical Sketches*, Baltimore: The John Hopkins Press, 1962, p. 76.

② Susanne K. Langer, *Philosophical Sketches*, Baltimore: The John Hopkins Press, 1962, p. 63.

作为哲学之最后根基，精神同样先天地具有对象化的功能。苏珊·朗格似乎就是以符号化（symbolization）概念作为与卡西尔哲学之间的交叉点。但显然，这种表浅的比较与对应是不充分的，如果我们返回到她的符号化和符号概念的内涵上来，根本性的区别才真正显现出来。

对于苏珊·朗格来说，符号最根本的意义与价值是“作为人类沟通的装置”。[①] 这意味着：

> 一个人工的装置根本上总是基于某个目的而对自然手段的一种真正的或有意向的提升，或者在这些手段所无能为力的地方作为代替品。[②]

在苏珊·朗格看来，我们所处的世界就是一个实在的世界，也就是卡西尔所批判的物的世界，它无可争辩和自明性地向我们展现着它的实在性和之于人的独立性。而符号世界与自然又隔了一重。

因此，我们不难理解她何以将艺术理解为一个独立的王国，只不过这个王国是个幻象的王国：

> 每一件真正的艺术作品都有脱尘寰的倾向。它所创造的最直接的效果，是一种离开现实的“他性”，这是包罗作品因素如事物、动作、陈述、旋律等的幻象所造成的效果。即使在诉诸表现的因素缺乏的地方，即没有什么被模仿、被虚构的地方，如在一块可爱的织物上、一只奖杯上、一幢楼房上或一段奏鸣曲里，这种虚幻的即充当纯意象的神韵，也依然如在最逼肖的绘画或最动听的叙说里那样强烈地存在着。在某一个艺术专门家即刻觉察到艺术形式“适切而必要”的地方，那种不谙艺理却又敏于感知的观察者所察觉到的就只是“他性”的独特神韵。关于这个“他性”，已经出现了种种描述语，如“奇异性”、“逼似”、“虚幻”、

① Susanne K. Langer, *Philosophical Sketches*, Baltimore: The John Hopkins Press, 1962, p. 62.

② Susanne K. Langer, *Philosophical Sketches*, Baltimore: The John Hopkins Press, 1962, p. 69.

“透明”、“超然独立”、“自我丰足”（self-sufficiency）。[①]

我们已经反复阐明卡西尔哲学在形而上学层面是如何强烈地反对一个现成的、被给予的、独立于人之外的自然世界的立场，在艺术领域又是何等强烈地反对模仿论与再现论。而苏珊·朗格的这种艺术抽象论与幻象论，如文德培所直接指明的，实质上只是一种改头换面的模仿论：“苏珊·朗格与卡西尔相比，在艺术符号理论中，更为全面地探索了艺术中的抽象理性，呈现出全方位向‘摹仿’论‘复归’的态势。”[②] 如果没有一个现成的外部世界，幻象一说如何立足？

卡西尔哲学具有系统化与体系化的特征，因此，对一切具体领域或学科的讨论，都必须与这个体系保持逻辑上的统一性。而实际上，苏珊·朗格与卡西尔之间的具体关联，不过是表现为她撷取卡西尔哲学中几个关键性的概念，尤其是“符号化”这一概念作为自身艺术理论的出发点，她并没有从根本上去理解和把握符号形式哲学，因此，所谓以卡西尔哲学为思想路向的起点，应当更具体地理解为在术语学上的表层相似性，而实质上是抛开卡西尔哲学，完全自立门户的。当然，必须再次强调的是，这种抛开或抛弃只是事实判断而非价值判断，并不是说卡西尔的观点就是“真理”或正确的，而只是通过指明这一事实，要求将二者的思想严格地区分开来，而不是如“卡西尔—朗格的符号论美学”这一称谓所显示的混淆和等同。苏珊·朗格无疑是一位卓著的艺术理论家，但她与卡西尔只是各自地卓著着，而不是共同地卓著着。

通过苏珊·朗格，我们显然有必要再次重申卡西尔的现象学立场。在卡西尔的哲学里，符号，并不是某种人造的、用来描述世界的、具有普遍性的工具，恰恰相反，任何一个符号都是一个特殊的、独立的

---

① ［美］苏珊·朗格：《情感与形式》，刘大基等译，中国社会科学出版社 1986 年版，第 55—56 页。

② 文德培：《符号论美学对摹仿论和表现论的超越》，《学术月刊》1988 年第 7 期。必须注意的是，文德培实际上仍是将苏珊·朗格理解为与卡西尔的思想在根本上是相一致的，这是笔者所不能赞同的。

此在。每一棵树、每一栋建筑、每一个历史事件、每一语词[①]、每一件艺术作品，都是一个符号，而且是一个等待和渴望着意义充实的符号。自然符号与人工符号之间，或者用一种不大严谨但却更通俗的措辞法来说，任何天然物和人工制品之间并不存在真实与虚幻的区别，它们具有同等的身份和地位。站在一幅字画面前的我，我面前的字画和字画面前的我，就是两个不同的符号，只不过“我”是以天然的方式而字画是以人工的方式得以诞生。用亚里士多德的术语来说，世界是由无限多的“这某物”构成的，只不过“这某物”不再具有“是其所是”的特质，而是一个“这符号”。这才是卡西尔的符号论现象学立场的真正含义所在。不将它们区分开来，必然会造成对卡西尔哲学的误解与混淆。苏珊·朗格显然是将卡西尔的符号与日常意义上的符号混同的代表之一。

二　沃尔夫林的艺术风格概念与赋义的范式

卡西尔本人对沃尔夫林的高度关注，本书以为，正是因为沃尔夫林在其艺术理论建构中，首先保持了这一现象学的立场，其次才是其概念化的方法。

在讨论沃尔夫林的艺术风格学之前，仍需事先确定的一个前提是，我们以何种身份从事对艺术问题的研究？卡西尔隐含地指明了，从事创作的艺术家确实需要一种天才的力量，使得他不仅能比普通人更敏锐和强烈地感受与体验生活，同时也具有将这种体验以一种可直观的形式集中而澄明地表现出来的禀赋。因此，我们首先将自己排除在艺术家的行列之外。但我们也不能仅仅以鉴赏者的身份，因为鉴赏活动本身同样具有创造性的特征，同样也具有私人性的特征，表现为一种

① 这里须注意的是语言在人类符号形式中具有一种极其特殊的地位，应当分别从两个层面来看：其一，它作为对外部世界之表现，每一个语词并不具有独立的，而是从属的地位；其二，就语言学本身来说，每一个语词都必须在具体的言语活动中，在具体的语境下，在其时态、人称等各个不同的条件下去理解，在这一意义上，每一个语词都是一个独立的记号，具有多种被运用的可能性和相应的多重意义。

内在的生活经验，是不可言说的，或者至少是难以言说的。因此，答案已不言自明，我们的身份似乎只能是美学与艺术理论工作者——至于艺术批评，就“批判”一词来说，如果说它在物的逻辑的传统是适合的，那么，对于符号论美学来说，批评就失去了自身的根基。身份的重要性在于，唯有确定了一个原点，我们才能确定行动的方向，这个方向就是如鲍桑葵在其《美学史》中开宗明义地指出的：“美学理论是哲学的一个分支，它的宗旨是要认识而不是要指导实践。”[①] 而认识，就世界作为符号的世界而言，似乎只有一条道路，就是通过不断地创造出新的概念——无论这概念是源自表达、表现或者是纯粹赋义——去规定作为认知对象的符号，换言之，通过概念化将意义给予符号，使其成为意义充实和丰富的。

在其《美术史的基本概念》一书中，沃尔夫林的一大特色是“把文化史、心理学和形式分析统一于一个编史体系中，因此不去过多地研究艺术家，而是紧紧地盯着艺术品本身，力图创建一部‘无名美术史’，把风格变化的解释和说明作为美术史的首要任务”。[②] 虽然沃尔夫林从未曾以一种哲学家的姿态去思考艺术史问题，但是，将“艺术品本身”作为自己全部考察的中心，无疑体现着一种不自觉的现象学立场；虽然他也未曾将每一件艺术作品都视为一个符号，但“艺术品本身”在一定程度上同样展现了与符号相同的诉求。在苏珊·朗格那里，虽然她也谈及一些具体的作品，但她更加关注的是绘画、雕塑、音乐、舞蹈、诗歌、戏剧、电影等各种艺术门类，这些艺术门类，在传统认识论下被视为一种分类学，而在卡西尔的符号论下却只具“概念”而不是“符号”的地位，是用来描述和规定具体的艺术作品（即符号）的。显然，她并没有注意到其中的细微但严格的区别，而混淆地使用“音乐符号”“舞蹈符号”等表达。当然，沃尔夫林所意向的“艺术品本身”较之艺术符号来说具有十分狭隘的内涵，即局限于

① ［英］鲍桑葵：《美学史》，张今译，广西师范大学出版社 2011 年版，第 1 页。

② ［瑞士］沃尔夫林：《美术史的基本概念——后期艺术中的风格发展问题》，潘耀昌译，北京大学出版社 2011 年版，第 17 页。

艺术品的形式本身，但实际上，在他对自己提出的五对基本的风格概念——线描与涂绘、平面与纵深、封闭的形式与开放的形式、多样性的统一与同一性的统一、主题的绝对的清晰与相对的清晰[①]——的说明与阐释中，不断地突破了自己所设定的限制。

然而，即便在对艺术持贬斥或敌对态度的哲学家那里，他也承认艺术区别于数学、物理学、几何学，等等，具有自身独特的个性，而概念化，正如在前几个领域已经被证明了的，是贫乏和无灵魂的。因此，当沃尔夫林将其艺术风格史写作的目标定位为发现风格的基本概念时，必然面对着同样的贫乏与无灵魂的问题：

> 在风格史上可以发现一个涉及再现本身的各种概念的基础，而且人们可以在脑子里再现一部西方人视觉的发展史，对这部历史来说，个人特性和民族特性中的种种变化却是无足轻重的。[②]

而且，他更进一步地提出这些基本概念的普遍性要求，如潘耀昌所指出的：“这些概念之所以被称为基本，是沃尔夫林认为它们不只适用于特定时期，而且在解释艺术史的过程中也一次次证明了它们的价值。五对概念成为一种范式，读者可根据它去体验作品，判断作品特色，而且可以在时空上突破，不限于十六世纪、十七世纪意大利，也可比较意大利（南方）和德意志（北方）的艺术，甚至再推而广之。”[③]此时，他所遭受到的广泛批判已经是可以预料的。

阿诺德·豪泽（Arnold Hauser，1892—1978）直接指斥沃尔夫林的风格概念为“历史决定论倾向”。在他看来，“历史决定论（histori-

---

① 参见［瑞士］沃尔夫林《美术史的基本概念——后期艺术中的风格发展问题》，潘耀昌译，北京大学出版社2011年版，第42—46页。

② ［瑞士］沃尔夫林：《美术史的基本概念——后期艺术中的风格发展问题》，潘耀昌译，北京大学出版社2011年版，第41页。

③ 潘耀昌：《文艺复兴就是巴罗克——沃尔夫林基本概念引来的批评》，《荣宝斋》2010年第2期。

cism，或谓历史主义）事实上是与革命论相对立的一种哲学，把每个历史事件归之于某种超越个人的动因，主张每个历史成就，每一种艺术风格，必须只按照其公认的标准来衡量。谁能否认，每个艺术家都是以一种主导的传统、某种程度的技术，某些当时仍然活跃的问题和主题为对象进行思考的。”[①] 豪泽的批评实际上涉及的是一个更具普遍性的问题，即概念化的方法在艺术研究中是否具有合法性？对于这一问题，我们在前文中实际上已经指明，概念化是符号形式哲学的一种普遍的方法论，但在此再作一个集中的说明也是不无必要的。

从符号形式哲学来看，“对象性，从一种哲学分析的观点来看，并不是人类知识的起点，而是其终点”。[②] 使对象成其为对象，使符号成其为符号的，是意义赋予活动本身；它是人类认知活动的一般模式，具有普遍的适用性。每一件艺术作品，一旦被创作出来，就成为一个现实地显现出来的此在，虽然在它诞生的同时被浸透着艺术家本人的情感，但只要它作为一个符号，符号性孕义这一基本原则对它就具有适用的效力，那么，由创作而产生的意义之完满性就并不排斥孕育性，相反，它期待着和孕育着新的意义。

从必要性来说，优秀的艺术家能以高度集中性和澄明性的形式来表达自身的内在生活经验，但无论这种澄明性如何显著，都不可能达到如数学般的严格确定性，因此，为了更好地理解艺术作品的“本义”——显然，对于任何符号来说，“本义”不排除而是生发着“引申义”——必要的艺术史知识是非常有益的：“直观性的知识并不具有‘科学’的特征。我们在言语活动中互相理解而无须首先去询问语言学或语法；‘自然的’艺术情感也不需要艺术史或风格学。但是，这种‘自然的’理解很快就达至了它的极限。我们不再能通过这些直观的元素达至文化的深处，正如单纯的感觉知觉不能穿透宇宙空间的

① 潘耀昌：《文艺复兴就是巴罗克——沃尔夫林基本概念引来的批评》，《荣宝斋》2010 年第 2 期。

② Ernst Cassirer, *Symbol, Myth and Culture: Essays and Lectures of Ernst Cassirer, 1935 - 1945*, ed. Donald Phillip Verene, New Haven: Yale University Press, 1979, p. 166.

深邃一样。”① 沃尔夫林的五对基本风格概念，显然正是发挥着双重的功能。

卡西尔在沃尔夫林的“古典”与“巴洛克”这一对艺术范畴中首先发现的是，它们展现着一种结构性的图型：

> 历史本身如果不具有某种一般性的结构图型——这种结构图型能够厘清、管理和组织这些事实，那么它将淹没在不相关联的事实所形成的没有止境的混乱之中。譬如说在艺术史的领域，这样一个图型是由海因里希·沃尔夫林提出的。正如沃尔夫林所坚持的，如果他并不占有一些艺术描述的基本范畴，那么艺术史家将不能描述不同时代的艺术或不同的艺术家个人。他通过研究和分析艺术表达的不同模式和可能性发现了这些范畴。这些可能性并非无限的，作为一个事实，它们可以被缩减到一个很小的数字。从这一角度，沃尔夫林给出了他对古典与巴罗克的著名描述。在这里，术语“古典”与“巴罗克”并不是被用作确定的历史阶段的名称。它们被用来指称并不限制于某个特定时代的一些一般性的结构模型。②

显然，卡西尔的这一理解与把握对于沃尔夫林的五对基本风格概念同样也是适用的。而作为概念，它们可以用来描述与规定一切艺术作品；我们一旦拥有了这五对概念，即便是在沃尔夫林提出它们之后的作品，甚至包括未来的一切可能的艺术作品，都可以运用它们去理解与把握。

但是，对概念本身及其普遍有效性的理解，我们必须注意一种抽象的解释。潘耀昌对沃尔夫林的风格概念就是从抽象理论的角度去理解的，他认为：“风格就是一种抽象，是从一系列个人、时代或民族的作品中抽绎出来具共性的东西，或谓差异性比较的公分母，所以时

---

① Ernst Cassirer, *The Logic of the Humanities*, trans. Clarence Smith Howe, New Haven: Yale University Press, 1961, p. 143.

② Ernst Cassirer, *An Essay on Man: An Introduction to a Philosophy of Human Culture*, New Haven: Yale University Press, 1944, pp. 95 –96.

代或民族的风格与具体个人无重要关系。”[①] 甚至沃尔夫林本人亦认为自己的风格范畴是得自抽象工作的。不得不说，从抽象理论来看，豪泽对沃尔夫林的历史决定主义的批判就可以被证实为合理的。从抽象的角度来看，它实际上意味着这些风格概念就是沃尔夫林所借以“抽象”出来的那些艺术作品内在的和本质的属性。

但是，一方面，卡西尔对抽象理论的批判已经指明，在从零散的感觉材料到具有普遍性的概念的过程中，这种“抽象”要成其为可能，这一过程中必然存在一种“跳跃”，这种“跳跃”使得抽象理论陷入一种神秘主义的而非科学的处境之中。换言之，抽象实际上是不可能的——在此，我们又看到了卡西尔与苏珊·朗格之间的一个重大差别。另一方面，沃尔夫林对风格概念也并没有持有一种内在的或固有的立场，他明确指出：“正如我们能够把各种言语听成种种铃声一样，我们自然也能够把可视的世界用各种完全不同的方法来安排，而且没有人能断言哪一种方法更为真实。”[②]

显然，沃尔夫林把概念的性质与功能又从传统的抽象理论中完全倒转过来了，从而与符号形式哲学的立场保持着内在的一致性。质言之，艺术的风格概念并不具有康德所说的规范性作用，而仅仅是描述性的。风格概念与罗素的自然数概念一样，本质上代表着一种结构性的关系，在这一关系下，其序列的域具有无限的可能性，可以将无限多的元素（对象）纳入这一关系下。若此，豪泽对沃尔夫林的批评显然就站不住脚了，符号论本身就是一种彻底的反本质主义。卡西尔简洁而有力地指出：

> 风格概念所显现的，并不是一种应当而单单是一种“是”。[③]

---

① 潘耀昌：《文艺复兴就是巴罗克——沃尔夫林基本概念引来的批评》，《荣宝斋》2010 年第 2 期。

② ［瑞士］沃尔夫林：《美术史的基本概念——后期艺术中的风格发展问题》，潘耀昌译，北京大学出版社 2011 年版，第 61 页。

③ Ernst Cassirer, *The Logic of the Humanities*, trans. Clarence Smith Howe, New Haven: Yale University Press, 1961, p. 126.

甚至，沃尔夫林进一步提出，风格概念并不仅仅限于对艺术作品作出描述与规定，而在更根本的意义上，是作为更一般性和普遍性的观看世界之方式。譬如他在对涂绘与线描的阐述中指出：

> 涂绘的方式出现得较晚，而且如果没有较早的线描方式它是难以想象的，不过它不是占绝对优势的方式。线描风格产生过涂绘风格不再具有的、而且不想具有的价值。这两种风格是对世界的两种看法，它们在审美趣味和对世界态度方面是不同的，然而各自都能产生可视事物的完美图画。①

这段话对于理解沃尔夫林的风格概念以及卡西尔的概念理论都是极其重要的。首先，沃尔夫林所谓的涂绘风格在时间上晚于且奠立于描绘风格之上，并不意指艺术风格史之发展规律和历史阶段的具体划分，而是意味着，概念并不表现对象与对象之间的关系，而是表现概念与概念之间的关系。换言之，任何单独的概念都不成其为概念。就此，我们显然会追问：如果说涂绘的生发建立在描绘的基础上，那么，描绘又建立在何者的基础上？

在此，我们有必要对潘诺夫斯基的“透视法作为符号形式”这一命题作一个简要的辨析，它与我们的问题有着本质上的同一性。潘诺夫斯基认为，就透视法来说：

> 诚然，这看上去更像一个数学问题，而非艺术问题，因为一个人可能公正地指出，一种透视法的构建的相对不完善甚至完全缺失，并不影响到艺术的价值（相反地，正如对透视法则的严格遵守决不会一定侵蚀艺术的“自由”那样）。但是，如果透视法并不是一个价值因素，它确实是一个风格的要素。确实，它甚至可以被理解为（将恩斯特·卡西尔那个极为贴切的术语扩展到艺

① ［瑞士］沃尔夫林：《美术史的基本概念——后期艺术中的风格发展问题》，潘耀昌译，北京大学出版社2011年版，第49页。

> 术史上）那些“符号形式”之一，在这些符号形式中，“精神性的意义被黏附到一个具体的、物质性的记号之上且内在地被给予这个记号”。[①]

显然，符号形式概念在艺术史和风格史中的运用并不需要一种扩展，而是“天然地”适用的。

问题的关键是：透视法如何成为一种符号形式？对此，内尔（Allister Neher）指出，透视法建立在线性透视法之基础上：“如果我们已经看到，首先通过对线性透视法的讨论我们如何能将透视法称为一种符号形式，我们现在将问自己，潘诺夫斯基对一种古代的视角透视法的假设是如何可能与已经被给出的特征相一致的。这是一个重要的问题，因为，如我们一再重复的，诸符号形式是把握世界的方式而不是对一个前定的事实的单纯反映，因此决不会被单独地具体化。我们知道，从相同的天文学观察中能得出何等不同的宇宙观，但是，不同的透视法是如何从我们的视觉经验中得来的，当它如此强力地被如知觉的连续性的力量所决定时？”[②]

同样地，如何确定线性透视法本身生发的基础问题，仍是我们必须面对的。实际上，卡西尔对由欧氏几何向非欧几何的发展就已经说明，无论是线性透视法还是描绘风格，都应当追溯到欧氏几何的平面空间观，是这一较初级的空间观在美术领域的具体显现。在此不难看出空间作为构造世界之起点的根基性。同时，透视法本身只可能具备“概念”的资格而不可能成为一种“符号形式”，因为后者要求概念本身具有原生性，才能成其为符号形式。

从符号论的现象学角度来看，风格概念作为一般性与普遍性的观看世界之方式昭示着一种更为彻底的现象学立场，这是我们在前面的论述所一直未直接而清楚地澄清和指明的。一种更彻底的符号论现象

---

① Erwin Panofsky, *Perspective as Symbolic Form*, New York: Urzone Inc., 1991, pp. 40 – 41.

② Allister Neher, “Panofshy, Cassirer, and Perspective as Symbolic Form”, Doctorial Dissertation, Concordia University, 2000, p. 349.

学立场意味着，虽然我们称之为艺术作品的东西，就创作之目的来说我们称之为艺术符号，但事实上，一旦它被创作出来，就获得了一个更一般性的身份，即符号。也就是说，它不再将自身局限于艺术领域，不再仅仅是一个只承载着艺术家之情感的艺术符号，而是向着世界完全敞开，可以被纳入一切符号形式和人类文化活动范围之下。这一点在艺术史领域内就已经得到证实，譬如我们今天对文艺复兴时期作品的材料和方法的研究就是其典型代表，帕雷提和拉德克就描述了绘制壁画时对材料、工艺和工序的复杂而具体的运用。[①] 当然，更富典型意义的是我们在前文中征引的、卡西尔本人所使用的“线段”这一示例。在这一最彻底的现象学立场上来说，古德曼所认为的“在关键情形中，真正的问题不是‘什么对象是（永远的）艺术作品?’，而是‘一个对象何时才是艺术作品?’或更为简明一些，如我所采用的题目那样，‘何时是艺术?’”[②] 这一提问法并不准确，而应当说：“一个对象（符号）具有什么艺术意义?”

此外，我们还应看到，沃尔夫林的风格概念，与科学概念不同，并不丧失其情感性的特征，换言之，它们是活生生的、有灵魂的概念：

> 当纵深能够呈现为运动的时候，它表现得最为强烈，因此一件真正的气势磅礴的巴洛克作品是一个表现出不安的人群的画题从平面向第三维的转换。《基督背十字架》就是这种画题。[③]

沃尔夫林运用其风格概念对具体的艺术作品的分析处处都渗透和展现着这种情感的力量。连屹从一个不同的角度对这种情感性作出了解释，同样是颇为适当的：“虽然沃尔夫林接受移情论的观点，但他只关心

① 参见［美］约翰·T. 帕雷提、加里·M. 拉德克《意大利文艺复兴时期的艺术》，朱璇译，广西师范大学出版社 2005 年版，第 19—28 页。

② ［美］纳尔逊·古德曼：《构造世界的多种方式》，姬志闯译，上海译文出版社 2008 年版，第 70 页。

③ ［瑞士］沃尔夫林：《美术史的基本概念——后期艺术中的风格发展问题》，潘耀昌译，北京大学出版社 2011 年版，第 131—132 页。

形式方面的分析，而不注重情感的分析，然而从他确立的五对概念上，仍然很容易辨别出十九世纪后期使用的‘阿波罗和狄奥尼索斯’二元说的基础。……前者具有明晰，清楚，适度，节制等特征，后者比较原始质朴，如醉如狂，具有热烈地融掉各种差异的特征。”[①]

正是在这一意义上，沃尔夫林之于卡西尔还有一种补充与完善的作用。我们看到，卡西尔在对艺术之直观领会特征的阐释中，主要是以歌德、莎士比亚等文学家和诗人为典型的，换言之，他仅阐明了文学艺术中直观的领会是如何可能的，而在绘画、雕塑、建筑等领域，他并没有说明直观领会的具体方式与表现是如何的。在沃尔夫林身上，卡西尔找到了对空间艺术之直观领会的一个原型。

综上，在将卡西尔的符号形式哲学应用于具体的文化领域时，其关键性的两点是必须坚持彻底的现象学原则与概念化的方法；反过来，这一原则与方法同时构成了对符号形式哲学本身的正确理解的有机组成部分。从本书试图勾勒出卡西尔哲学的概图这一目的来说，区分清楚什么是“卡西尔式的”，什么不是，较之对卡西尔哲学作出一个价值评判来说，更显关键性与核心性。

① 连屹：《沃尔夫林的美学思想及其影响》，《新美术》1986年第4期。

结语　符号思维与意义的敞开

在《人论》中，卡西尔提出了“人是符号的动物”这一著名的命题。对此，张玉能先生的阐释集中而清晰：“‘人是符号的动物’的论断就是把人的存在方式及其本质归结为符号、符号形式和符号形式创造，而把精神性的符号、符号形式和符号形式创造作为人类、人类社会、人类社会的一切存在的存在方式及其本原……”① 不难看出，卡西尔强调的是人的创造性的存在，如果追根溯源，无疑要推及人的“精神”这一原点上。

对“精神”的高扬又是张玉能先生不能赞同的。张玉能先生指出：“这是历史唯心主义的观点。与历史唯心主义相反，历史唯物主义认为，人类、人类社会、人类社会的一切存在的存在方式及其本原最终在于人类的物质生产方式及其所形成的经验基础。因此，符号、符号形式和符号形式创造在最基本的物质生产的经济基础之上产生出来的人的精神性的存在方式和生活方式，它们应该是第二性的，是在物质生产及其所形成的经验基础之上产生出来的。”② 这是从思想立场上对符号形式哲学作出的评判。

思想的更深刻的价值在于其启发性。从思想立场来说，柏拉图无疑是唯心主义的鼻祖，但我们今天在思想领域仍然不断地研究柏拉图，显然并不是因为他是对的或错的，并不是因为相信在我们生活的世界

① 张玉能：《“人是符号的动物”：符号诗学与西方美学传统》，《学术月刊》2008 年第 10 期。
② 张玉能：《“人是符号的动物”：符号诗学与西方美学传统》，《学术月刊》2008 年第 10 期。

之外还有一个“理式的”世界，而是因为他对生活和世界的诸多思考仍在启发着我们去开启思想的新的向度。卡西尔的符号形式哲学也是如此。如果我们换一种措辞法，暂时悬搁“精神”这一术语，而用“符号思维”来代替它，或许就较容易被接受了。当然，与这种“符号思维”紧密关联的，必然是一种不同的“世界理解”。

1929年的达沃斯，海德格尔与卡西尔就康德哲学的理解问题展开了一场辩论，这场辩论在当时似乎以海德格尔的全面“胜利”而告终。这一“胜利”显然并不意味着二者在思想上的优劣之分。今天，褒扬卡西尔的亦有人在：“实际上，在达沃斯，海德格尔对卡西尔的所谓‘胜利’，在笔者看来并不代表一个哲学新时代的开始。卡西尔敏锐地洞察到人类理智自身创造的科学符号系统在人类理智发展进程中所达到的方法/手段的统一、现象的统一以及意义的统一完全可以取代传统形而上学关于存在的统一和起源的统一的假设，使人类理智思维进入更高阶段。”[①] 显然，对于卡西尔和海德格尔来说，无论褒扬还是贬抑都是没有意义的。如果说有意义的话，这意义也是对今天的我们来说的。

在很大程度上，海德格尔的“胜利”是因为卡西尔哲学所指向的后果，如今天的学者所概括的：“以符号功能和符号活动来理解人及其文化，使得卡西尔带有相当程度的泛符号化色彩。感性的现实的存在的人被完全淹没在抽象的符号之中。”[②] 是否确实如此？更具体地说，卡西尔是否如康德一样，醉心于自己的哲学体系的建构而导致与生活世界的龃龉？卡西尔在“人”的立场上是否构成海德格尔的对立面，由于停留在抽象与思辨的层面而构成对人的现实存在、对人的此在之遗忘呢？

对此，笔者持否定的回答。正如符号形式哲学在“世界理解”上拒斥和消解了传统形而上学的实体观念一样，卡西尔对“人”或“自我”的认识同样始终坚持着反本质主义的立场，即对一个实体的、自

① 孙冠臣：《再论海德格尔与新康德主义》，《世界哲学》2017年第4期。

② 韩欲立：《Dasein与Man：海德格尔与卡西尔人学思想辨异》，《西南师范大学学报》（人文社会科学版）2006年第11期。

在的人之否定。

在认知活动中，自我由于其主体性的地位具有一种区别于单纯的“物”——作为单纯的认知对象——的特殊性：每一个人既是认知主体，同时也是被其他主体认知的对象，甚至构成自我对自身认知的对象。这种特殊性或者说自我问题的这三个不同维度集中地展现了问题本身的复杂性，甚至在某种意义上说，一切哲学对自我问题的解答都是试图调和与统一自我的这三个层面。在自我问题上，传统形而上学本体论早已遭遇到彻底的失败，不是走向神秘主义就是通向宿命论。卡西尔哲学的先驱康德对自我的认识充分体现了问题本身的复杂性，他首先通过现象与自在之物的区分否定了人的自在存在，但在伦理领域又要求将自我理解为独立的存在，这个自在的自我构成道德律令的施号者。同时，康德对自我的认识确实构成了对人的此在之遗忘。这些矛盾与缺憾，都是卡西尔的符号形式哲学所要解决的。

当卡西尔继承康德的先验主义思想路向时，就决定了他同样必须在作为类的存在者这一层面上来解答人的问题，在此，他从康德“人是理性的动物”转向“人是符号的动物”。但是，如果这一命题本身保留了康德的全部矛盾与缺憾，那么，这种转变将是毫无意义的。

在卡西尔哲学中，实际上存在两个不同维度上的人，我们可以分别称之为“大写的人”和“小写的人”。前者是作为具有符号意识与功能的人类，后者是一个个具体的、个体的存在者。但区别于康德，即便大写的人，既不是康德意义上的纯粹先验自我，更不是笛卡尔意义上的实体——前者实质上是将所要演绎的终点颠倒为理论的起点，后者在设定自我的独立性与实在性的同时将自我封闭和囚禁在自身之中。因此，卡西尔另辟蹊径，选择用“功能”性的人来取代“实体”性的人。① 至于小写的人，当卡西尔用符号消解和取代物时，在

① 事实上，卡西尔的“功能”和康德的先天直观和先天范畴一样，是先验论的，但同时又是生理学的。康德曾关注过“狼孩”是否具有先天直观和先天范畴的问题，卡西尔同样高度关注病理学的问题，并认为有些人的“不正常”，是因为符号思维的缺失。这一问题涉及现代意识科学的知识，更需将它与现代意识科学自卡西尔时代以来的发展结合去研究，因此，在此存而不论，留待另行探究。

意义论的层面，世界不再被理解为由物组成，而是由符号构成的。小写的人作为现实世界中的存在者，亦应除去“物之幻象”而被理解为符号，亦即，从符号形式哲学来看，每一个个体的人都是一个“自然符号”。

符号，将实体意义上的同一性转变为逻辑上的同一性。与世界上的万物一样，每一个“我”都同样处于时间之流中，处于永恒的变化之中，正如我们不可能在实在意义上两次走进同一条河流，此时的我亦不同于彼时的我。因此，人并不是因出生而成为具有独立性和同一性的“我”的。同时，根本不可能存在纯粹的“我思”，一切“我思”必然是有其对象的，用胡塞尔的术语来说，“我思”必然是一个意向性的意识。就符号思维来说，自我只有在自身的认知活动中，通过被认知的对象、通过异己的对象来确证自身的独立性与同一性：

> 一种文化的批判哲学不能向任何一种解释屈服。它必须既避免自然主义的怪物，同时也避免形而上学的女妖。只要理解了“我”和“你”并不是完成了的已知数——通过彼此间互相施加影响而创造着文化的诸形式。相反，只有在这些形式中并通过它们，这两个领域，“我”的世界与“你”的世界才得以产生（come into being）。没有定型了的、闭合的“我”，在与一个相似的“你”的关联之中寻求从外部穿透到它的领域之中。再一次，彻底的分析已经显明，如果始于这一假定，目标是不可能达到的。基于这一假定，精神的领地与物质世界是相同的：每个实体都被束缚在它独定的场所中，如此，对于任何其他实体来说，都是不可穿透的。然而，如果我们不再把两个实体性地分开的实体“我”和“你”作为出发点，而是把他们安置在相互影响的交会点上，在言语活动或任何其他文化形式中完成它自己，我们的困惑就会消散。在这一行动的开端：总是在言语的功能、在艺术的创造，在思想和探究的过程中，一种特别的活动被表现出来。且，只有在这种活动中，“我”与“你”才同时性地将彼此区分开来而得以存在。当他们在言语、思想和一切艺术表达方式中维持着自身的

> 统一性，他们才同时在彼此之内又彼此相邻地存在着。①

显然，自我的独立性和同一性仅仅是在相对意义上而言，仅仅是相对于他者的独立性——自我只有通过与世界和他者的交往活动，才能意识到自身的存在。这种独立性与同一性构成了自我最原初的内涵与意义，构成了自我的一切行动的前提与基础，我的“面相”或“名字”，即是对自身独立性、同一性和连续性的确认和展现。但同时，这个最原初意义上的“我”也展现着自身的贫乏与空洞，因此，迫切地需要汲取意义以丰富自身。面相与名字仅仅构成自我这个符号的基质层，或者说，记号这一层面。对于任何符号来说，更重要的是，获取属于自己的意义。

“人”作为符号，其意义的复杂性在于：一方面，“我”对世界和他者的一切认识构成了“我”的意义之所在，换言之，对之具有认知的一切异己的对象实际上构成了“我”的意义之所在。当某个对象成为“我”的对象时，他（它）不再是异己的，而成为“属于”我的对象。就此而言，卡西尔关于自我的认识，与马克思的“人的本质力量对象化”这一根本原则有着很大的相似性，尽管他的著作和学说与马克思并没有什么关联，且卡西尔不是把“劳动”、把“实践”而是把“概念”的创造、把“认知”活动理解为人的本质力量或功能。更进一步来说，虽然不同的自我可能与同一个他者同时产生某种关联，亦即，这个他者同时构成“我”与“他”的对象，但这个对象对于“我”和“他”来说，却是可能具有完全不同的内涵。卡西尔用复数性的“符号形式”所表达出的符号之多义性，在人身上同样是适用的。另一方面，“我”作为他者的认识对象，他者对“我”的认知和评价，同样构成了“我”的意义之一部分，甚至这个他者与“我”并不生活于同一个时空之下亦是如此。

可见，正是在意义层面上，作为认知对象的自我和作为认知主体

---

① Ernst Cassirer, *Language and Myth*, trans. Susanne K. Langer, New York: Dover Publications Inc., 1953, p. 109.

的自我才真正得到统一。唯有通过持续不断的认识活动，通过意义构造与赋予活动，将异己的对象内化为自身的意义，使自我不断地趋向于意义的充实性与丰富性。这意味着，人越是积极与主动地进行着对包括他者在内的世界的认知，越能使自身获得更加丰富的意义，使自身成为一个更加意义充实的符号，使自身孕育着更多的可能的意义。

卡西尔在《符号形式哲学》第三卷用副标题“认知现象学”正是为了直接表明包括自我在内的意义的本质正在于认知活动本身。但是，这种对认知活动的高度强调是否意味着他对人的实践活动、对人的道德伦理的完全忽略呢？笔者以为，在卡西尔的“认知”概念中，内蕴着与“实践”的辩证统一。卡西尔所说的“认知”并不等同于通常意义上的静观，而是本身就是一种富有全部积极性与创造性品格的人类实践活动之一。就此而言，狭义的“去做”并不重要，重要的是“为什么”去做、“如何”去做、在于“这样”去做的“意义”在哪里。

符号形式哲学的意义论转向，其首要的启发性就在于这意义的丰富性与人生的丰满性上。卡西尔曾形象地将文化比喻为一个圆周，除了表明符号形式的多样性之外，更重要的就在于这意义的丰富性上。或许，我们可以将他的“人是符号的动物”这一命题换一种说法——“人是文化的动物”。这里所谓的“文化的动物”，就是要肯定人的意义的丰富性与整全性，而否定人的意义的贫乏性与片面性。譬如就自然科学与人文科学的传统二分来说，如果一个杰出的天文学家真的只知仰望星空，而完全无视大地和人的存在，那显然是意义贫乏的，甚至我们今天已经清楚的是，天文学的发展从始至终并不是一个单纯的科学问题，而与政治、宗教、传统等紧密相关，也就是说，天文学本身也是意义丰富的。列奥纳多·达·芬奇的一生更是意义丰富的，从某种意义上来说，真正可以作为我们人生的一种模范。

一切符号（包括每一个人在内），都是一个从意义贫乏到意义丰满的过程。进而，与这意义的丰富性相对应的，是意义复杂性与多元性。不同的意义之间，并不能简单地以“真理/谬误”的二元对立方式给予非此即彼式的评判，“此”的意义恰恰是以“彼”的存在而互为前提的，或者更准确地说，互为“关系”。从日常情感来说，我们每一个人都是喜爱“美”而厌恶“丑”的，然而，翁贝托·艾柯在《美的历史》之外又撰写了《丑的历史》，并提出这样的质疑：“丑还能继续单纯地定义为美的反面吗？——尽管这也是随着美的观念修订而改变的反面。丑的历史还可以视作美的历史对称的陪衬吗？”① 而他对丑的历史考察最终归于：“我们还应该时时想到《麦克白》第一幕中巫婆的呼声，如果他们说的没错，真是一语道破天机：‘美就是丑，丑就是美。’”② 当然了，美和丑不可能混同，否则艾柯也没必要分别撰述了。所谓“美就是丑，丑就是美”，强调的是二者在意义层面的关系性与平等性。这种平等性也是意义的复杂性与多元性的个中之义，或者更准确地说，没有这种意义的平等性，就不可能有意义的多元性。

意义的复杂性与多元性又会导向两个广为关注的问题：一是它是否导向相对主义或虚无主义？二是意义的复杂性与多元性的思想又具有怎样的价值？

毋庸置疑的是，卡西尔的符号形式哲学，或者说，符号思维必然导向一种相对主义。但我们并不能就此停止我们的追问。譬如在知识领域，将自然科学与人文科学理解为两种平等的知识形态，是否会造成对自然科学的相对化和虚无化？譬如在伦理领域，相对主义是否必然导致人类道德的沦丧？这类问题我们还可以提出许多。但是，从符号形式哲学来看，这无疑是在形式逻辑层面对问题的夸张与绝对化。虽然这一推论具有形式逻辑程序上的完善性，但意义问题并不能被归约为单纯的逻辑推论问题。符号思维要求我们注意到的是，譬如，“地心说”或“日心说”不仅仅是一个谁对谁错的科学问题，它们还可以被用来为某种政治统治服务。从某种意义上来说，符号思维的相对主义，其要义正在于“不仅仅……，还……”这一句法模式中。

因此，意义的相对主义与虚无主义之间并不具有内在逻辑上的同一性。对于卡西尔来说，可怕的不是相对主义，恰恰是绝对主义。在

① ［意］翁贝托·艾柯：《丑的历史》，彭淮栋译，中央编译出版社2012年版，第16页。
② ［意］翁贝托·艾柯：《丑的历史》，彭淮栋译，中央编译出版社2012年版，第16页。

《国家的神话》中，卡西尔分析了现代的英雄神话、种族神话和国家神话，它们共同构成了现代的政治神话，而它们的根基则是神话思维。卡西尔引用巴比伦的创世诗来直观地说明神话思维的特征："马杜克的世界是永恒的，他的命令是不能改变的，任何神都不能改变从他嘴里说出的话。"① 至于谁是马杜克，谁是应当被杀死的魔怪泰阿马特，不需要经过任何理性的论证。卡西尔看到，虽然我们已经远离了神话时代，但神话思维在我们的生活中几乎无处不在。如果说有某种治疗神话思维的药剂的话，符号思维应当是其一。

复数性的"符号形式"正是要求人们以更加全面的眼光去认知和看待事物与事件，要求人们认识到事物的多义性。无疑，意义的复杂性和多元性会使得我们在生活中不得不经常地面对来自自身内部的"斗争"，它会让我们犹疑不决、左右为难，甚至最终的选择本身可能被认为是"不道德的"或"错误的"。然而，经过这种"斗争"，其后果只可能停留在个别性的层面上，而不会造成整体性（群体性）的损害。事实上，我们不可能期待一个"全善"的世界，但我们可以防止一个"全恶"的世界的降临。

综而言之，符号思维要求"精神"的"作为"，在符号的宇宙中，一切都不是"给定的"（given），而是需要通过我们的精神作为去构建出充实而丰富的意义。虽然卡西尔对人的主体性的高度张扬、对理性精神的高度张扬以及符号形式哲学的体系性特征，相较于后现代的哲学语境有些"过时守旧"，但其内在的精神无疑是值得肯定的：

> 自由不是人的自然的遗产，为了具有自由，我们必须去创造它。②

① ［德］恩斯特·卡西尔：《国家的神话》，范进等译，华夏出版社2003年版，第360页。
② ［德］恩斯特·卡西尔：《国家的神话》，范进等译，华夏出版社2003年版，第349页。

主要参考文献

一　英文著作

Aerts, Diederiked, *World Views and the Problem of Synthesis*, Dordrecht: Kluwer Academic Publishers, 1999.

Barash, Jeffery Andrew, *The Symbolic Construction of Reality: The Legacy of Ernst Cassirer*, Chicago: The University of Chicago Press, 2008.

Bayer, Thora Ilin, *Cassirer's Metaphysics of Symbolic Forms: A Philosophical Commentary*, New Heaven: Yale University Press, 2001.

Cassirer, Ernst, *An Essay on Man: An Introduction to a Philosophy of Human Culture*, New Haven: Yale University Press, 1944.

Cassirer, Ernst, *Determinsim and Indeterminsim in Modern Physics: Historical and Systematic Studies of the Problem of Causality*, trans. O. Theodor Benfey, New Haven: Yale University Press, 1956.

Cassirer, Ernst, *Kant's Life and Thought*, trans. James Haden, New Haven: Yale University Press, 1981.

Cassirer, Ernst, *Substance and Function, and Einstein's Theory of Relativity*, trans. William Curtis Swabey and Marie Collins Swabey, New York: Dover Publications INC. , 1953.

Cassirer, Ernst, *The Individual and the Cosmos in Renaissance Philosophy*, trans. Mario Domandi, New York: Dover Publication Inc. , 1963.

Cassirer, Ernst, *The Logic of the Humanities*, trans. Clarence Smith Howe, New Haven: Yale University Press, 1961.

Cassirer, Ernst, *The Myth of the State*, New Haven: Yale University Press, 1946.

Cassirer, Ernst, *The Philosophy of Symbolic Forms. Vol. 1: Language*, trans. Ralph Manheim, New Haven: Yale University Press, 1955.

Cassirer, Ernst, *The Philosophy of Symbolic Forms. Vol. 2: Mythical Thought*, trans. Ralph Manheim, New Haven: Yale University Press, 1955.

Cassirer, Ernst, *The Philosophy of Symbolic Forms. Vol. 3: The Phenomenology of Knowledge*, trans. Ralph Manheim, New Haven: Yale University Press, 1957.

Cassirer, Ernst, *The Problem of Knowledge: Philosophy, Science and History since Hegel*, trans. William H. Woglom and Charles W. Hendel, London: Oxford University Press, 1950.

Cassirer, Ernst, *Symbol, Myth and Culture: Essays and Lectures of Ernst Cassirer, 1935 – 1945*, ed. Donald Phillip Verene, New Haven: Yale University Press, 1979.

Cleve, James Van, *Problems from Kant*, Oxford: Oxford University Press, 1999.

Devitt, Micheal, *Realism and Truth*, Princeton: Princeton University Press, 1984.

Eggers, Walter and Mayer, Sigrid, *Ernst Cassirer: An Annotated Bibliography*, New York: Garland Publishing INC. , 1988.

Foss, Gunnarand and Kasa, Eivind, *Forms of Knowledge and Sensibility and the Human Sciences*, Kristiansand: Norwegian Academic Press, 2002.

Friedman, J. Tyler and Luft, Sebastian (eds.), *The Philosophy of Ernst Cassirer: A Novel Assessment*, Boston: De Gruyter, 2015.

Habermas, Jurgen, *The Liberating Power of Symbols: Philosophical Essays*, trans. Peter Dews, Cambridge: The MIT Press, 2001.

Hall, Johns, *Dictionary of Subjects and Symbols in Art*, London: John Murray (Publishers) Ltd., 1974.

Hamburg, Carl, *Symbol and Reality*, Hauge: Martinus Nijhoff Publishers, 1956.

Hamlin, Cyrusand and Krois, John Micheal (eds.), *Symbolic Forms and Cultural Studies: Ernst Cassirer's Theory of Culture*, New Haven: Yale University Press, 2004.

Hammermeister, Kai, *The German Aesthetic Tradition*, Cambridge: Cambridge University Press, 2002.

Innis, Robert E., *Susanne Langer in Focus: The Symbolic Mind*, Bloomington: Indiana University Press, 2009.

Krois, Jonh Micheal, *Cassirer: Symbolic Forms and History*, New Heaven: Yale University Press, 1987.

Langer, Susanne K., *Philosophical Sketches*, Baltimore: The John Hopkins Press, 1962.

Langer, Susanne K., *Philosophy in a New Key: A Study in the Symbolism of Reason, Rite, and Art*, The New American Library, 1948.

Langer, Susanne K., *Mind: An Essay on Human Feeling*, Baltimore: The John Hopkins Press, 1988.

Lipton, David, *Ernst Cassirer: The Dilemma of a Liberal Intellectual in Germany, 1914 – 1933*, Toronto: University of Toronto Press, 1978.

Lofts, Steve G., *Ernst Cassirer: A "Repetition" of Modernity*, Albany: State University of New York Press, 2000.

Panofsky, Erwin, *Perspective as Symbolic Form*, New York: Urzone Inc., 1991.

Schilpp, Paul Arthured, *The Philosophy of Ernst Cassirer*, Evanston: The Library of Living Philosophers, INC., 1949.

Schubbach, Arno, *The Genesis of the Symbolic: On the Beginnings of Ernst Cassirer's Philosophy of Culture*, trans. D. J. Hobbs, Boston: De Gruyter, 2021.

Truwant, Simon, *Cassirer and Heidegger in Davos*: *The Philosophical Arguments*, Cambridge: Cambridge University Press, 2022.

Verene, Donald Phillip, *The Origins of the Philosophy of Symbolic Forms*: *Kant, Hegel and Cassirer*, Evanston: Northwestern University Press, 2011.

二　中文译著

［德］恩斯特·卡西尔：《符号·神话·文化》，李小兵译，东方出版社 1988 年版。

［德］恩斯特·卡西尔：《符号形式哲学》第 1 卷《语言》，李彬彬译，中国人民大学出版社 2022 年版。

［德］恩斯特·卡西尔：《符号形式哲学》第 2 卷《神话思维》，李彬彬译，中国人民大学出版社 2022 年版。

［德］恩斯特·卡西尔：《国家的神话》，张国忠译，浙江人民出版社 1988 年版。

［德］恩斯特·卡西尔：《人论》，甘阳译，上海译文出版社 2003 年版。

［德］恩斯特·卡西尔：《人文科学的逻辑》，沉晖等译，中国人民大学出版社 1991 年版。

［德］恩斯特·卡西尔：《实体与功能和爱因斯坦的相对论》，李艳会译，湖北科学技术出版社 2016 年版。

［德］G. 弗雷格：《算术基础——对于数这个概念的一种逻辑数学的研究》，王路译，商务印书馆 1998 年版。

［德］威廉·冯·洪堡：《论人类语言结构的差异及其对人类精神发展的影响》，姚小平译，商务印书馆 1999 年版。

［法］列维 – 斯特劳斯：《野性的思维》，李幼蒸译，商务印书馆 1987 年版。

［法］莫里斯·梅洛 – 庞蒂：《符号》，姜志辉译，商务印书馆 2003 年版。

［古希腊］亚里士多德：《形而上学》，吴寿彭译，商务印书馆 1997

年版。
[美] 赫伯特·施皮尔伯格：《现象学运动》，王炳文等译，商务印书馆 2011 年版。
[美] 迈克尔·弗里德曼：《分道而行——卡尔纳普、卡西尔和海德格尔》，张卜天译，北京大学出版社 2010 年版。
[美] 纳尔逊·古德曼：《构造世界的多种方式》，姬志闯译，上海译文出版社 2008 年版。
[美] 苏珊·朗格：《情感与形式》，刘大基等译，中国社会科学出版社 1986 年版。
[美] 苏珊·朗格：《艺术问题》，滕守尧译，南京出版社 2006 年版。
[美] 伊万·斯特伦斯基：《二十世纪的四种神话理论——卡西尔、伊利亚德、列维-斯特劳斯与马林诺夫斯基》，李创同等译，生活·读书·新知三联书店 2012 年版。
[美] 约翰·迪利：《符号学对哲学的冲击》，周劲松译，四川教育出版社 2011 年版。
[瑞士] 费尔迪南·德·索绪尔：《普通语言学教程》，高名凯译，商务印书馆 1980 年版。
[瑞士] 鲁多夫·贝尔奈特等：《胡塞尔思想概论》，李幼蒸译，中国人民大学出版社 2011 年版。
[瑞士] 沃尔夫林：《美术史的基本概念——后期艺术中的风格发展问题》，潘耀昌译，北京大学出版社 2011 年版。
[英] 罗素：《人类的知识——其范围与限度》，张金言译，商务印书馆 1983 年版。
[英] 罗素：《数理哲学导论》，宴成书译，商务印书馆 1982 年版。
[英] 罗素：《我的哲学的发展》，温锡增译，商务印书馆 1982 年版。
[英] 罗素：《我们关于外间世界的知识——哲学上科学方法应用的一个领域》，陈启伟译，上海译文出版社 2008 年版。
[英] 罗素：《哲学问题》，何兆武译，商务印书馆 2007 年版。
[英] 特伦斯·霍克斯：《结构主义和符号学》，瞿铁鹏译，上海译文出版社 1987 年版。

［英］W. C. 丹皮尔：《科学史及其与哲学和宗教的关系》，李珩译，广西师范大学出版社 2009 年版。

三 中文专著

高乐田：《神话之光与神话之镜：卡西尔神话哲学的一个价值论视角》，中国社会科学出版社 2004 年版。

李恩来：《人性的焦点与圆周：卡西尔符号与文化哲学研究》，广西师范大学出版社 2005 年版。

李幼蒸：《理论符号学导论》，社会科学文献出版社 1999 年版。

刘大基：《人类文化及生命形式——卡西勒、苏珊·朗格研究》，中国社会科学出版社 1990 年版。

刘友红：《卡西尔人学思想研究》，江西人民出版社 2007 年版。

倪梁康：《胡塞尔现象学概念通释》，生活·读书·新知三联书店 2007 年版。

倪梁康：《现象学及其效应——胡塞尔与当代德国哲学》，生活·读书·新知三联书店 2005 年版。

齐良骥：《康德的知识学》，商务印书馆 2000 年版。

石福祁：《"符号性孕义"与卡西尔的符号形式哲学》，人民出版社 2016 年版。

孙慧：《卡西尔的文化形而上学研究》，吉林大学出版社 2016 年版。

王志德：《卡西尔文化哲学整体观》，中国文史出版社 2014 年版。

吴凤：《艺术符号美学：苏珊·朗格符号美学研究》，北京广播学院出版社 2002 年版。

谢冬冰：《表现性的符号形式——"卡西尔—朗格美学"的一种解读》，学林出版社 2008 年版。

叶秀山：《思·史·诗——现象学和存在哲学研究》，人民出版社 2010 年版。

赵毅衡：《符号学：原理与推演》，南京大学出版社 2011 年版。

后　记

2014年6月，当我在中山大学中文系完成博士学位论文的答辩时，曾计划着要好好学习德语，以在德文原著资料的基础上将对卡西尔的研究进一步展开和深入下去，再对论文进行一番彻底的修改。然而，匆匆八年过去了，德语水平还处在初学者阶段，对于卡西尔的研究也几乎完全搁置，目前也不知道哪一天才会重新拿起。因此，只好仅仅对论文作了一些文字上的校对和调整就付之出版，也算是对自己所从事的卡西尔研究的一个暂时性“总结”吧。只是如此一来，原本想着请导师王坤先生写一序言的，此时就实在无颜向老师启齿了。感激与惭愧，都只能存于心中。这里只能自己写个后记，权作一个交代吧。

我比较喜欢“理论”，读硕士时，在聂运伟先生的指导下开始学习康德的理论，“三大批判”读得非常煎熬，但在煎熬之中，也感受到了一丝丝尼采所谓的“形而上的快乐”。回想起来，后来选择卡西尔作为研究对象，似乎并不是偶然的。经过了康德的煎熬，再读卡西尔时稍稍轻松了些，但也仅仅是“稍稍”而已。只不过遗憾的是，囿于自己的德语水平，只能在卡西尔著作英译本的基础上开始研究，而期待于日后的弥补。然而，当走上工作岗位，忙忙碌碌于教学与各种非教学的任务时，这种对理论的兴趣与热情通过持续的阅读难以为继。一方面，卡西尔研究在国内学界是一个“冷门”；另一方面，教与研的分离也给自己带来了很大的困扰。

在研究卡西尔的过程中，我注意到，虽然卡西尔的《人论》在20世纪80年代末曾在国内掀起过一阵热潮，但真正研究卡西尔的人寥寥无几，而更多地从苏珊·朗格那里迂回，以至只闻符号形式哲学“其名”而不得见“其人”。在写作过程中，如正文中所清晰显现的，我受石福祁教授的博士学位论文启发良多，且由于专门研究的稀缺，在一些具体问题上多以其为讨论的标杆（另一标杆是克罗伊斯的 *Cassirer: Symbolic Forms and History*）。虽然在观点上不乏相异之处，但学术之本意就是在争论中的交流。石福祁教授的博士学位论文完成于其德国留学期间，奠立于德文原作基础之上，以“符号性孕义”这一概念为研究对象，真正做到了“小题大做”，其功底之扎实由此可见。显然，他的论文对于有志于专门研究卡西尔哲学的人来说会助益颇多，但对于只需粗粗地涉猎卡西尔哲学的人来说则过于“专”“深”而难以真正理解了。因此，从一开始，我是以克罗伊斯为榜样，对卡西尔的符号形式哲学做一个较全面的整体性研究，这从目录中不难看出，许多地方失之表浅也就在所难免了。

毕竟是自己历经三个寒暑的成果，虽然自惭于学疏才浅，厚颜使之面世，当是可以理解的事情。倘若能有所助益于对卡西尔感兴趣的人一丝一毫，则更足可自慰。

谨此自识。

作 者